Welche Sprache für Europa?

Claude Hagège

Welche Sprache für Europa?

Verständigung in der Vielfalt

Aus dem Französischen
von Victor von Ow

Campus Verlag · Frankfurt/New York
Éditions de la Fondation Maison des Sciences
de l'Homme · Paris

Die Originalausgabe »Le souffle de la langue« erschien 1992
bei Éditions Odile Jacob, Paris.

Redaktion: Carmen Kölz, Freiburg

Dieses Buch erscheint im Rahmen eines 1985 getroffenen Abkommens zwischen der Wissenschaftsstiftung Maison des Sciences de l'Homme und dem Campus Verlag. Das Abkommen beinhaltet die Übersetzung und gemeinsame Publikation deutscher und französischer geistes- und sozialwissenschaftlicher Werke, die in enger Zusammenarbeit mit Forschungseinrichtungen beider Länder ausgewählt werden.

Cet ouvrage est publié dans le cadre d'un accord entre la Fondation Maison des Sciences de l'Homme et le Campus Verlag. Cet accord comprend la traduction en commun d'ouvrages allemands et français dans le domaine des sciences sociales et humaines. Ils seront choisis en collaboration avec des institutions de recherche des deux pays.

Die Deutsche Bibliothek – CIP-Einheitsaufnahme

Hagège, Claude:
Welche Sprache für Europa? : Verständigung in der Vielfalt /
Claude Hagège. Aus dem Franz. von Victor von Ow. –
Frankfurt/Main : Campus Verlag ; Paris : Ed. de la
Fondation Maison des Sciences de l'Homme, 1996
Einheitssacht.: Le souffle de la langue ⟨dt.⟩
ISBN 3-593-35468-3 (Campus Verlag)
ISBN 2-7351-0597-0 (Ed. de la Fondation Maison
des Sciences de l'Homme)

Satz: Typo Forum Gröger, Singhofen
Druck und Bindung: FVA, Fulda
Gedruckt auf säurefreiem und chlorfrei gebleichtem Papier.
Printed in Germany

Inhalt

Einleitung

Das Abendland hat immer wieder Persönlichkeiten hervorgebracht, die von dem Wunsch getrieben wurden, die Welt zu erforschen, und die das Bedürfnis verspürten, ihre eigenen Gebräuche in die entlegensten Winkel der Welt zu verpflanzen und gleichzeitig die Gewohnheiten fremder Völker kennenzulernen. Welches Echo hat die abendländische Kultur damit auf den verschiedensten Breitengraden hervorgerufen, und welche Sprachen hat sie dort hinterlassen? Wie sieht die Vergangenheit aus, in welcher die Sprachen Europas wurzeln, und welche Zukunftsaussichten bieten sie uns?

Auf diese Fragen versucht das vorliegende Buch einige Antworten zu skizzieren. Der Zeitpunkt für ein derartiges Unternehmen kommt nicht von ungefähr, sondern ist durch zwei historische Entwicklungslinien bestimmt. Die erste, die über einen langen Zeitraum gereift ist, vollzieht sich nach einem sorgfältig ausgehandelten Terminplan in der westlichen Hälfte des europäischen Kontinents. Die zweite Entwicklungslinie reißt wider alles Erwarten unter unseren erstaunten Blicken den Osten Europas brutal aus seiner langdauernden Erstarrung.

Die Europäische Union hat in den westlichen Ländern ein Gebilde errichtet, das zwar der Form nach neu ist, der Idee nach jedoch seit alters her existiert; unterdessen ist im Osten des Kontinents ein gewaltiges Imperium in seine Bestandteile zerfallen. Die wirtschaftlichen und politischen Elemente dieser beiden gewaltigen Erscheinungen unserer Zeit – der Aufbau eines geeinten Europas einerseits und der Zerfall der Sowjetunion sowie das Ende der kommunistischen Herrschaftssysteme andererseits – werden allenthalben ausgiebig erforscht. Den kulturellen Aspekten hat man dagegen bisher weniger Aufmerksamkeit zuteil werden lassen. Unter ihnen befindet sich vornehmlich einer, dessen Bedeutung durch die Alltäglichkeit seiner Erscheinung verdeckt wird. Was gibt es schließlich Vertrauteres als die Sprache? Was aber gleichzeitig Rätselhafteres? Wie wird Europa künftig in sprachlicher Hinsicht aussehen? Aus welcher sprachlichen Substanz werden die Hoffnungen der einen und die Bedürfnisse der anderen schöpfen können?

Zunächst wollen wir – im ersten Teil – das Profil der Sprachen der Europäischen Union skizzieren. Dann werden wir die Vielfalt der Formen vor Augen führen; diese Vielfalt könnte als ein Hindernis für die gemeinsame Zukunft der europäischen Sprachen angesehen werden. In Wirklichkeit bezeichnet sie jedoch lediglich die notwendigen Grenzen; denn Europa ist der Nährboden zahlloser verschiedenartiger Idiome, die sich im wechselhaften Verlauf der Menschheitsgeschichte eng miteinander verzahnt haben – wie wir im zweiten Teil zeigen werden. Im dritten Teil schließlich versuchen wir, die nationalstaatlichen Tendenzen, die sich zu Verteidigern der Sprache als eines nationalen Identifikationsmittels machen möchten, darzustellen und zu verstehen, ohne ihnen in allen Punkten recht geben zu können. Am Ende des Weges, der in diese drei Abschnitte unterteilt ist, wird hoffentlich deutlich werden, daß die Vielfalt der europäischen Sprachen selbst die Hoffnung auf ihre Einheit nährt. Vielfalt und Einheit: Ist ihre Vereinbarkeit eine Illusion oder gar nur eine rhetorische Floskel? Wir antworten mit einem entschiedenen Nein. Denn der Erhalt der ersteren ist in Wahrheit die Voraussetzung der letzteren. Um das zu erkennen, muß man allerdings bereit sein, den langen, schwierigen Weg zu gehen, der für das Verständnis notwendig ist.

Das Europa der Sprachen hat seine ureigene Bestimmung, die sich nicht an fremden Vorbildern orientieren kann. Während die Übernahme einer einzigen Sprache in den Vereinigten Staaten für jeden Einwanderer seine nationale Identität begründete, besteht die Eigentümlichkeit Europas in der ungeheuren Vielfalt seiner Sprachen und der durch sie repräsentierten Kulturen. Die Vorherrschaft einer einzigen Sprache, wie zum Beispiel des Englischen, entspräche nicht seinem Wesen. Dieses erfordert einzig und allein die beständige Offenheit gegenüber der Vielfalt.

Die Europäer leben inmitten einer Vielzahl von Sprachen. Sie sollen ihre Kinder mehrsprachig und nicht einsprachig erziehen. So lautet für Europa die Forderung der Vergangenheit und der Zukunft.

So lautet auch die These des vorliegenden Buches.

Erster Teil

Gemeinschaftssprachen

In Europa ist die beharrliche Forderung nach Anerkennung eine geläufige Haltung bei den Angehörigen jener Sprachgemeinschaften, die über keinen offiziellen Status verfügen. Wie wir noch sehen werden, sind die Sprachen die nationalen Banner der unterdrückten Völker. An sie heftet sich ihre Sehnsucht, in ihnen sehen sie das Unterpfand ihres Kampfes gegen eine aufgezwungene Fremdherrschaft. Aber es gibt noch einen anderen Aspekt, den ich hier zunächst ansprechen möchte: Wenn man seine Muttersprache mit einem hohen Symbolgehalt belegt, bedeutet das nicht, daß man unempfänglich für den Wert von Gemeinschaftssprachen ist. Mit diesem Ausdruck möchte ich hier, noch bevor ich den Umriß des Europas der Sprachen skizziere, diejenigen bezeichnen, die über ihr Ursprungsland hinaus eine weitgehende Verbreitung gefunden haben. Unter einem rein linguistischen Gesichtspunkt prädestiniert kein Wesenszug eine Sprache, zum internationalen Verständigungsmittel zu werden oder umgekehrt es eines Tages nicht mehr zu sein. Vor allem Schönheit und Klarheit sind, im Gegensatz zu einer häufig anzutreffenden Auffassung, keine unabdingbaren Voraussetzungen für eine derartige Bestimmung. Es gilt deshalb, nach anderen Faktoren Ausschau zu halten.

Ich will dies nun tun, indem ich im ersten Kapitel diejenigen Sprachen untersuche, die in Europa in verschiedenen Epochen zu Gemeinschaftssprachen berufen schienen. Einige dieser Sprachen vermitteln noch heute unter verschiedenen Aspekten diesen Eindruck, wie das zweite, dritte und vierte Kapitel jeweils für das Englische, das Deutsche und das Französische zeigen werden.

Kapitel 1
Von der Gemeinschaftssprache

Nationalsprachen und Gemeinschaftssprachen

Durch eine erstaunliche historische Wende haben wir heute in Europa mehr Staatssprachen als unmittelbar nach dem Ersten Weltkrieg, als die Einlösung der Forderungen aus der Revolution von 1848 zur Errichtung neuer Staaten auf den ehemaligen Territorien der Mittelmächte geführt hatte. Die gegenwärtige Situation ist, wie man weiß, die Folge des Auseinanderbrechens der Sowjetunion und Jugoslawiens. Es gibt aber auch eine geistige Strömung in Europa, die erfüllt ist von der Sehnsucht nach einer allen gemeinsamen Sprache. Dabei sollte es sich um eine europäische Sprache handeln, die in der Lage wäre, trotz der Hindernisse, welche die gegenwärtige sprachliche Vielfalt mit sich bringt, das natürliche Bedürfnis nach wechselseitigem Austausch zu befriedigen: eine Sprache also, deren Gebrauch die nationalen Grenzen überstiege, da sie allen Europäern gemeinsam wäre.

Beschränkt man die Forderung einer Gemeinschaftssprache auf einen einzigen, mehrsprachigen Nationalstaat, gelangt man zu zwiespältigen Ergebnissen. Sicher wäre ein solcher Staat im günstigsten Falle bestrebt, die Möglichkeit einer breit angelegten Kommunikation zwischen Angehörigen verschiedener Sprachgemeinschaften zu schaffen und ihnen somit die Teilnahme am sozialen Leben ihres Staatswesens zu erleichtern. Aber damit wären gleichzeitig diejenigen, für welche die gemeinschaftliche Sprache dann nicht ihre Muttersprache ist, gezwungen, dieselbe zu erlernen, da sie andernfalls ihre sozialen Chancen vernachlässigen würden. Nun könnten aber die Ärmsten unter diesen und die in den Randgebieten Lebenden ebensogut mit Hilfe von Übersetzungen in ihre jeweilige Muttersprache eine gewisse Bildungsstufe erreichen. Eine solche Form der Demokratisierung würde eine gemeinschaftliche Sprache weniger notwendig erscheinen lassen, wobei diese selbst wiederum paradoxerweise durch gewisse Folgeerscheinungen eine demokratische Maßnahme darstellen könnte. Insgesamt muß man jedoch sagen, daß die Idee einer gemeinschaftlichen Sprache erst im Rahmen des Gesamtkontinents ihren vollen Nutzen entfalten würde. Die Vielzahl unabhängiger Staaten, ob nun ein- oder mehrsprachig, muß als fruchtbar und segensreich angesehen werden. Auf ihr gründet der kulturelle Reichtum Europas. Gleichzeitig führt sie jedoch zu einem Überfluß von Büchern gleichen Inhalts, vor allem auf den Gebieten der Naturwissenschaften und der Technik. Diese Situation kann den Wunsch nach einer gemeinsamen Sprache wecken, die dem Bedürfnis nach mehr Ökonomie entgegenkäme. Nun hat der westliche Teil Europas in der Tat über lange Zeit hinweg eine derartige Sprache besessen, die zudem den Vorteil hatte, in keinem der Länder Volkssprache zu sein, obwohl sie in vielen als Amtssprache diente. Diese Sprache war das Lateinische.

Latein – der Grundpfeiler Westeuropas

Die Verbreitung des Lateinischen in den Kolonialgebieten des Römischen Reiches ist eine beinahe einzigartige Erscheinung in der Geschichte der Sprachen. In den Jahrhunderten um die christliche Zeitenwende ging die Romanisierung der unterworfenen Völker sehr schnell voran. Das Lateinische ersetzte die Volkssprachen nicht nur in den öffentlichen Angelegenheiten, sondern auch im heimischen Gebrauch. Auf diese Weise gerieten in wenigen Jahrhunderten – in einigen Fällen sogar in weniger als einem Jahrhundert – das Umbrische, das Messapische, das Oskische, das Ligurische, das Etruskische, das Gallische, das Iberische, das Illyrische und das Dakische in Vergessenheit. Dabei gab es allerdings eine bemerkenswerte Ausnahme: Es gelang dem Lateinischen nicht, das Griechische aus Griechenland, Kleinasien und Ägypten zu verdrängen, vielmehr teilte es mit diesem den Status einer Verwaltungssprache, nicht jedoch denjenigen der Umgangs- und Kultursprache, der weiterhin allein vom Griechischen behauptet wurde. Darüber hinaus wurde sogar in Rom selbst das Griechische zur Kultursprache der Gebildeten.

Als sich später, um die Mitte des 5. Jahrhunderts, die Regionalsprachen in den Ländern der Romania individualisierten und immer mehr von ihrer Ähnlichkeit verloren, hörte man darum keineswegs auf, Latein als Schriftsprache zu gebrauchen – im Gegenteil: nach einem kurzen Niedergang im merowingischen Gallien profitierte es von der Neubelebung der humanistischen Studien unter den Karolingern und sicherte sich als Folge davon das ganze Mittelalter hindurch den Rang der Kirchen- und Wissenschaftssprache. Im 12. Jahrhundert war es die allgemeine Unterrichtssprache an den Universitäten, und zwar nicht nur im romanischen Sprachraum, sondern auch in England, Irland, Deutschland, Polen und Schweden. Fast im gesamten mittelalterlichen Europa korrespondierten die Professoren und Gelehrten über die Ländergrenzen hinweg in lateinischer Sprache. Vom 16. Jahrhundert an trugen jedoch die religiösen Streitigkeiten dazu bei, daß die Landessprachen zum Nachteil des Lateinischen bevorzugt wurden, da man in ihnen die Massen besser erreichen konnte, die des Lateinischen in der Regel nicht mächtig waren. In dem Maße, in dem die nationalen Sprachen ihren Geltungsbereich ausdehnten, wurde derjenige des Lateinischen zurückgedrängt. Aber mit der Reduktion auf den wissenschaftlichen Gebrauch entwickelte es sich gleichzeitig gewissermaßen zu einer gemeinschaftlichen Sprache des Denkens: Die Kenntnis des Lateinischen eröffnete den Zugang zu philosophischen Werken und ermöglichte die Teilnahme an wissenschaftlichen Auseinandersetzungen, ganz gleich, in welchem Lande diese ihren Ursprung hatten; auch diente das Lateinische der Formulierung und Überlieferung von Lehrmeinungen und Lehrsätzen. So war es denn ihre Bedeutung für die Geisteswelt – und nicht wie bei den heutigen Gemeinschaftssprachen ihre Rolle im Wirtschaftsleben –, die die langdauernde Vorherrschaft der lateinischen Sprache begründete.

Allerdings war die Sprachform, welche die Humanisten festgelegt hatten, diejenige des klassischen Latein. Möglicherweise hat diese Wahl zum Niedergang des Lateinischen beigetragen. Denn sobald es in antiker Reinheit erstarrte, erwies es sich als weniger geeignet, die modernen Ideen und die Lebendigkeit eines naturwissenschaftlichen Denkens wiederzugeben, das sich in ständigem Kontakt mit der Wirklichkeit entwikkelte. Die ständige Untersuchung der Naturerscheinungen führte beim Physiker, beim Chemiker und bei den übrigen Naturwissenschaftlern zu einem Bedürfnis nach neuen, biegsamen Sprachformen, die für eine offene Forschungsarbeit geeigneter sind als überlieferte Formeln. Die betont korrekte Form, in der das Latein damals gelehrt wurde, machte die Sprache unproduktiv und verlegte ihren Schwerpunkt in die philosophische Lehre, die geoffenbarten Wahrheiten der Religion, die Darstellung der traditionellen wissenschaftlichen Erkenntnisse und in den Bereich der Mathematik, wo man mit abstrakten Begriffen arbeitet und wo sich Latein bis ins 19. Jahrhundert gehalten hat (vgl. Meillet 1928, S. 37). Es wäre besser gewesen, man hätte der Entwicklung des Lateinischen freien Lauf gelassen, anstatt die Unzuträglichkeiten zu verstärken, die ohnehin mit dem Gebrauch einer toten Sprache im Bereich der Naturwissenschaften verbunden sind. Der Rückgriff auf die modernen Sprachen im Bereich der Wissenschaften entwickelte sich in Europa immer stärker zu einer Art Symbol: zum Symbol der Ablehnung des überlieferten Weltbildes und der Abkehr von der lateinischen Sprache als der Trägerin dieser Weltsicht. Das Jahr 1637 ist ein wichtiges Datum für die Entwicklung des Französischen als Literatursprache: In diesem Jahr veröffentlichte Descartes in französischer, nicht in lateinischer Sprache seinen *Discours de la méthode*.

Von der Mitte des 18. Jahrhunderts an verliert Latein zunehmend seine Funktion als Gelehrtensprache. Selbst im Rahmen des philosophischen Promotionsverfahrens ist die lateinische Doktorarbeit nunmehr nur noch eine Formsache. Im 20. Jahrhundert hat Latein seine Stellung als europäische Bildungssprache verloren: Als der Präsident der Republik Estland, Konstantin Päts, im August 1939 die Weltgemeinschaft in einem feierlichen Rundfunkappell beschwor, den schwergefährdeten Frieden um jeden Preis zu wahren, tat er dies in lateinischer Sprache, da er des Englischen, des Französischen, des Deutschen und auch des Russischen nicht ausreichend mächtig war. Gewiß, die Würfel waren bereits gefallen, und der Zweite Weltkrieg sollte wenige Tage später ausbrechen. Aber die erwähnte Rede hatte nicht einmal eine aufschiebende Wirkung. Sie blieb – leider – eine tragikomische Episode, denn der Aufruf wurde gar nicht erst verstanden (vgl. Haarmann 1975, S. 216).

Der problematische Ruhm des Kastilischen

Es war eine große europäische Sprache, eine Erbin des Lateinischen, die dafür sorgte, daß dieses über riesige Gebiete auf einem weit entfernten Kontinent verbreitet wurde. Das Jahr 1492, dessen fünfhundertjähriges Gedenken unlängst gefeiert wurde, ist nicht nur das Jahr der Eroberung Granadas, des Schlußpunktes der Reconquista und des Endes des andalusischen Islam, nicht nur das Jahr der Vertreibung der Juden und der Ausfahrt der Karavellen des Christoph Kolumbus, sondern es ist auch das Jahr des ruhmreichen Aufstiegs des Kastilischen.

Das Kastilische als Staatssprache und die Eroberung Amerikas

Im Jahre 1492 verfaßte ein Rhetorikprofessor der Universität Salamanca, Elio Antonio de Nebrija, zu Ehren der Katholischen Majestäten eine *Grámmatica castellana*. Es war das erste Werk dieser Art in Europa, in welchem eine Volkssprache kodifiziert wurde, zu einer Zeit, in der das Lateinische noch in voller Blüte stand; hatte doch derselbe Nebrija im Jahre 1481 eine *Lateinische Grammatik* verfaßt, die viel zur Verbreitung des Humanismus in Spanien beitrug. In der Widmung an Königin Isabella aus dem Jahre 1492 finden sich die berühmten Worte (wobei es gleichgültig ist, ob Nebrija sie einem Zeitgenossen entlehnt hat oder nicht, da sie in hervorragender Weise den Zeitgeist widerspiegeln): »Die Sprache hat immer die Macht begleitet.« Tatsächlich waren die anderen Sprachen ständig auf dem Rückzug vor dem Kastilischen – dem einzigen Symbol der politischen Macht –, insbesondere das Katalanische; aber auch das Aragonesische – dessen Bedeutung innerhalb der Allianz der beiden spanischen Kronen König Ferdinand nie überschätzt hat – befand sich in völligem Niedergang (vgl. Pérez 1988, S. 400). So erhielt das Kastilische durch Nebrija die Regeln, die es zum Kommunikationsmittel machen, das die Soldaten, die Priester und die Emissäre Spaniens im 16. Jahrhundert in der Neuen Welt verbreiten werden. Wie man weiß, wird das Spanische in Lateinamerika noch heute häufiger mit der exakten Bezeichnung *castellano* belegt, während der Gebrauch des Namens *español* dort, wo er auftritt, eine Erscheinung neueren Datums ist.

Die ungeheure Ausbreitung des Spanischen in den Ländern südlich des

Rio Grande rechtfertigt die Bezeichnung »Lateinamerika«. Denn kaum war diese Sprache, ebenso wie das Griechische und das Hebräische, als Hochsprache anerkannt worden, da transportierte sie unter dem Gewand, welches ihr über die Jahrhunderte in Spanien zuteil geworden war, die lateinische Sprache – deren Vorherrschaft auch durch andere romanische Sprachen in Frankreich, in Italien, in Portugal und Rumänien weitergeführt worden war – auf den südamerikanischen Kontinent. So wurde das Amerika der Indios mit Hilfe des Spanischen latinisiert. Die Azteken, die Inkas und bald darauf eine Vielzahl anderer Volksstämme empfingen über die spanische Evangelisation den noch erhaltenen Bestand der lateinischen Sprache und Kultur. Deren Bewahrer war nämlich hauptsächlich die Römisch-Katholische Kirche geworden, und Kastilien sah sich nach seinem Sieg über die Mauren als Vorkämpfer dieser Kirche. Dem Spanischen – Tochter des Lateinischen – war es gelungen, sich trotz der achthundertjährigen arabischen Vorherrschaft auf der Iberischen Halbinsel zu behaupten, wobei diesen achthundert Jahren bereits eine dreihundertjährige Fremdherrschaft durch Vandalen und Westgoten vorangegangen war. Im Gegensatz zur Widerstandskraft der Spanier waren auf der Balkanhalbinsel die zunächst latinisierten Thraker und Illyrer später der Slawisierung anheimgefallen. Das Spanische trat jedoch in Amerika nicht nur als die wiederauferstandene Seele des Lateinischen in Erscheinung. Es trug vielmehr in seiner Funktion als Fürsprecher und Bote auf seinen langen Wanderungen auch Vokabeln der Eingeborenen von einer Indiosprache zur anderen. Auch löste es durch seine Anwesenheit als einheitliche Fremdsprache eine Gegenreaktion, die Schaffung lokaler Gemeinsprachen aus, die sich über die dialektalen Zersplitterungen erhoben, wie etwa im Falle der Tupi-Guarani-Sprachen in Paraguay.

Welche Ansprüche auf den Status einer europäischen Gemeinschaftssprache könnte das Spanische aus seiner außergewöhnlichen Geschichte herleiten? Es sind weniger, als es auf den ersten Blick den Anschein hat. Denn das Spanische hat niemals im Verlauf seiner Geschichte in Europa als übernationale Verkehrssprache gedient. Es ist heutzutage nicht weiter verbreitet als das Polnische oder das Ukrainische, die ebenfalls zwischen 30 und 35 Millionen Sprecher zählen. Zwar ist es je nach den regierenden Dynastien die Muttersprache von Herrschern gewesen, die neben Spanien auch andere Länder regierten, aber es hat dort nirgendwo eine wirklich wichtige Rolle gespielt, weder in Portugal noch außerhalb der Iberischen Halbinsel, etwa in den Spanischen Niederlanden während des 17. und 18. Jahrhunderts oder im Herzogtum Mailand oder im Königreich Neapel. Es hätte zu einer europäischen Gemeinschaftssprache werden können, wenn seine Geschichte es nicht auf die andere Seite des Atlantiks hin orientiert hätte und wenn in Spanien nicht durch eine besondere Art von Gesellschaft, von Wirtschaft und von politischem Gebrauch der Religion bis in die Mitte des 19. Jahrhunderts eine Zivilisation geformt worden wäre, die sich weitgehend von derjenigen anderer westeuropäischer Staaten unterschied. Allerdings könnte der wachsende Raum, den die lateinamerikanischen Varianten des Kastilischen in den USA einnehmen – das Puertorikanische im Osten und das Mexikanische im Westen –, auf eine große Zukunft des Spanischen vorausdeuten. Seine Verteidiger mögen davon träumen, daß es nach der Durchdringung eines noch größeren Teils von Amerika triumphierend nach Europa zurückkehren wird. Gegenwärtig präsentiert es sich jedenfalls noch nicht als ein mögliches Modell für eine europäische Gemeinschaftssprache.

Die Vertreibung der Juden, Aufstieg und Niedergang des Jüdisch-Spanischen

Wenn man als ein konstitutives Element eines derartigen Modells die zeitweise Verbreitung der betreffenden Sprache über ganz Europa definierte, müßte man allerdings das Spanische doch auch einbeziehen. Die Katholischen Könige haben sicherlich die etwa 150 000 Juden nicht deshalb ins Exil gezwungen, um sich und ihre Nachkommen damit zu erfreuen, diese ausschwärmen und das Kastilische weithin verbreiten zu sehen. Sie taten es vielmehr, weil ihre Ideologie sie daran hinderte zu sehen, was Spanien durch diese unglückliche Entscheidung des Jahres 1492 verlor. Damals waren die Konsequenzen dieses scheinbaren Sieges der streng christlichen Majestäten noch nicht abzusehen. Bestärkt durch die Heilige Inquisition führte der Identitätswahn dazu, das einzige Kriterium einer authentischen Hispanizität über die Sprache hinaus in der *limpieza de sangre* (der Blutsreinheit) zu suchen, die man bei den Marranen (konvertierten Juden) und anderen *conversos* nicht für gegeben erachtete. Die Folgen dieser Verblendung läuteten den Untergang der spanischen Größe ein, die während des Mittelalters jahrhundertelang auf der gegenseitigen Befruchtung der iberischen, der jüdischen und der arabischen Kultur beruht hatte. Das angestrebte Ziel im Jahre 1492 war die Einheit – oder was man darunter verstand – sowie die Macht, die von einer solchen Einheit auszugehen schien. Neben zahlreichen anderen Merkmalen galten die festen Konturen einer Staatssprache, die sich auf die Herrschaft eines einheitlichen Volkes gründete, in der kurzsichtigen Perspektive der verblendeten Regierung als sicheres Symbol einer derartigen Einheit. Offenbar war ein Zeitraum von fünfhundert Jahren erforderlich, um diese Auffassungen zu ändern, denn der Vertreibungserlaß wurde erst im Rahmen einer feierlichen Zeremonie am 31. März 1992 vom spanischen König widerrufen.

Aber schon im Jahre 1492 wäre es durchaus möglich gewesen, die Nachfahren der Juden, die schon seit den Zeiten des Römischen Reiches auf der Iberischen Halbinsel lebten, in einem anderen Lichte zu sehen. Weit davon entfernt, sich wie Fremde zu gebärden, hatten sie schon seit langem die Sprache ihrer christlichen Herrscher angenommen. So dienten sie während der entscheidenden Etappe der Reconquista, das heißt zwischen 1045 und 1250, als geschätzte Vermittler zwischen den katholischen Majestäten und den Mauren, zu denen sie ein gutes Verhältnis hatten. In dieser Funktion traten sie vor allem dann in Erscheinung, wenn die spanischen Truppen weitere Gebiete zurückerobert hatten, die nun reorganisiert werden mußten.

Die Juden stellten auf diese Weise ein Corps von Verwaltungsbeamten, Diplomaten und Finanziers, die sich ihren Herrschern bald unentbehrlich machten und dafür von diesen mit Vorteilen und Privilegien überhäuft wurden. Sie interessierten sich stark für eins der Hauptwerkzeuge ihrer Tätigkeit: für die Sprache. Sie waren es, die lange vor der *Grammatik* des Nebrija dazu beitrugen, das Kastilische zu fördern, indem sie in der zweiten Hälfte des 13. Jahrhunderts König Alfons X., dem Weisen, rieten, zugunsten dieser Sprache in Verwaltung und Gesetzgebung auf den Gebrauch des Lateinischen zu verzichten (vgl. Castro 1954). Anstatt ihnen Dank einzutragen, verstärkte diese für die Sprache so wichtige Entscheidung nur die ohnehin schon beträchtliche Feindseligkeit der einfachen Bevölkerung.

Diese war ihrerseits völlig dem Einfluß der Predigten eines Klerus unterworfen, welcher über den wachsenden Wohlstand der Nachkommen derjenigen, die Jesus gekreuzigt hatten, zutiefst erzürnt war (vgl. Poliakov 1961, S. 111). Paradoxerweise profitierte die Ausbreitung des Spanischen zum ersten Mal von Ereignissen, die für die Juden tragisch waren. Im Jahre 1391, dem Höhepunkt eines halben Jahrhunderts von Verfolgungen, denen sie trotz des Schutzes durch die Könige ausgesetzt waren, führte ein Volksaufstand in Kastilien und Aragon zu zahlreichen Massakern und Zwangskonversionen, aber auch zur Auswanderung überlebender Juden, die sich nach Fez, Marrakesch, Tlemcen, Oran, Algier und Tunis begaben, wohin sie ihre

Sprache mitnahmen. Am Ende des 16. Jahrhunderts sollte sich ein Teil dieser Juden nach Livorno und Pisa begeben und dort italienischsprachig werden. In Spanien ließen unterdessen während des gesamten 15. Jahrhunderts die Gewalttätigkeiten, die von der missionarischen Kirche entfacht wurden, nicht mehr nach. Der Erlaß von 1492 war also lediglich der Schlußpunkt einer langen Entwicklung.

Diejenigen Juden, die das Exil der Konversion oder vielmehr einem Scheingeschäft vorzogen, das sie ohnehin nicht den Henkern der Inquisition entgehen lassen würde, brachten außer ihren Kenntnissen und Fähigkeiten auch ihre Sprache in die zahlreichen Orte, in denen sie sich niederließen, zumeist Hafenstädte, denen der aufblühende Handel beachtlichen Wohlstand bescherte: Bayonne, Bordeaux, La Rochelle, Marseille, Montpellier, Genua, Ferrara, Livorno, Rom, Neapel, Venedig; und später von Portugal aus, als auch dieses Land nicht mehr als Exil in Frage kam: Brüssel, Antwerpen, Amsterdam, London und Hamburg. Der größte Teil der Juden, die im Jahre 1492 aus Spanien flohen, zogen jedoch bis Istanbul, Smyrna und Rhodos, in den Herrschaftsbereich des osmanischen Sultans, der ihre Handelstätigkeit förderte und sich ihre Dienste zunutze machte. Auch Saloniki wurde ein großes Auffangbecken für die sephardischen Juden, die diese Bezeichnung wegen einer vagen phonetischen Ähnlichkeit zwischen dem Namen Spaniens und dem eines biblischen Landes trugen, welches in Abdias I, 20 erwähnt wird. Von einem Marktflecken, der es gegen Ende des 15. Jahrhunderts gewesen war, entwickelte sich Saloniki zu einem spanischsprachigen Zentrum, wo noch im Jahre 1900 85 000 Juden ein wichtiges wirtschaftliches, politisches und kulturelles Band zwischen dem Osmanischen Reich und dem Westen bildeten. Vor diesem Hintergrund wird ein Ausspruch verständlich, der Sultan Bayazid II. zugeschrieben wird: »Man sagt, daß der spanische König Ferdinand ein intelligenter Mann sei. Nun, indem er die Juden aus seinem Lande vertreibt, beraubt er es wertvoller Hilfsquellen und bereichert mich um dieselben.«

Die Entwicklung einer spanischen Kultur, die an die großartige jüdische Literatur des Mittelalters in Spanien anknüpfte, zählte zu den wesentlichen Elementen dieser Bereicherung. In einigen der oben erwähnten Städte sowie in anderen Orten zahlreicher Länder, wohin sich die Juden begaben und wo die ottomanische Toleranz ihnen ihre Religion gestattete, bewahrten große Teile der jüdischen Gemeinschaften ihre angestammte Sprache, so etwa in Rumänien, Bulgarien, Ungarn, Serbien, Bosnien, Albanien und Makedonien. Es handelt sich um das Jüdisch-Spanische oder Djudezmo: ein

Kastilisch (oder, in einigen seiner Varianten, ein Luso-Kastilisch) aus dem 15. Jahrhundert, das teilweise in seinem Wortschatz hebräischen Einfluß zeigte und aufgrund des Exils archaische Züge bewahrt hatte. Diese Altertümlichkeit der jüdischen Sprachen ist nicht ohne Interesse für den Sprachforscher. Im Djudezmo und im Jiddischen konnten die Linguisten frühere Sprachstände des Kastilischen und des Hochdeutschen studieren, die durch das Zusammenwirken zweier Faktoren konserviert worden waren: einerseits durch die Isolation und andererseits durch die wehmütige Verherrlichung der Ursprünge, welche den Geist jeden Exils zu charakterisieren pflegt. Die Bewahrung dieser Sprachstände hat jedoch Seiteneinflüsse nicht verhindert, die durch die Wechselfälle der jüdischen Existenz bedingt waren: So hat das Djudezmo türkische und – in geringerem Maße – je nach seinem Standort auch rumänische, bulgarische, serbische und griechische Wörter übernommen.

Das Djudezmo wird oft mit dem Ladino verwechselt, einer Kunstsprache, deren Vokabular spanisch, deren Syntax jedoch hebräisch war. Denn weil die von der Iberischen Halbinsel vertriebenen Juden zutiefst hispanisiert waren und sich im Exil den lebendigen Gebrauch des Jüdisch-Spanischen bewahrt hatten, entwickelten die Rabbiner eine recht originelle Methode für die religiöse Unterweisung: Um bei der Übersetzung der Heiligen Schrift sowohl nahe genug am hebräischen Urtext zu bleiben als auch eine spanischsprechende Gemeinde zu erreichen, die diesen Text zumeist nicht mehr lesen konnte, erfanden sie das Ladino. Zahlreiche religiöse Redewendungen aus dieser Kunstsprache, wie sie in den Bibeln von Konstantinopel und Ferrara zu finden sind (vgl. Séphiha 1973), wurden ins Djudezmo übernommen, gewürzt mit einem Humor, wie er auch in den biblischen Anspielungen des Jiddischen vorkommt und wie er überall in der religiösen Verehrung anzutreffen ist.

So erklärt sich, daß mehr als ein Drittel der Juden auf dem Balkan, etwa 80000 Menschen, noch am Vorabend des Zweiten Weltkriegs das Jüdisch-Spanische als Muttersprache bewahrten, während die meisten ihrer Schicksalsgenossen in Westeuropa den Gebrauch dieses Idioms schon aufgegeben hatten. Allerdings waren sie keineswegs von den übrigen Sprachgemeinschaften isoliert. Die Sepharden waren in noch stärkerem Ausmaße mehrsprachig als die Aschkenasim (vgl. Kap. 3, S. 62), was sicher auch damit zusammenhing, daß sie wirtschaftlich besser gestellt waren als diese Juden aus der slawischen Welt. Von den Juden des Balkans beherrschten viele neben dem Djudezmo das Türkische, das Griechische, gegebenenfalls die lokale slawische Sprache und häufig sogar das Italienische. Der Glanz ihres kulturellen Lebens spiegelte sich in den Universitäten von Saloniki, Smyrna und von Korfu ebenso wie in den Schulen von Andrinopel oder Sarajevo, lauter Einrichtungen, die das Erbe der ehemals angesehenen Ausbildungszentren von Toledo oder Barcelona angetreten hatten. Bis zum Beginn des 20. Jahrhunderts fand das Jüdisch-Spanische seinen Ausdruck in einer reichhaltigen literarischen Tätigkeit, in Übersetzungsarbeiten und in zahlreichen Presseorganen. Dennoch gab es schon inmitten dieser Blüte erste Anzeichen eines Niedergangs. Im Jahre 1860 trug die Gründung der Allgemeinen Israelischen Allianz in Paris, mit dem Ziel der weltweiten Verteidigung und Emanzipation des Judentums, in bemerkenswerter Weise zur Ausbreitung des Französischen bei, das an einer zunehmenden Zahl von Schulen in der Türkei, auf dem Balkan, im Vorderen Orient und im Maghreb zur Unterrichtssprache wurde (115 Schulen in türkischen Städten von 1860–1912, vgl. Hagège 1987, S. 241, Anm. 2). Gleichzeitig trat das Französische, das damit zur Bildungssprache der sephardischen Gemeinden wurde, an die Stelle des Jüdisch-Spanischen in deren Unterrichtswesen. Es durchsetzte sogar die Strukturen dieses Idioms in einer Weise, daß man die Sprache der sephardischen Presse als »judéo-fragnol« (vgl. Séphiha 1977) bezeichnen konnte.

Einen schweren Schlag für das Jüdisch-Spanische bedeutete die Auflösung des Osmanischen Reiches. Die Folge war eine ungehinderte Entfaltung der Nationalismen der ehemaligen Minderheiten, und sobald sich diese als Staaten konstituiert hatten, zeigten sie sich erheblich weniger tolerant gegenüber ihren eigenen Minoritäten, als es die Türken gewesen waren. So hatte die Übergabe Salonikis an Griechenland im Jahre 1913 zur Folge, daß ein starker Druck auf die größte und berühmteste Kolonie, die auf die jüdische Diaspora in Spanien zurückging, ausgeübt wurde, um sie zu hellenisieren oder zumindest vom Djudezmo abzubringen.

Dieser Druck, nebst weiteren Belästigungen und Drohungen, führte dazu, daß in den dreißiger Jahren 10000 Einwohner nach Palästina auswanderten. Was andererseits die Regelungen der nationalistischen türkischen Regierung aus dem Jahre 1924 betrifft – einer Regierung, die theoretisch für die Freiheit der Sprache und der Religion eintrat –, so fanden diese keine Anwendung. Die offene und amtlicherseits unterstützte Feindseligkeit, welche die Bevölkerung dem Gebrauch des Jüdisch-Spanischen anstelle des Türkischen in der Öffentlichkeit entgegenbrachte, erweckte Angstgefühle, die dazu führten, daß die Sprache der Sepharden auf einen immer kleineren

Bereich zurückgedrängt wurde und daß sich ihre durch wirtschaftliche Sanktionen ohnehin angespannte Lage noch weiter verschlechterte. Auch sollte das Jüdisch-Spanische später unter den nationalsozialistischen Sympathien eines Teils der Presse zu leiden haben, obwohl die Regierung offiziell neutral blieb.

Trotz all dieser Hindernisse bezeichneten noch 1955 64 Prozent der 35000 Sepharden aus Ostthrakien, das heißt im wesentlichen aus Istanbul (30000) und Edirne, das Jüdisch-Spanische als ihre Muttersprache. Es handelt sich allerdings um eine zunehmend vom Türkischen beeinflußte Sprache. Außerdem existiert nur noch eine einzige Zeitung in Djudezmo, das heute mit lateinischen Buchstaben geschrieben wird, nachdem Mitte der fünfziger Jahre die hebräischen Schriftzeichen aufgegeben wurden. Man kann jedoch davon ausgehen, daß das Jüdisch-Spanische noch von einem Teil der 10000 Sepharden Griechenlands, Bulgariens und Bosniens gesprochen wird. Schließlich ist ungewiß, was aus dieser Sprache in Israel werden wird, wo sie bei den älteren der 300000 vom Balkan stammenden Sepharden noch bezeugt ist. Die Ausrottung der meisten sephardischen Gemeinden auf dem Balkan durch die Nazis in den Jahren 1941 bis 1943 hat offenkundig den Niedergang des Djudezmos herbeigeführt. Man kann sich eine ungefähre Vorstellung von dem Ausmaß der Tragödie machen, wenn man bedenkt, daß allein in Griechenland 50000 Juden ermordet wurden. Zwar hat die spanische Regierung im Jahre 1924, als man voller Erstaunen zufällig diese Form des Kastilischen fernab von Spanien entdeckt hatte, den Spanisch sprechenden Juden des Balkans die spanische Staatsbürgerschaft gewährt, was den franquistischen Behörden während des Krieges die Aufnahme von etwa 3000 Juden ermöglichte; aber deren Kinder sprechen nicht Djudezmo, sondern das moderne Spanisch.

So fand die europäische Ausstrahlung einer Form des Spanischen ein furchtbares Ende – eine Ausstrahlung, die in keiner Weise von Spanien politisch gewollt war. Das Schicksal der Juden im 20. Jahrhundert erlaubte dieser Blüte nicht, die Früchte hervorzubringen, die sie zu versprechen schien.

Die Glanzzeiten des Italienischen

Auch außerhalb der Po-Ebene und der sich daran anschließenden Halbinsel wird die italienische Sprache gesprochen, von der man sagt, daß sie von Dante und Petrarca in der Poesie und von Boccaccio in der Prosa zur Vollkommenheit gebracht worden sei. Das Italienische in seinen unterschiedlichen Formen findet sich nicht nur auf dem italienischen Festland und auf den benachbarten großen Inseln des Tyrrhenischen Meeres, sondern auch im schweizerischen Kanton Tessin sowie im südlichen Graubünden, in Istrien, und schließlich in den zahlreichen Emigrantengemeinschaften in Europa und Amerika, die die Sprache ihrer Herkunft bewahrt haben. In Slowenien, in Teilen von Kroatien und Griechenland wird es häufig verstanden. Diese weite Verbreitung ist durch die starken dialektalen Unterschiede, die Italien mit Deutschland gemein hat, nicht beeinträchtigt worden. Sie machen es zu einem Land, in dem die lokalen Dialekte vom Ligurischen bis zum Kalabrischen und vom Bologner Dialekt bis zum Sizilischen hinreichend divergieren, um die Kommunikation zwischen Sprechern entfernter Regionen schwierig zu gestalten. Diese kulturgeschichtlichen Gräben, so tief sie auch sein mögen, haben aber nicht die allgemeine Verbreitung einer Standardsprache im gesamten Land und darüber hinaus verhindern können, wobei den Massenmedien eine wichtige Rolle zufällt. Im übrigen sind die Gemeinsamkeiten im industrialisierten Norden stärker als im südlichen Teil der Halbinsel, was sicher auch für die Autonomiebestrebungen bedeutsam ist, welche die Wiedergeburt des lombardischen Regionalismus kennzeichnen.

Der lateinische Ursprung des Italienischen ist allgegenwärtig, in den Wurzeln ebenso wie in den Ableitungen, so daß es wenig erkennbare Latinismen gibt, wie sie bestimmte Stilarten des geschriebenen Englisch oder Französisch kennzeichnen, wobei letztere selbst eine neulateinische Sprache und insofern mit dem Italienischen verwandt ist. Genügt die enge Verwandtschaft, die das Italienische zum unmittelbaren Erben des Lateinischen macht, um seine Verwendung als Gemeinschaftssprache in Europa zu begründen? Selbst wenn man das bezweifelt, sollte man sich zumindest fragen, welche historischen Epochen ihm ein Anrecht darauf geben könnten.

Noch bevor das Altfranzösische, das Okzitanische oder das Galicische im Westen zum Medium einer höfischen Kultur geworden waren, noch bevor Krieg und Handel das Niederdeutsche im Nordosten Europas etabliert hatten, hatte die Republik Venedig am Ende des 11. Jahrhunderts die byzantinische Dynastie der Komnenen gegen die Angriffe der Normannen unterstützt, was ihr die Befreiung von Zöllen sowie praktisch das Handelsmonopol im gesamten Oströmischen Reich verschaffte. Die zeitweilige Konkurrenz Pisas und Genuas konnte diese Finanzmacht nicht mehr einholen, aber sie trug ebenfalls zur Verbreitung des Italienischen bei, das schon im 12. Jahrhundert an der Börse von Konstantinopel gesprochen wurde. Es hat in Form von Lehnwörtern in verschiedenen Sprachen auf dem Balkan Spuren hinterlassen. Darüber hinaus haben die Italiener bekanntlich am Ende des 19. Jahrhunderts ein Kolonialreich am Horn von Afrika errichtet, weshalb noch heute in Äthiopien und vor allem in Somalia das Italienische als Kultur- und Handelssprache Verwendung findet. Aber diese verschiedenen Epochen zeitweiliger, regionaler Vorherrschaft in Europa und Afrika können dem Italienischen, auch wenn sie seine Attraktivität verstärkt haben, keinen definitiven Anspruch auf den Status einer europäischen Gemeinschaftssprache verleihen.

Ebensowenig kann man das Polnische für diese Funktion heranziehen, das zeitweise auch eine erhebliche regionale Verbreitung aufzuweisen hatte, die sich ebenso in seinem starken Einfluß auf das Litauische seit Beginn der politischen Union im 14. Jahrhundert manifestierte wie in seiner Ausstrahlung auf das Ukrainische und besonders das Weißrussische bis zur Teilung Polens am Ausgang des 18. Jahrhunderts.

Die Wege des Esperanto

Die Anhänger des Esperanto wollen diese Sprache nicht nur in Europa, sondern über die ganze Welt verbreiten. Der Eifer, den sie dabei an den Tag legen, zeigt deutlich, daß dieser Fall anders gelagert ist als bei einer Nationalsprache. Das Esperanto ist die einzige Sprache auf der Welt, von der wir exakt die Geburtsstunde – eine Schrift aus dem Jahre 1887 von ihrem Begründer Ludwig Lazarus Zamenhof - sowie die gesamte Geschichte kennen. Zamenhof, der von der Notwendigkeit einer internationalen Sprache überzeugt war (vgl. Kap. 6, S. 140f.) und die Fehler Schleyers, des Erfinders des Volapük, vermeiden wollte, hatte beschlossen, keine bis in alle Details neue Sprache zu schaffen, sondern sich weitgehend des Lateinischen zu bedienen, weil es einer Vielzahl europäischer Sprachen als Ursprungssprache oder Lehnwortbasis zugrunde liegt. Jedes andere Verfahren hätte durch die Vielzahl der unbekannten Wortwurzeln unüberwindliche Lernschwierigkeiten verursacht. Zwar wäre es nicht nötig gewesen, einen Subjekt- und einen Objektkasus beizubehalten, und somit, wenn auch in reduzierter Form, eine Deklination, wie sie Zamenhof durch die ihm bekannten Sprachen nahegelegt wurde. Das Esperanto besitzt jedoch daneben auch entschiedene Vorteile, wie etwa die geringe Anzahl idiomatischer Ausdrücke, die in den gewachsenen Sprachen gewöhnlich durch die semantischen Verfestigungen einer langen Geschichte akkumuliert werden.

Der Anfangserfolg des Esperanto hat bewiesen, daß eine künstliche Sprache schlicht als Kommunikationsinstrument dienen kann, unabhängig von den theoretischen Diskussionen über ihre Legitimität oder ihre kulturelle Substanzlosigkeit, die durch das Fehlen jeder Tradition unvermeidlich zu sein scheint.

Die Übertragung der großen Werke der Weltliteratur ins Esperanto wirft in der Tat einige Fragen auf; denn die Literatur lebt von der Form und der Ausdruckskraft der Wörter sowie von der jeder Sprache innewohnenden Satzmelodie, welche gemeinsam dem Autor im Rahmen der jeweiligen Sprache seinen individuellen Stil ermöglichen. Außerdem prägen die Unregelmäßigkeiten, die semantischen Feinheiten sowie das Fehlen völliger Synonymie zwischen eng verwandten Wörtern das Wesen der menschlichen Sprachen, und auch diese scheinbare Unvollkommenheit ist für den literarischen Stil von Vorteil und ermöglicht dem Individuum, durch Nuancen und Zwischentöne seinen Empfindungen einen adäquaten Ausdruck zu verleihen. Allerdings wäre es denkbar, daß das Esperanto eines Tages dank einer spontanen Evolution, die es den gewachsenen Sprachen annähern würde, alle diese Qualitäten auf Kosten seiner jetzigen Regelmäßigkeit erwürbe. In den nichtliterarischen Bereichen von Technik und Wissenschaft hat es ohnehin ein Prestige und eine Effizienz erlangt, die durch die zahlreichen Kongresse am Ende des 19. und zu Beginn des 20. Jahrhunderts bestätigt wurden, bei denen sich Teilnehmer aus den verschiedensten Ländern mit Hilfe von Esperanto verständigten.

Dennoch hat der wichtigste Vorzug des Esperanto, nämlich niemandem einen Vorteil zu verschaffen, da es sich um eine künstliche Sprache handelt, nicht verhindern können, daß es durch das Englische ersetzt worden ist, also doch wieder durch eine einzelne Nationalsprache. Diese Situation widerspricht natürlich den Wünschen Zamenhofs und der Esperanto-Anhänger, da sie in ihren Augen zu einer Ungleichheit führt. Aber andere

Sprachen als das Englische könnten durch ihre Berufung zur Gemeinschaftssprache in Europa ein Gleichgewicht schaffen. Es geht dabei um das Deutsche und das Französische. Ebenso wie das Englische, das Spanische und das Italienische gehören diese beiden Sprachen jeweils dem romanischen bzw. germanischen Zweig des Indoeuropäischen an, die den größten Teil Westeuropas abdecken, während die drei Sprachen Englisch, Spanisch und Französisch gleichzeitig im größten Teil des amerikanischen Kontinents gesprochen werden. Wir müssen uns deshalb jetzt der Frage zuwenden, welchen Anspruch das Englische, das Deutsche und das Französische auf den Status einer Gemeinschaftssprache erheben können und in welcher Weise jede von ihnen dem Wunsch nach einem künftigen geeinten Europa gerecht werden kann.

Kapitel 2
Europa und das Englische

Ungewöhnliche Geschichte einer Gemeinschaftssprache

Die Geschichte des Englischen führt uns heute in alle Welt. Um seine Berufung zur Gemeinschaftssprache im Rahmen Europas würdigen zu können, muß man seinen Ursprüngen nachgehen und sich die Frage stellen, welche Art von Beziehung das Englische zu jenem Kontinent unterhält, der es hervorbrachte.

Cäsar landete im Jahre 55 v.Chr. im Süden der Britischen Inseln, die damals von keltischen Völkern besiedelt waren. Der Feldzug des römischen Kaisers Claudius schaffte die Voraussetzungen dafür, daß dieser Teil der Inseln ab dem Jahre 43 n.Chr. von Rom erobert wurde. Die Romanisierung der Provinz Britannia war bereits weit fortgeschritten, als im 3. Jahrhundert das Wikingervolk der Normannen mit seinen Einfällen in das Land begann. Im 5. Jahrhundert ließen sich dann an der Südküste die Angeln nieder, die aus dem heutigen Schleswig-Holstein stammten. Ihnen folgten bald andere germanische Völker: die Jüten aus Jütland und die Sachsen aus dem norddeutschen Raum. Nach dem Namen dieser Eroberer aus Norddeutschland und aus Westdänemark bezeichnet man die germanische Sprache, welche die erste Geschichtsepoche des Englischen verkörpert, als das Angelsächsische. Die Christianisierung brachte gegen Ende des 6. Jahrhunderts das Lateinische wieder ins Land, und während die alte einheimische Bevölkerung der Kelten immer mehr nach Westen abgedrängt wurde, kehrten die Wikinger im 8. und 9. Jahrhundert in Gestalt ihrer dänischen und norwegischen Nachfahren zurück und bereicherten das Angelsächsische um zahlreiche nordische Wörter. Das Altenglische, das aus diesem Zusammenfließen verschiedener Strömungen hervorging, war eine Sprache mit relativ komplexen Deklinationen, in der übrigens bei den Nomen damals noch zwischen verschiedenen grammatischen Geschlechtern unterschieden wurde. Diese Sprache war schon im 8. Jahrhundert durch eine Fülle von epischen, poetischen und religiösen Werken vertreten.

Die zweite historische Epoche beginnt mit einem berühmten und für das Schicksal des Englischen entscheidenden Ereignis: der Eroberung des Landes durch Wilhelm, Herzog der Normandie, im Anschluß an seinen Sieg bei Hastings im Jahre 1066. Die Folge dieses Ereignisses war die Erhebung des Franko-Normannischen zur Staatssprache, die, wie häufig in derartigen Fällen, von der aristokratischen Führungsschicht der Eroberer und vom einheimischen Adel, der sich mit dieser verband, gesprochen wurde. Die einfache Landbevölkerung sprach dagegen weiterhin Angelsächsisch, und der Klerus sowie die Gebildeten bedienten sich des Lateinischen oder auch – für wissenschaftliche Zwecke – des Griechischen. Diese zweite Latinisierung des Englischen bereicherte es um Wörter und Ausdrücke, welche die Kleriker des Landes mit größerer Freizügigkeit einführten als ihre schreibenden Zeitgenossen in Frankreich oder Deutschland. Von daher rührt die latinisierende Tendenz des modernen literarischen Englisch, die gelegentlich den Französischsprechenden erstaunt, der überrascht ist, sie in einer nichtromanischen Sprache anzutreffen. Man kann hier auch eine der Ursachen für die weite Verbreitung des Englischen, dieser vielgestaltigen Sprache, erkennen: Die klassischen Sprachen, die die Grundlagen der westlichen Kultur vermitteln, sind in seinem Wortschatz reichlich vertreten; auf dem Weg über das Englische versorgt das Lateinische weiterhin viele Sprachen der Gegenwart mit Fachausdrücken.

Während dieser zweiten Epoche, in der man vom Mittelenglischen spricht und die bis ins 14. Jahrhundert dauerte, war das Franko-Normannische die Sprache der Gesetzgebung und der Rechtsprechung in allen Instanzen. Es wurde bereits in der Elementarschule unterrichtet. Sogar die Kirche – obwohl sie traditionsgemäß auf die Volkssprachen Rücksicht nahm – bediente sich des Franko-Normannischen in der Predigt, und einige Diözesen und Klöster verwendeten es für sämtliche liturgischen Bereiche. Auf diese Weise verschwand das Angelsächsische als Literatursprache während eines Zeitraums von ungefähr drei Jahrhunderten fast völlig. Die Vorherrschaft des Franko-Normannischen wurde noch verstärkt durch den ständigen Zustrom neuer Immigranten, vor allem Angeviner und Picarden, die zwar in erster Linie ihre regionalen Dialekte und keine Standardsprache einführten, gleichzeitig aber in ständiger Verbindung mit dem französischen Hofe standen, wo die Vereinheitlichung des Französischen in vollem Gange war. Das Angelsächsische blieb trotz allem als Umgangssprache gängig, so daß es die Sprechweise der Französischsprechenden beeinflußte, was zu einem Französisch voller Anglizismen führte, worüber sich eine ganze Satirenliteratur in Frankreich lustig machte. Man findet dort Redewendungen wie: *vous voudra toer* oder *il voudra donier* für *vous tuerez* oder *il donnera* (vgl. Brunot 1966, Bd.I, S. 387, Anm. 4). Als Antwort auf diesen Sprachverfall schickten die um Korrektheit bemühten Familien ihre Kinder zum Studium nach Frankreich. Allmählich jedoch veränderte sich die Lage. Noch zu Beginn des Hundertjährigen Krieges konnte Eduard III. von England, der Sieger von Crécy (1346), kaum in einem verständlichen Englisch zu seinen Truppen sprechen. Aber er mußte sich den Forderungen der englischsprechenden Bourgeoisie beugen, die den Gebrauch der englischen Sprache in der Rechtsprechung forderte. Im Verlauf des 14. Jahrhunderts trat dann das literarische Französisch, das bis dahin die Sprache der privilegierten Oberschicht war, nach und nach hinter dem Angelsächsischen zurück, das immer weniger als Sprache der ungebildeten Masse betrachtet wurde.

In diesem neuen Zeitabschnitt ist die Geschichte des Englischen die einer gemischten Sprache. Doch es handelte sich nicht um jene anglisierte Variante des Franko-Normannischen, über die man sich in Frankreich lustig gemacht hatte, sondern vielmehr um eine fruchtbare Kreuzung des Angelsächsischen mit dem Franko-Normannischen. Tatsächlich bildeten die beiden Sprachen von da an eine Einheit, die durch den doppelten Ursprung nicht geschwächt wurde, sondern daraus im Gegenteil eine lexikalische Geschmeidigkeit und Fülle schöpfte, für welche die zahllosen Wortpaare aus einem angelsächsischen Glied und einem französischen Glied, welche nicht exakt gleichbedeutend sind, ein bekanntes Beispiel abgeben. Auch vermutet man, daß der Einfluß des Französischen die Ursache für das Verschwinden der Kehllaute (Gutturale) – die sich im Schottischen erhalten haben - war, ferner für das Aufgeben der Deklinationen, die im geschriebenen Französisch zu Beginn des 14. Jahrhunderts verkümmerten (nachdem sie aus der gesprochenen Sprache schon seit der Mitte des 13. Jahrhunderts verschwunden waren), und für die Veränderungen in der Wortstellung. Die Prägung des Wortschatzes bleibt jedoch das eindrucksvollste Phänomen. Es wird ausgiebig in den einschlägigen Lehrbüchern dargestellt. Ich möchte nur an Folgendes erinnern: Das Englische hat nicht nur alte Bedeutungen in Wörtern bewahrt, die sie im heutigen Französisch nicht mehr haben, oder den Inhalt zahlreicher Wörter in einer Weise verändert, daß die Französischsprechenden sie heute in der englischen Bedeutungsvariante verwenden (»heimliche falsche Freunde« nenne ich sie: vgl. Hagège 1987, S. 55–61), sondern es hat auch mittelalterliche Wörter bewahrt, die im modernen Französisch verlorengegangen sind: *mischief* »dégâts, dommage«, *pledge* »caution«, *random* »hasard«, *to remember* »se rappeler« etc.

Dennoch blieben das Franko-Normannische und das dergestalt französierte Englisch, das schon nicht mehr mit dem Angelsächsischen gleichgesetzt werden konnte, zwei Sprachen mit unterschiedlichem Status, und die Herrschaft der ersteren über die letztere wurde zunehmend als Unterjochung empfunden und mit wachsender Gereiztheit betrachtet. Im Jahre 1362 erhob das *Statute of Pleading* das Englische zur einzig zulässigen Gerichtssprache. Am Ende des 14. Jahrhunderts verlor das Französische seine bisherige Stellung im Unterrichtswesen. Der Dichter John Gower, der zunächst auf Französisch geschrieben hatte, ging zum Englischen über. Die ersten Werke Geoffrey Chaucers sind in Englisch verfaßt und datieren aus dieser Epoche. Mit ihnen nimmt die englische Literatur ihren Platz unter den großen europäischen Literaturen ein. Heinrich IV. schließlich, der von 1399 bis 1413 regierte, war der erste König von England, der mit Englisch als Muttersprache aufwuchs. Seit dem 15. Jahrhundert entwickelte sich allmählich eine linguistische Norm, die einen Kompromiß zwischen dem Franko-Normannischen der Nachkommen der Eroberer aus dem 11. Jahrhundert und dem Angelsächsischen der einheimischen Bevölkerung darstellte. Sie läutete die dritte Epoche der Geschichte dieser Sprache ein, diejenige des modernen Englisch, in deren Verlauf eine neue, einheitliche Sprache entstand. Diese geeinte Sprache trägt schon zu Beginn die Züge des modernen Englisch: Die Deklinationen und das grammatische Geschlecht verschwinden, die Morphologie der Verben vereinfacht sich durch die Festlegung sowohl der Klasse der unregelmäßigen Verben als auch der Tempusarten; nun vervielfältigen sich die idiomatischen Wendungen, die eine der Hauptschwierigkeiten dieser Sprache darstellen, von der man sagt, daß ihre Grundlagen »leicht« zu erlernen seien. Man denke zum Beispiel an typisch angelsächsische Ausdrücke mit nachgestelltem Adverb, sogenannten »postpositions«, wie etwa *to give up* »abandonner« oder *to put by* »économiser«, deren Sinn, wenn man ihn nicht kennt, im allgemeinen nicht abgeleitet werden kann.

Am Ende des 15. Jahrhunderts begann die Orthographie feste Formen anzunehmen, ja zu erstarren, und das zu einem Zeitpunkt, in dem sich das phonologische System in voller Entwicklung befand. Das führte zu der Disharmonie zwischen Schreibweise und Aussprache, die sowohl für das Englische als auch für das Französische charakteristisch ist und auf denselben Ursachen beruht. Maßgeblich beeinflußt wurde dieser Prozeß durch William Caxton, den Mann, der die Buchdruckerkunst in England einführte. Keiner der späteren Reformversuche konnte an dieser Situation noch etwas ändern; und in den Vereinigten Staaten geht der einzig erfolgreiche Eingriff auf Noah Webster zurück, zumindest was die Vorschläge betrifft, die er in sein *Wörterbuch* von 1828 aufgenommen hat und die durch den allgemeinen Gebrauch als Unterscheidungsmerkmale der amerikanischen Orthographie sanktioniert worden sind. Was für die Reformversuche der Schreibweise gilt, trifft auch auf diejenigen der Grammatik zu. Das Englische hat – ebenso wie die Gartengestaltung in seinem Herkunftsland – niemals festen Regeln unterworfen werden können, trotz zahlreicher Versuche, die mit T. Smith und J. Hart im 16. Jahrhundert begannen und bis zu so bedeutenden Schriftstellern wie Jonathan Swift im 18. Jahrhundert reichten, wobei im 17. Jahrhundert noch John Dryden und Daniel Defoe zu nennen wären, die beide vom Vorbild der Académie française beeinflußt waren (vgl. Ayto 1983). Im 16. und 17. Jahrhundert entnahm das Englische ebenso wie andere westeuropäische Sprachen dem Lateinischen zahlreiche Fachwörter und durchlief damit den dritten Latinisierungsprozeß seiner Geschichte. Aber seit dem Ende des 18. Jahrhunderts kann man eine Wende beobachten, für die es ein untrügliches Anzeichen gibt: Englisch wird zu derjenigen europäischen Sprache, die am wenigsten von anderen Sprachen übernimmt und gleichzeitig selbst am meisten weitergibt.

Die Geschichte des Englischen, die wir hier in groben Zügen skizziert haben, stellt in der Welt der Sprachen eine Ausnahmeerscheinung dar. In ihrem Verlauf wurde das Englische in den Schnittpunkt verschiedener Instabilitätsfaktoren gestellt, die durch ihre Neugruppierung die Entwicklungsvorgänge stark beschleunigt haben, wodurch eine Reihe von so grundlegenden Veränderungen eingetreten sind, wie sie sich nur in wenigen Sprachen nachweisen lassen. Zunächst einmal muß man feststellen, daß das Westgermanische, jener Zweig des Indoeuropäischen, dessen Gebrauch die Angeln, die Jüten und die Sachsen in England eingeführt haben, zum damaligen Zeitpunkt noch keinen abgeschlossenen Entwicklungsstand erreicht hatte: Die Veränderungen der Konsonanten und die Betonung auf der ersten Silbe führten ebenso wie die Abwandlungen der Vokale unter dem Einfluß der sie umgebenden Konsonanten in diesem Zweig des Germanischen zu einer tiefgreifenden Neugestaltung der Wortphysiognomie. Zu diesen strukturellen, gleichsam internen Faktoren traten äußere Entwicklungseinflüsse hinzu. Die germanischen Stämme waren ständig in Bewegung, was umfangreiche Bevölkerungsumschichtungen zur Folge hatte, die zu schnellen Veränderungen der Lebensweise führten. Hinzu kam, daß die keltische Sprache, auf die diese germanischen Stämme in England trafen, nämlich das Britannische, selbst noch keinen Zustand echter Stabilität erreicht hatte. Seit der Epoche des Gemeinkeltischen hatten sich die Sprachen dieses Zweiges ständig verändert, wobei die letzte dieser schnellen Veränderungen, welche durch den römischen Einfluß hervorgerufen worden war, noch in vollem Gange war.

Folglich verstärkten die keltischen Ureinwohner noch diesen Zustand der Instabilität, als sie die Sprache der germanischen Eroberer übernahmen. Vor allem hinsichtlich der Vokale zeigte das Altenglische deshalb im Vergleich zu seinem germanischen Ursprung gänzlich neue Züge, wovon noch im heutigen Englisch deutlich Spuren erkennbar sind. Aber die Einzigartigkeit des Englischen unter den germanischen Sprachen beruhte außerdem auf bestimmten Tendenzen, in denen sich neue Veränderungen ankündigten.

Diese Tendenzen sind in ihrer Entwicklung durch nichts behindert worden. Es gab im 10. Jahrhundert keine Literatursprache, die, wie das sonst häufig der Fall war, als stabilisierende Kraft hätte wirken können. Die einzige Wissenschaftssprache war das Lateinische. Hinzu kommt, daß der Feudalismus, der damals herrschte, ein dezentralisiertes Regierungssystem war: Das Altenglische, wie es uns in dem Gedicht *Beowulf* (8. bis Anfang 9. Jahrhundert) entgegentritt, ist keine vollendete Einheitssprache. Die franko-normannische Invasion hat seine Zersplitterung nur noch verstärkt. Tatsächlich war der französischsprechende Adel nicht über das ganze Land verteilt und hatte folglich auch nicht das Bedürfnis nach einer Einheitssprache. Die angelsächsischen Dialekte, die von der Landbevölkerung weiterhin gesprochen wurden, konnten sich fast drei Jahrhunderte lang ungehindert entfalten, da sie durch keinerlei Regeln eingeengt wurden, wie dies bei einer verbindlichen Verkehrssprache normalerweise der Fall ist. Deshalb ist das Englische, das stark mit franko-normannischen Zusätzen vermischt war, als es schließlich in England Nationalsprache wurde – das heißt in der dritten Epoche seiner Sprachgeschichte im 14. bis 15. Jahrhundert – eine Sprache, die sich durch die Vielzahl der destabilisierenden Faktoren weit vom Gemeingermanischen entfernt hat, und zwar sowohl hinsichtlich ihrer Aussprache als auch hinsichtlich ihrer Grammatik. Diese spiegelt kaum noch das Indoeuropäische wider, sondern ähnelt vielmehr aufgrund ihrer vereinfachten Konjugation den Sprachen Südostasiens oder Zentralafrikas.

Es ist nicht ausgeschlossen, daß gerade die vielschichtige Natur dieser Sprache, in der sich so zahlreiche westliche Spracheinflüsse verbinden, sie dazu prädestiniert hat, eines Tages als weltweites Bindeglied zu dienen. Auf der anderen Seite könnte gerade die Heterogenität des Englischen eine der Ursachen dafür sein, daß es allen Kodifikationsversuchen erfolgreich widerstanden hat. Ein weiterer Grund dafür ist, daß sich am Ausgang des Mittelalters, als sich die Sprache endlich stabilisierte, auch die soziale Struktur verfestigte. Von nun an erfuhr die englischsprechende Gesellschaft nicht mehr das Ungleichgewicht einer Situation, die durch eine lange Fremdherrschaft über Minderheiten bedingt war. Eine Ausnahme bildeten lediglich die nichtassimilierten keltischen Minderheiten, das heißt die Iren, Schotten und Waliser. Nun können wir sehen (vgl. Kap. 8), daß eine solche Situation der Instabilität, wie sie in vollem Maße allerdings auch im England des 11. bis 13. Jahrhunderts nicht gegeben war, zumeist Reformbestrebungen hinsichtlich der Sprache wachruft, die nunmehr zum höchsten Symbol der Nation erhoben wird. Ein letzter Grund schließlich für das Fehlen jeden zentralen Planungswillens ist die Bedeutung des Englischen als Weltsprache, die es derart fest etabliert hat, daß alle Reformmaßnahmen zum Scheitern verurteilt zu sein scheinen. Wir wollen nun die Gründe für diese Weltgeltung des Englischen untersuchen.

Die Verbreitung des Angloamerikanischen in Europa: Versuch einer Erklärung

Hervorgegangen aus einer geschichtlichen Entwicklung, die es zur eigenartigsten und modernsten der germanischen Sprachen gemacht hat, erscheint das Englische vielen als »einfach«, auch wenn dieser Begriff für sich genommen kaum einen Sinn ergibt. Aber die angebliche Einfachheit des Englischen würde nicht ausreichen, seinen Erfolg in den Ländern Europas zu erklären, wenn nicht ein viel entscheidenderer Faktor hinzukäme: seine weltweite Verbreitung, die ursprünglich kolonialer Natur war. Ich will mich über dieses Phänomen hier nicht weiter auslassen, da es hinreichend bekannt ist. Ich möchte lediglich noch einmal in Erinnerung rufen, daß das Englische durch den Handel und die Heere über weite Gebiete der Erdkugel verbreitet worden ist: von den Vereinigten Staaten bis Australien und Neuseeland, von Südafrika bis Kanada, ohne solche riesigen Länder wie zum Beispiel Indien mitzuzählen, wo es den Status einer offiziellen, wenn auch nicht nationalen Sprache hat. Zwar handelt es sich hier nicht um ein europäisches Phänomen, aber nachdem es zur Sprache des politischen und wirtschaftlichen Verkehrs der europäischen Staaten mit all den überseeischen Ländern geworden war, gewann es im Gegenzug eine beträchtliche Bedeutung für den Kontinent, auf dem es entstanden ist. Auf der anderen Seite ist die enorme Produktion von preisgünstigen Filmen und Informationen, die sich über den europäischen Markt ergießt, ein hervorragendes Instrument einer wirkungsvollen medienmäßigen Beeinflussung. Unter dem Ansturm des Englischen hallt das vielsprachige Europa von Redewendungen einer einzelnen Sprache wider.

Das Ergebnis war vorherzusehen: Das Englische gilt den Europäern als diejenige Sprache, die am besten einem Kommunikationsbedürfnis gerecht zu werden scheint, das man *Dialogtrieb* nennen könnte. Insoweit wird es den Anforderungen einer Gemeinschaftssprache gerecht. Indem es als erste europäische Sprache so weite Räume erfüllt hat, scheint das Englische mehr als jede andere Sprache dieser *Sehnsucht nach Vereinigung* entgegenzukommen, die durch den Dialogtrieb hervorgerufen wird und die dazu auffordert, die Sprachbarrieren in einer Welt niederzureißen, die für viele allzu stark im Zustand babylonischer Sprachverwirrung befangen zu sein scheint. Aber die menschlichen Gesellschaften werden von widersprüchlichen Kräften bewegt. Der Sehnsucht nach Vereinigung steht das Streben nach *Andersartigkeit* entgegen, dessen auffälligster Ausdruck der sprachliche Nationalismus ist. Dieser Drang nach Selbstbehauptung durch die Sprache, die in Europa häufig die nationalen Stimmungen aufpeitscht, schwächt das Bedürfnis nach einer Gemeinschaftssprache ab, auch wenn er dieses nicht völlig überflüssig machen kann. Europa ist deshalb gleichzeitig offen für das Englische und verteidigungsbereit für seine eigene sprachliche Vielfalt.

Obwohl er weniger auffällig ist als die übrigen, existiert noch ein weiterer Faktor, der den Antagonismus dieser beiden Tendenzen verschärft und dadurch dem Englischen noch mehr Gewicht verleiht. Man könnte meinen – und diese Meinung ist häufig anzutreffen –, daß die Verbreitung des Englischen von den anglophonen Ländern nicht staatlicherseits gefördert werde, sondern von deren allgemeiner Dynamik so stark getragen sei, daß sich eine derartige Förderung erübrige. Aber hier liegt ein Irrtum vor. Die Wege zu einer hegemonialen Stellung sind noch heute die gleichen wie zur Zeit des Römischen Reiches. Eine wirtschaftliche Weltmacht widmet der Verbreitung ihrer Sprache die gleiche Aufmerksamkeit wie der Eroberung von Absatzmärkten. Diese beiden Strategien stützen sich im übrigen gegenseitig, denn der Export der Sprache öffnet auf natürliche Weise den Weg für die Warenströme. Nun ist zwar in einem Land wie den Vereinigten Staaten die Macht in bestimmten Bereichen nicht übermäßig stark zentralisiert, und infolgedessen hat die Bundesregierung nicht unmittelbar etwas mit der Vorgehensweise bestimmter Privatunternehmen zu tun, die für großzügige Spenden an eine Universität die vorherige Absetzung einer fest etablierten Sprache zugunsten des Englischen fordern (vgl. Marcel 1973). Aber tatsächlich dienen derartige Verhaltensweisen nicht nur privaten Interessen, sondern auch den Vereinigten Staaten im Zuge ihrer kommerziellen Expansion.

Zu diesen äußeren Faktoren – Ausweitung des Handels, Bedürfnis nach einer Verkehrssprache, politische Förderung – treten weitere, die als Folge der ersteren ihrerseits die Ausbreitung des Englischen vorantreiben. Von allen Sprachen der Welt ist Englisch diejenige, die sich am engsten an den menschlichen Bedürfnissen entwickelt und ihnen Ausdruck verleiht. Das ist nicht verwunderlich, denn es ist in erster Linie die Sprache jener Länder in der Nordhälfte des amerikanischen Kontinents, wo diese Bedürfnisse im materiellen und intellektuellen Leben entstehen und damit die wissenschaftliche und technische Forschung auslösen, die ihre Befriedigung zum Ziel hat. Deshalb sind es englische Wörter, die den zeitgenössischen Wünschen Ausdruck verleihen, und zwar sowohl den natürlichen als auch den künstlich hervorgerufenen. Indem sich die Wörter weltweit verbreiten, verbreiten sie gleichzeitig diese Wünsche, und es sind wiederum englische Wörter, die die Produkte bezeichnen, welche die Wünsche befriedigen. Gewiß hat sich in vielen Ländern eine intensive sprachschöpferische Tätigkeit entwickelt, um diesen Zustrom durch die Schaffung von Äquivalenten in der eigenen Sprache einzudämmen. Das gilt im frankophonen Raum vor allem für Frankreich und die Provinz Québec. Aber die Zahl der neuen englischen Ausdrücke und die Steigerung ihrer Wachstumsrate sind so beträchtlich, daß die Sprachkommissionen ständig von ihrer Aufgabe überfordert zu werden drohen, ganz im Gegensatz zu den Sprachrichtern des 19. Jahrhunderts. Die zeitgenössischen Kommissionen bearbeiten eine Materie, die hinsichtlich des Umfangs und der Arbeitstechniken beinahe industrielle Dimensionen erreicht.

Von daher ist für den Verbraucher die Versuchung groß, den englischen Ausdruck zu verwenden, der ihm bei der ersten Begegnung mit dem Gegenstand nahegebracht wird. Das Englische scheint das günstigste Verhältnis von Aufwand und Erfolg zu gewährleisten. Tatsächlich werden diejenigen, die sich nicht damit begnügen, einzelne Wörter zu lernen, sondern statt dessen eine minimale Fertigkeit erwerben wollen, um kommunizieren zu können, um so mehr Aufwand in dieses Unternehmen investieren, als sie sich Erfolg davon versprechen. Nun scheint aber die internationale Stellung des Englischen diesen Erfolg zu garantieren, denn jeder Europäer, der es heutzutage beherrscht, kann sich mit jedem anderen Europäer unterhalten, auch wenn er dessen Sprache nicht erlernen will. So wird die Wirkung zur Ursache: Das Englische, das einer sehr starken Nachfrage gerecht wird, ist heute in den meisten europäischen Ländern die erste Unterrichtssprache. Es hat in vielen von ihnen sogar den Vorrang vor den Sprachen der Nachbarstaaten, auch wenn zu diesen wichtige und regelmäßige politische und wirtschaftliche Beziehungen bestehen. Die Faktoren verbinden und verstärken sich und führen so zu der allgemeinen Verbreitung des Angloamerikanischen in Europa.

Die Rückkehr aus Amerika

Ist das Englische, das eine solche Dynamik entfaltet, wirklich die Sprache Großbritanniens, das heute durch die schottischen Abspaltungstendenzen in seiner Ausdehnung reduziert zu werden droht? Schon vor dem Ersten Weltkrieg war die amerikanische Form des Englischen aufgrund des Handels, des Theaterwesens und der Auswirkungen der wirtschaftlichen und politischen Macht der USA in Europa sehr weit verbreitet. Im Januar 1918, noch vor Beendigung des Krieges, beinhaltete ein amerikanischer Vorschlag – die 14 Punkte des Präsidenten Woodrow Wilson – nicht nur die Schaffung eines Völkerbundes in Anknüpfung an eine alte europäische Idee, sondern auch die Neugestaltung der europäischen Landkarte. All das geschah in englischer Sprache und bereitete damit den Weg für die seltsame Erscheinung des Vertrages von Versailles, von dem ein zeitgenössischer guter Beobachter sagte:

»Ein französischer General kommandierte die Truppen der Entente zur Zeit der Kapitulation der Mittelmächte. Aber als die Verhandlungen zwischen den Alliierten begannen, die zur Vorbereitung der Friedensverträge erforderlich waren, stellte sich heraus, daß die Chefs der britischen und amerikanischen Delegationen kein Französisch konnten, während der Chef der französischen Delegation fließend Englisch sprach, so daß fast alle Vorgespräche auf Englisch stattfanden. Aufgrund einer einzigartigen – und im übrigen absurden – Neuerung ist der Versailler Vertrag in zwei Sprachen verfaßt, Englisch und Französisch, wobei beide Fassungen völkerrechtlich verbindlich sind, und wenn man den Vertrag liest, hat man oft den Eindruck, daß der französische Text aus dem Englischen übersetzt ist. Das Ende eines Krieges, in welchem Frankreich militärisch die Hauptrolle gespielt hatte, führte somit zum Untergang des Privilegs, welches das Französische zur alleinigen Diplomatensprache gemacht hatte.« (Meillet 1928, S. 254)

Zwischen den beiden Weltkriegen führte die amerikanische Vormachtstellung, die immer mehr zur Geltung kam – so vor allem in negativer Form anläßlich der Weltwirtschaftskrise von 1929 –, zu einer immer stärkeren Ausbreitung des amerikanischen Englisch. Am Ende des Zweiten Weltkrieges fand dann in einem ausgebluteten Europa, dessen opferreicher Sieg die Schmach nicht völlig hatte tilgen können, das amerikanische Englisch allenthalben Gehör, denn die Soldaten, die es sprachen, wurden als Befreier gefeiert, deren gefallene Waffengefährten ihr Leben zur Rettung Europas gegeben hatten. Das Lächeln der Sieger trat an die Stelle der martialischen Grimasse einer nationalsozialistischen Herrschaftsordnung. Deshalb hörte man auf sie und wiederholte ihre Worte. In Dänemark, Schweden, Finnland, Polen und Ungarn setzte sich das amerikanische Englisch auf Kosten des Deutschen durch, das in diesen Ländern bis dahin normalerweise als Zweitsprache diente. Das britische Englisch hatte als Seehandelssprache seit dem 19. Jahrhundert eine feste Stellung in den Niederlanden und in Norwegen innegehabt, aber im Jahre 1945, nach der Beendigung einer für beide Länder schweren Besatzungszeit, wurden sie zu dem, was sie heute noch sind: Hochburgen des amerikanischen Englisch, das dort in großem Umfang erfolgreich unterrichtet und von einem größeren Teil der Bevölkerung gesprochen wird als anderswo in Europa. Das gilt auch in zunehmendem Maße für den flämischsprechenden Teil Belgiens, wo auf diese Weise gegen das Französische Stellung bezogen wird.

Diese Länder verbreiten das amerikanische Englisch mit dem gleichen Eifer wie diejenigen, die es außerhalb Europas übernommen haben, um ihre Tüchtigkeit und ihre technischen Fähigkeiten bekannt zu machen:

Japan, Israel und China. In Deutschland ist die lange Anwesenheit der amerikanischen Besatzungstruppen der Sprache ebenso zugute gekommen, wie den Wissenschaftlern und Gelehrten das Ansehen der amerikanischen Forschung und Technologie, vor allem in führenden Disziplinen wie Atomphysik, Automatisierung, Molekularchemie, Neurologie und verschiedenen Bereichen der Pathologie.

Das Prestige der amerikanischen Vorbilder trägt auch bei den Forschern, Schriftstellern und Künstlern der ehemals kommunistischen Staaten Europas zur Verbreitung des Angloamerikanischen bei, wo das Russische niemals eine derartige Verbreitung oder Vorbildfunktion erfuhr wie das Englische in den westlichen Ländern. Auch war das Russische dort bis in die achtziger Jahre belastet durch sein negatives Image eines politischen Propagandamediums. Das Englische erschien den antikommunistischen Intellektuellen der osteuropäischen Länder als eine Sprache der Freiheit und zuverlässiger Informationen: Sich ihrer auf öffentlichen Versammlungen oder auch in speziellen Forschungsarbeiten zu bedienen, galt als Zeichen politischer Unabhängigkeit. Heute sind die kommunistischen Regime weitgehend verschwunden. Das Englische findet nun noch stärkeren Anklang, denn es erscheint als Träger der Werte einer Zivilisation, die sich gegenwärtig großer Sympathien erfreut und der man nacheifern will. Das Russische ist offensichtlich dieser Situation zum Opfer gefallen. Man beobachtet heute einen starken Rückgang des Russischen in Ostdeutschland, Polen, Ungarn, Tschechien, der Slowakei oder auch Rumänien. Die Russischlehrer sind dort gezwungen, den Englischunterricht zu übernehmen, wenn sie nicht ihre Stellung verlieren wollen. Dieser vielleicht nur vorübergehende Zustand ist doch recht erstaunlich.

So kann man sagen, daß das Angloamerikanische von 1945 bis 1960, das heißt während der entscheidenden Periode, die auf den Weltkrieg folgte, für eine ganze Generation die Lücke gefüllt hat, die entstanden war aus dem Rückgang des Deutschen als der Sprache der Besiegten und der nationalsozialistischen Verbrechen, der Stagnation des Russischen als der Sprache des politischen Zwangs – wie schon unter den Zaren – und der vorübergehenden Abwesenheit des Französischen, der Sprache des Landes, das noch stark damit beschäftigt war, den Schock der Kriegsjahre zu überwinden, und das außerdem noch von kolonialen Konflikten in Anspruch genommen wurde. Im übrigen war das Englische auch in der Sowjetunion niemals unpopulär gewesen, selbst während der stärksten Spannungen des Kalten Krieges nicht. Das geringe Interesse, das die Sowjets – wenigstens offiziell – für das Deutsche und das Französische zeigten, und die Vorliebe, die sie schon frühzeitig für das Englische als einer Weltsprache entdeckten, waren weitere Gründe für dessen außerordentlich starke Verbreitung in Europa, wo es schon vor den vierziger Jahren fest etabliert war. Von dieser Ausgangsstellung her hat es seinen Geltungsbereich in wenigen Jahrzehnten stark ausgeweitet, und die neue Gestalt Europas seit dem Beginn der achtziger Jahre wird diese Position noch weiter verstärken.

Wie verhält sich nun dieses amerikanische Englisch, dessen Vorherrschaft heute weitgehend als gesichert gelten kann, zum britischen Englisch, das ja eine europäische Sprache ist? Der Unterschied zwischen ihren Schicksalen ist deutlich feststellbar. Großbritannien, weniger europäisch als vielmehr ein Inselstaat, war mehr nach Übersee orientiert als nach den nahegelegenen kontinentaleuropäischen Ländern, unter denen es sich vor allem um die Aufrechterhaltung eines Gleichgewichtszustandes bemühte, der in seinen Augen gefährdet worden wäre, wenn Frankreich, Spanien oder die deutschen Staaten zu viel Macht gewonnen hätten. Von daher hatte die englische Sprache keine besondere europäische Berufung oder zumindest eine geringere als das Französische oder Deutsche; und das gilt selbst für jenes 18. Jahrhundert, in dem die parlamentarische Demokratie auf der anderen Seite des Ärmelkanals einem Philosophen wie Voltaire als Vorbild erschien. Aber als sich abzeichnete, daß die jungen, unabhängigen Vereinigten Staaten eine glänzende Zukunft vor sich hatten, das heißt bereits in der Zeit von 1835–40, als die zwei Teile des Werkes *Über die Demokratie in Amerika* von Alexis de Tocqueville erschienen, war vorherzusehen, daß dieser europäische Ableger noch eine bedeutende Rolle in der Geschichte der Alten Welt spielen würde. Man wußte damals noch nicht, daß die Vereinigten Staaten zahlreiche ethnische Einwanderungsströme aufnehmen würden, die sie zu einem Spiegelbild der Erdbevölkerung machen sollten.

Diese Situation verleiht dem Englischen innerhalb der Vereinigten Staaten eine einzigartige einheitsstiftende Kraft, die noch zusätzlich neben seiner ohnehin beherrschenden Stellung in den ehemaligen britischen Kolonien berücksichtigt werden muß. Der Gebrauch der englischen Sprache ist ein Hauptbestandteil jener Staatsbürgerschaft, die trotz der eklatanten Ungleichheiten innerhalb der amerikanischen Gesellschaft eine Einheit herstellt zwischen den indianischen Ureinwohnern des Landes und den Nachkommen schwarzafrikanischer Sklaven, zwischen Niederländern und Franzosen, Chinesen und Syrern, Japanern und Italienern, Litauern und Mexikanern, Puertorikanern und Deutschen, Finnen und Haïtianern, die alle im gleichen Land leben wie die englischen, irischen, schottischen und walisischen Gründerväter. Die einen bewahren innerhalb der Familie ihre Muttersprache, die anderen verlieren diese während ein oder zwei Generationen, wieder andere verwenden sie in einer amerikanisierten Fassung, aber alle sprechen als erste Sprache das Angloamerikanische. Und in dieser Form ist das Englische am Ausgang des 19. Jahrhunderts nach Europa zurückgekehrt. Darin liegt das Paradoxe im Schicksal des Englischen: Um einen Anspruch als europäische Gemeinschaftssprache geltend machen zu können, mußte es den Umweg über ein koloniales Abenteuer nehmen, dessen Ausgang anfänglich nicht absehbar war.

Ist dieses zurückgekehrte Englisch noch eine europäische Sprache? Man kann darüber streiten. Es ist erstaunlich, daß das amerikanische Englisch nicht eine völlig andere Sprache geworden ist als das in Großbritannien gesprochene, in einem Zeitraum – ungefähr zweihundert Jahre, wenn man als Eckpunkte die Unabhängigkeitserklärung (1776) und das Ende der siebziger Jahre unseres Jahrhunderts nimmt –, der für gewöhnlich ausreicht, um große Veränderungen zu bewirken. Es ist etwa dieselbe Zeit, welche die kreolischen Sprachen auf den Antillen zu ihrer Ausbildung auf der Grundlage des Englischen, des Französischen, des Spanischen, des Portugiesischen oder des Niederländischen benötigt haben (vgl. Hagège 1987 [dt. Ausg.], Kap. 2 und 1992, Kap. 4). Die Bewahrung der sprachlichen Einheit des Englischen erklärt sich auf dieselbe Weise wie im Falle des Französischen in Québec und Neuschottland oder des Spanischen und Portugiesischen in Lateinamerika; hier hat eine noch längere Zeit der Trennung die beiden letzteren nicht so verändern können, daß sie sich von ihren europäischen Ursprüngen wesentlich unterschieden. Der Atlantik hat hier gewissermaßen als Binnenmeer in diesem riesigen euroamerikanischen Raum gewirkt, und der linguistische Zusammenhalt ist durch die Brücken garantiert worden, die das lateinische und das angelsächsische Europa mit vier seiner Sprachen über die Distanz hinweg errichtet hat. Von diesem Zeitpunkt an haben die unaufhörlichen Handelsbeziehungen und die Kultur dem amerikanischen Kontinent keine Ruhe mehr gelassen, wobei dieser den europäischen Einflüssen auch keinen Widerstand entgegenbrachte, sondern statt dessen ebenso energisch in die entgegengesetzte Richtung wirkte. So konnten erst gar nicht die Bedingungen entstehen, die sonst in der Geschichte der Sprachen die Herausbildung abweichender Formen bei Idiomen begünstigen, die fern von ihrem Ursprungsland existieren: nämlich die Isolation in Gestalt des Ausbleibens oder der Zurückweisung externer Einflüsse.

Reicht all dies aus, um die Feststellung zu treffen, daß das Angloamerikanische eine organische Verbindung zu Europa aufweist? Wenn man als konstitutives Element einer Sprache die Möglichkeit ansieht, sich mit den anderen Angehörigen der Sprachgemeinschaft zu verständigen, so ist das Angloamerikanische keine vom britischen Englisch verschiedene Sprache. Wer wüßte jedoch nicht, daß sich zwei Anglophone, von denen der eine aus den USA, der andere aus England stammt, schon bei den ersten Worten über ihre gegenseitige Herkunft im klaren sind? Mit einer Welt konfrontiert, in der die Lebewesen ebenso wie die Umwelt, die Natur und das Klima für sie neu waren, haben die ersten Siedler viele Ausdrücke aus den Sprachen der eingeborenen Indianer übernommen, vor allem aus denjenigen der Algonkin und der Irokesen. Der Kontakt mit den Schwarzen hat ebenfalls das Vokabular des amerikanischen Englisch bereichert, vor allem auf den Gebieten der Musik und der Folklore. In der Folge prägten im Rahmen der verschiedenen Einwanderungswellen deutsche, holländische, französische, jiddische, spanische und italienische Einflüsse die Sprache. Außer denjenigen Merkmalen, die diesen Sprachen zu verdanken sind, haben die scheinbar ursprünglich angloamerikanischen Elemente eigentlich in räumlicher oder zeitlicher Hinsicht eine englische Quelle: Entweder finden sie sich in einem der Dialekte Großbritanniens, oder sie bewahren einen Gebrauch, der früher für das britische Englisch üblich war. Trotzdem sind sie für das Ohr eines Engländers typisch angloamerikanisch.

Diese Eigenarten sind wohlbekannt (vgl. vor allem Chevillet 1991, Kap. 4), und ich will hier nur einige anführen. Auf phonetischem Gebiet sind das lange *o* oder das *ow* in *boat*, *know*, *soul*, ebenso wie das gerollte *r*, das man zwischen den Vokalen in Wörtern wie *better* oder in *latter* hört, charakteristisch für das sogenannte General American, das heißt die Aussprache, die durch das Fernsehen verbreitet wird und die der Aussprache außerhalb der Südstaaten entspricht; diese beiden Eigenarten des Angloamerikanischen stehen im Gegensatz zum *oew* und *t* der RP (Received Pronounciation), die die anerkannte Norm in Großbritannien ist.

Im Bereich der Morphologie gibt man in den USA den Präteritum- und Partizip-Perfekt-Formen *burned* von *burn* oder *dreamed* von *dream* im allgemeinen den Vorzug vor *burnt* oder *dreamt*, die im britischen Englisch gebraucht werden; weiterhin verwendet man im gesprochenen Amerikanisch häufig das intensive Adjektiv anstelle des Adverbs: *it's real good*, »das ist wirklich gut«, entspricht im europäischen Englisch *it's really good*. In der Syntax gebraucht das Angloamerikanische häufig mehr Hilfszeitwörter: Es verwendet *do* in Verbindung mit *have* in der Frage und setzt *would* zu dem Verb, das auf *wish* folgt. *Do you have a pencil* und *I wish I would have done it* sind geläufigere Formen als *Have you got a pencil* und *I wish I had done it*, die in Großbritannien üblich sind. Im Bereich des Wortschatzes existieren offenkundig zahlreiche Differenzen, nennen will ich hier lediglich *autumn* »Herbst«, *car park* »Parkplatz«, *biscuit* »Biskuit«, *flat* »Wohnung«, *handbag* »Handtasche«, *lorry* »Lastwagen«, *petrol* »Benzin«, *sitting-room* »Wohnzimmer«, *sweets* »Süßigkeiten«, *tin* »Konservenbüchse«, *trousers* »Hose«, denen jeweils im Angloamerikanischen entsprechen: *fall*, *parkinglot*, *cookie*, *apartment*, *purse*, *truck*, *gas*, *living-room*, *candies*, *can*, *pants*. Einige der englischen Wörter sind in den Vereinigten Staaten nicht unbekannt, aber keines ist dort gebräuchlich. Umgekehrt gibt es Wörter, die beiderseits des Atlantiks benutzt werden, aber in den Vereinigten Staaten erfunden worden sind wie *belittle* »herabsetzen, unterschätzen«, das auf Thomas Jefferson zurückgeht, *lengthy* »lang, länglich«, *gobbledygook* »gestelzte Rede oder Schrift voller Latinismen« usw. Und besonders zählen viele Verbalkonstruktionen mit »postposition« sowie Bedeutungsunterschiede in den Verben zu den Amerikanismen, die auch in Großbritannien bekannt sind. Schließlich existieren in der Orthographie unterschiedliche Schreibweisen: So schreibt man *colour* und *centre* in England , aber *color* und *center* in Amerika.

Das alles gibt uns natürlich noch nicht die Berechtigung, von zwei verschiedenen Sprachen zu reden. Aber es reicht immerhin aus, den europäischen Charakter derjenigen Variante in Frage zu stellen, die sich gegenwärtig mit Macht über Europa verbreitet. Vor allem jedoch sind die Verwendungsweisen der beiden Varianten unterschiedlich. Die Form des Amerikanischen, die sich so schnell ausgebreitet hat, ist eine Art kleinster gemeinsamer Nenner für die unmittelbaren Kommunikationsbedürfnisse auf globaler Ebene. Die dort verwendeten Sätze sind kurz, die vorgeprägten Formeln überwiegen. Es handelt sich um ein Instrument, das in erster Linie dazu dient, die Beziehungen in Bereichen zu erleichtern, wo es weniger darauf ankommt, eine individuelle Ästhetik des Ausdrucks zu kultivieren als vielmehr eindeutige Botschaften zu übermitteln und zu empfangen: in der Luftfahrt, wo es in erster Linie darum geht, Unfälle zu vermeiden, in den Handelsbeziehungen, die auf den Weltmärkten eine klare und praxisnahe Sprache benötigen, auf den Gebieten des Tourismus und der Freizeitindustrie, die sich in den reichen Ländern an eine umfangreiche und mannigfaltige Klientel wenden, und natürlich unter linguistisch heterogenen Gruppen, die kein anderes Verständigungsmittel haben. Aber neben diesem »Gebrauchsamerikanisch«

existiert in den Vereinigten Staaten eine englische Sprache, die jeder einheimische Sprecher in mehr persönlicher und stilvoller Weise einsetzen kann. Dieses literarische Englisch, das in beiden Ländern praktisch identisch ist, hat mit dem Angloamerikanischen, das zur Gemeinschaftssprache berufen scheint, wenig zu tun. Beide unterscheiden sich ihrerseits von dem, was man die Non-Native Varieties of English (NNVE) zu nennen pflegt. Es handelt sich dabei um jene lokalen Varianten des Englischen, die man heute in den zahlreichen Ländern vernimmt, in denen das Englische – wenn auch nur als Muttersprache einer kleinen, privilegierten Schicht – solide verankert ist, sei es als Amtssprache, sei es als gemeinsame Zweitsprache, sei es als Verständigungsmittel gegenüber Freunden: Indien, Pakistan, Malaysia, Thailand, Südkorea, Philippinen, Ghana, Nigeria, Uganda, Tanzania, Zimbabwe usw.

Während diese NNVE-Sprachen, deren jeweilige Lebensbedingungen und linguistische Umfelder sehr verschieden sind, sich eines Tages in einem Maße selbständig weiterentwicklen könnten, daß die anglophonen Europäer sie nicht mehr verstünden, ist davon auszugehen, daß das Angloamerikanische einen gewissen Zusammenhalt bewahren wird. Die Gemeinschaftssprachen haben nämlich die Tendenz, sich zu stabilisieren. Schließlich können sie sich nicht allzu sehr von einer Art Norm entfernen, bezüglich derer sich jener Konsens herausbildete, der ihren Status als internationale Verkehrssprache definierte. Daß ihre Ausdehnungskapazität an das Fehlen von Schwankungen gebunden ist, heißt nicht, daß sie in einen Schraubstock zwingender Regeln eingespannt seien. Gemeinschaftssprache bedeutet nicht den Ausschluß von Anpassungsfähigkeit, sondern lediglich den Verzicht auf Veränderungen außerhalb eines bestimmten Rahmens. Nun ist zwar bekannt, daß jede menschliche Sprache sich eines Tages aufspalten wird, aber vorläufig verbindet sich die Macht der Werbesprache mit dem Zwang zu internationaler Verständigung in einer Weise, die dem Angloamerikanischen noch für geraume Zeit genügend Widerstandskraft gegen ein Auseinanderfallen zu sichern scheint.

Unter diesen Umständen ist die einzige Variante des Englischen, die als europäische Sprache gelten kann, die in Großbritannien gesprochene, der man unter politischen und kulturellen Gesichtspunkten auch diejenige zurechnen muß, die in den britisch verwalteten Gebieten außerhalb Europas gesprochen wird. Das Angloamerikanische dagegen ist ebensosehr afrikanisch oder asiatisch wie europäisch. Wäre es von daher nicht angebracht, den Sprachunterricht in den europäischen Ländern zu reformieren, indem man ein wenig mehr Gleichgewicht herstellte? Ist es nicht überraschend, selbst wenn wir versucht haben, eine Erklärung dafür zu geben, daß das Englische, obwohl es nur Muttersprache in einem einzigen mittelgroßen Land Europas ist, im größten Teil des Kontinents Zweitsprache geworden ist, während die Zahl der Russischsprechenden zweieinhalb mal größer als die der anglophonen Briten ist und das Verhältnis der Landfläche der jeweiligen Sprachgebiete 21,5 zu 1 beträgt? Wir haben gesehen, welche Rolle der Sprachunterricht für die Verbreitung des Englischen in Europa spielt. Nun ist die Schule eine gesellschaftliche Einrichtung und als solche von der Gesetzgebung abhängig. Könnte man in dieser Hinsicht nicht die Gesetze ändern?

Der Zusammenhalt Europas beruht auf einer umfassenden Kenntnis der europäischen Sprachen bei den Schülergenerationen, die in den ersten Jahrzehnten des 21. Jahrhunderts die Erwachsenenwelt verkörpern werden. Es wäre daher angebracht, den gegenwärtigen Zustand, bei dem das Englische, selbst wo es nicht obligatorisch ist, die Mehrzahl der Schüler an sich zieht, durch eine neue Regelung zu ersetzen, bei der die Gesetzgebung in jedem Land unter Berücksichtigung der bedeutenden Rolle des Englischen zwei Kategorien von Sprachen eine feste Grundlage geben würde. Dabei handelt es sich einerseits um die Sprachen der Nachbarländer, die ja natürlicherweise Partner sind: Eine große Anzahl von Schülern wird im Erwachsenenleben sowohl im privaten wie auch im beruflichen Bereich mehr Interesse haben, diese Sprachen zu können als das Englische, welches zum Beispiel im französischen Unterrichtswesen einen weit größeren Platz einnimmt als dem wirklichen Bedarf entspricht. Die zweite Kategorie, die eine solide gesetzliche Grundlage bekommen müßte, ist diejenige der anderen europäischen Sprachen, die zu Gemeinschaftssprachen berufen sind. In den folgenden Kapiteln sollen zwei dieser Sprachen näher untersucht werden.

Kapitel 3

Das Deutsche und der Ruf des Ostens

Kindheit und Wachstumsjahre

Die Germanen, Nachfahren von Eroberern, die wahrscheinlich gegen Ende des zweiten vorchristlichen Jahrtausends in Jütland lebten, werden in den Geschichtsquellen erst spät erwähnt, bei Caesar im ersten vorchristlichen Jahrhundert und bei Tacitus im ersten Jahrhundert nach der Zeitenwende. Neunhundert Jahre früher, als sie über die Ebenen verstreut waren, die heute den Norden Deutschlands und Polens sowie Südschweden und Dänemark umfassen, haben sie fünf Gruppen gebildet (vgl. Feuillet 1983, S. 40): eine Gruppe an der Nordsee (aus der die drei Völkerschaften hervorgegangen sind, die im fünften Jahrhundert in Großbritannien einfielen (vgl. S. 29), eine an der Elbe (die der Ursprung der Völker Süddeutschlands, Österreichs, der Schweiz und Norditaliens war), eine weitere an Rhein und Weser (Ursprung der Franken), eine, die man als nordgermanische oder skandinavische bezeichnet, und schließlich die ostgermanische Gruppe an Oder und Weichsel (Ursprung der Vandalen, der Burgunder, der Ost- und Westgoten sowie anderer Völker, die vom Schwarzen Meer bis nach Spanien an den äußersten Grenzen des Römischen Reiches siedelten). Das Germanische, das ursprünglich allen fünf Gruppen gemeinsam war, fiel wahrscheinlich gegen Ende des ersten vorchristlichen Jahrtausends in drei verschiedene Zweige auseinander: in das Nordgermanische, das Ostgermanische und das Westgermanische. Der erste Zweig ergab die skandinavischen Sprachen und der zweite umfaßte einige Sprachen, die heute alle verschwunden sind und von denen uns eine einzige durch die Bibelübersetzung des Wulfila (vgl. S. 112) bekannt geworden ist: das Gotische, wertvoller

Zeuge eines sehr alten Sprachstandes, der sich noch nicht weit vom Gemeingermanischen entfernt hatte.

Was das Westgermanische betrifft, so lösten sich die drei Volksgruppen, denen es gemeinsam war, nämlich die an der Nordsee, die an der Elbe und die am Rhein, im Zuge starker Wanderungsbewegungen auf, so daß zu Beginn unserer Zeitrechnung nur noch ein Gebilde existierte, das als Altdeutsch bezeichnet wird, und sich in das Altniederdeutsche und das Althochdeutsche gliedert. Das erstere umfaßt im wesentlichen das Niederfränkische und das Niedersächsische und ist der Vorläufer des heutigen Niederdeutschen und Niederländischen. Hinsichtlich des Althochdeutschen unterscheidet man zwischen dessen südlichen Varianten – Schwäbisch, Baierisch und Alemannisch – und denen der mitteldeutschen Länder: Fränkisch, Thüringisch und Obersächsisch. Diese verschmolzen später zum Mittelhochdeutschen (11. –14. Jahrhundert), das durch eine Fülle von Literatur vertreten ist. Seit der 2. Hälfte des 14. Jahrhunderts kristallisierte sich eine moderne Form des Hochdeutschen heraus, die mit dem Werk Luthers eine entscheidende Bedeutung bekam.

Indem er nämlich für seine Bibelübersetzung im Jahre 1534 den thüringisch-obersächsischen Dialekt wählte, der seine Muttersprache war, legte Luther die Grundlagen eines allgemeinen Schriftdeutschs, das sich zum modernen Neuhochdeutschen entwickeln sollte. Dieses wird heute in einem zusammenhängenden Gebiet von Flensburg bis Tirol und vom Schwarzwald bis zur polnischen Grenze gesprochen. Aber die einzelnen Mundarten waren sehr unterschiedlich und sind bis heute lebendig geblieben. Die verschiedenen Formen des gesprochenen Deutsch umfassen gegenwärtig einen recht breiten Raum innerhalb Europas. Die Mehrheit der 92 Millionen Deutschsprachigen lebt im wiedervereinigten Deutschland, in Österreich und in der deutschen Schweiz. Weniger als 100 000 leben in den belgischen Kantonen Eupen und Malmédy (wo der Gebrauch des Deutschen gesetzlich geschützt ist), in Nordschleswig (Dänemark), in Liechtenstein, in Luxemburg, im Elsaß, in einem Teil Lothringens und in Südtirol. Man findet sie außerdem in wechselnder Anzahl in verschiedenen Ländern Mitteleuropas, wo nach den beiden Weltkriegen dieses Jahrhunderts weiterhin deutsche und österreichische Volksgruppen vorhanden sind: Slowenien, Kroatien, Ungarn, Böhmen, Slowakei, Polen, Rumänien. Schließlich ist das Deutsche die Muttersprache von mehr als der Hälfte der zwei Millionen Russen deutscher Abstammung, die noch Ende der siebziger Jahre – trotz neuerlicher Rückwanderungen nach Deutschland – in dem

Gebiet lebten, das den Nordwesten Kasachstans und den äußersten Südwesten Sibiriens umfaßt. Es handelt sich um die sogenannten Wolgadeutschen, Nachfahren von Auswanderern, die von Katharina II. an den Ufern dieses Flusses angesiedelt worden waren. Die autonome Republik desselben Namens, die im Jahre 1924 gegründet worden war, wurde 1941 aufgelöst und ihre Bewohner wurden in das Gebiet deportiert, in dem sie gegenwärtig leben.

Die Germanisierungsbewegung

Die folgenden Seiten zeigen, wie schon im Mittelalter mächtige Organisationen das Deutsche über die Grenzen seines Ursprungsgebietes hinaus verbreiteten. Es wird deutlich werden, daß dies auf Kosten der Sprachen des Baltikums und ebenso der slawischen Sprachen geschah. Schließlich werden wir sehen, wie noch in jüngerer Vergangenheit die Verteidigung deutschsprachiger Volksgruppen zum Ausbruch des Zweiten Weltkriegs geführt hat.

Die Hanse, der Deutsche Orden und die Germanisierung

Die Gebiete Europas, in denen die deutsche Sprache verbreitet ist, haben trotz ihrer Größe nicht ausgereicht, um den Drang einer aktiven und dynamischen Bevölkerung einzudämmen, die beständig von einem Bedürfnis nach Expansion heimgesucht wurde. Ein deutsches Wort verleiht diesem Bedürfnis Ausdruck, wobei sich allerdings heute, fünfzig Jahre nach dem Zweiten Weltkrieg, recht unterschiedliche Assoziationen damit verbinden. Dieses Wort, *Lebensraum*, bezeichnet die Gesamtheit der Gebiete, die man für ein politisch und wirtschaftlich gedeihliches Leben als erforderlich betrachtete. Die Gestaltung Europas, die im Westen in die französische Sackgasse mündet, was immer wieder zu blutigen und unentschiedenen Auseinandersetzungen geführt hat, erklärt teilweise, daß die Suche nach Lebensraum sich schon sehr früh in die entgegengesetzte Richtung orientierte. Dies spiegelt ein anderer deutscher Ausdruck von ebenfalls zweifelhafter Berühmtheit wider: *Drang nach Osten*. Man kann immer wieder feststellen, daß der Handel, die Religion und die Heere früher die bevorzugten Instrumente für die Verbreitung einer Sprache waren. Durch ein bemerkenswertes Zusammentreffen waren alle drei während des Mittelalters zum Vorteil der deutschen Sprache vereinigt. Die Ursache dafür war eine Interessengemeinschaft – die gelegentlich nicht frei war von Rivalitäten – zwischen zwei Unternehmungen, von denen die eine der Ausweitung des Handels, die andere der Ausbreitung des Rittertums und der Religion diente.

Die erste dieser Unternehmungen war die Hanse, die man gelegentlich als »deutsche« bezeichnete, wie es auch beim Ritterorden üblich war. Es handelte sich um eine Vereinigung norddeutscher Kaufleute, die sowohl für die Gründung der Stadt Lübeck im Jahre 1158 verantwortlich waren wie auch für die Handelsniederlassungen auf der heute zu Schweden gehörenden Insel Gotland (Ursprungsland der Goten?). Im Jahre 1282 vereinigten sich mehrere Städte von der östlichen Küste der Ostsee, die Handelsbeziehungen zu den deutschen Kaufleuten aus Visby, der Hauptstadt Gotlands, unterhielten, mit den Kaufmannsgilden von Lübeck, aber auch von Hamburg und Köln. So wurde seit dem Ende des 13. Jahrhunderts und das gesamte 14. Jahrhundert hindurch infolge der Vereinigung der rheinisch-westfälischen Kaufleute mit denjenigen des Nordens und des Ostens die Hanse zu einer mächtigen Organisation. Sie hatte eine Achse, die von Wiborg in Karelien bis London reichte und über Handelsniederlassungen verlief, in denen sie fest verankert war: Nowgorod, Reval (heute Tallinn), Riga, Königsberg (heute Kaliningrad), Danzig, Rostock, Dortmund, Brügge, nicht ohne ihre Fühler auch weiter nach Süden auszustrecken, wobei sie Krakau im Osten und Straßburg im Westen erreichte. Die Hanse ging in der Verfolgung ihrer Interessen sogar so weit, in die Innenpolitik eines konkurrierenden Landes, nämlich Dänemarks, einzugreifen. Das bedeutendste Faktum im Rahmen unserer Untersuchung ist die Tatsache, daß die Hanse durch ihre Handelspolitik im gesamten Baltikum und darüber hinaus den Gebrauch des Niederdeutschen einführte, das damals die vorherrschende Sprache in Norddeutschland war. Ein Beispiel für die Durchdringung der umliegenden Sprachen durch das Niederdeutsche liefert das Schwedische, das ihm um diese Zeit Wörter entlehnte wie *bliva* »bleiben«, *skinka* »Schinken«, *språk* »Sprache« etc. (vgl. Haarmann 1975, S. 244).

In der Auseinandersetzung mit ihren Handelskonkurrenten, besonders mit Schweden, erhielt die Hanse im 14. Jahrhundert die Unterstützung des Deutschen Ordens, jenes anderen Instruments der Germanisierungsbewegung, an dessen Entstehung sie selbst beteiligt gewesen war. In der Tat war der Krankenpflegerorden der deutschen Pilger, der 1198 in einen rein aristokratischen Ritter- und Mönchsorden umgewandelt wurde, ursprünglich von Bremer und Lübecker Kaufleuten gegründet worden. Die politische und sprachliche Mission des Deutschen Ordens sollte bald Gelegenheit bekommen, sich zu bewähren. Durch den polnischen Herrscher im Jahre 1230 ins Land gerufen, um in Preußen gegen die aufständischen Heiden zu kämpfen, predigten die Deutschritter den permanenten Kreuzzug und verdrängten die einheimische Bevölkerung. Auf die unmittelbare Germanisierung Preußens folgte sieben Jahre später dank der Vereinigung mit dem Schwertbrüderorden eine Beschleunigung der Germanisierungsbewegung. Diese hatte die deutsche Sprache schon in Livland und Kurland durchgesetzt, als die Schwertbrüder diese Gebiete in Besitz nahmen und die herrschende Klasse ausschalteten. Das Lettische wurde dort nur noch von der Landbevölkerung gesprochen. Schließlich nahmen die Deutschritter den Polen Pommerellen ab, und Estland erlitt dasselbe Schicksal wie die lettischen Provinzen. Einzig Litauen konnte sich dem Zugriff des Ordens entziehen, da es geschützt war durch seine Wälder, die schlechte Qualität seiner Häfen und seine Vereinigung mit der polnischen Krone. Zwei Jahrhunderte hindurch kolonisierte der Deutsche Orden die gesamte übrige Region, indem er zahlreiche Städte gründete, Sümpfe trockenlegte und Wälder rodete. Und vor allem verbreitete er das Niederdeutsche, indem er in den eroberten Gebieten, vor allem in Preußen, Lettland und Estland, deutschen Adel und deutsches Bürgertum ansiedelte, während die einheimischen Bauern, die als *undeutsch* galten, dezimiert oder versklavt und hart unterdrückt wurden.

Das Deutsche in seiner norddeutschen Variante wurde so Handels-, Verkehrs- und Kultursprache, bis im 16. Jahrhundert zunächst der kurländische Adel, dann die gesamte Region das Hochdeutsche übernahm. So hatte das Deutsche, das im 10. Jahrhundert nicht bis ins Baltikum gelangt war, durch die Aktivitäten der Hanse und des Deutschen Ordens den Status der vorherrschenden Sprache in allen großen Städten der südlichen Ostseeküste und in einem Teil Mitteleuropas erlangt. Es bewahrte diesen Status auch in den folgenden Jahrhunderten, selbst unter der russischen Herrschaft.

Das Deutsche als Totengräber slawischer Sprachen

Dieses erstaunliche Vordringen des Deutschen in Europa vollzog sich auf Kosten der baltischen, aber mehr noch der slawischen Sprachen. Eine baltische und vier slawische Sprachen sind Zeugen einer ereignisreichen Geschichte, in deren Verlauf der germanische Ansturm für drei von ihnen den Niedergang bedeutete, während die zwei anderen – die noch von Volksgruppen gesprochen werden, die in hohem Maße von ihrer Umgebung abhängig sind – sich heute in einer prekären Lage befinden. Der Geltungsbereich des Slawischen war früher noch ausgedehnter als heute. Im Westen erreichte es die Elbe und behauptete weite Gebiete nicht nur im Raum zwischen dieser und dem Unterlauf der Weichsel, sondern auch weiter im Norden in den Ländern Mecklenburg und Pommern. Der deutsche Namen des letzteren – »Pommern« – könnte vergessen lassen, daß es sich um ein slawisches Wort handelt, das »am Meer (Ostsee) entlang« bedeutet. Auch der Name »Preußen« wirft Fragen auf: Im Jahre 1939 gab es keine Provinz, die deutscher erschienen wäre; in Wahrheit haben sich die Deutschritter im Mittelalter nicht nur des Landes, sondern auch seines Namens bemächtigt: *prūsis* auf altpreußisch. Dieser Vorgang war typisch für die vernichtende oder absorbierende Vorgehensweise des Deutschen Ordens. Die baltische Ursprungssprache der Provinz erlosch vollständig in der zweiten Hälfte des 17. Jahrhunderts: Das kleine Elbinger Vokabular, das im 14. Jahrhundert zusammengestellt worden war, sowie die Übersetzung der zwei Katechismen und des *Enchiridions* Luthers – die im 16. Jahrhundert angefertigt wurde, um die Reformation auch in den Bevölkerungskreisen zu fördern, die des Deutschen noch nicht mächtig waren – sind die einzigen Zeugnisse des Altpreußischen, dessen Alter es zu einer interessanten Sprache macht (vgl. Meillet 1928, S. 30).

Erhalten geblieben sind kurze Texte und ein Teil des Wortschatzes einer Sprache namens Polabisch, die ihren Namen von dem slawischen Wort für Elbe, »Labe«, hat. Das Polabische, das im 18. Jahrhundert ausgestorben ist, wurde in der Umgebung der Stadt Lüchow gesprochen, einer heute völlig deutschsprachigen Region, die von der Jeetze durchzogen wird, welche in die mittlere Elbe mündet. Ebenfalls vermutlich unter dem Druck des Deutschen verschwunden ist eine andere slawische Sprache, das Ostseeslawische, das noch im Jahre 1903 von 200 alten Bewohnern zweier Gemeinden Hinterpommerns gesprochen wurde (vgl. Lorentz 1903, S. 1f.).

Im Westen und Nordwesten von Danzig dagegen, von der Westküste der Danziger Bucht bis hin zur Ostsee, bedient sich die Bevölkerung auf dem Lande und in einigen Städten noch einer Gruppe slawischer Dialekte, die als Kaschubisch bezeichnet werden. Nach dem Zweiten Weltkrieg mußte Deutschland diesen Teil Ostpreußens an Polen abtreten. Er war von 1308 bis 1466 vom Deutschen Orden besetzt und stark germanisiert worden, wovon noch heute die Tatsache zeugt, daß für die Städte im allgemeinen zwei Namen existieren, ein kaschubischer und ein deutscher: Bytowo/Bütow,

Lebork/Lauenburg, Wejherowo/Neustadt in Hinterpommern sowie Chojnice/Konitz, Kartuzy/Karrthaus, Koscierzyna/Berent und Pock/Putzig in Pommerellen. Um die Mitte des 19. Jahrhunderts haben die Kaschuben, wie andere Minderheiten auch, die Autonomie für ihre Sprache gefordert, vor allem im Hinblick auf das Polnische. Zu diesem Zweck verfaßten sie Werke zur Orthographie sowie Wörterbücher, desgleichen eine Grammatik, die eine die Dialekte vereinigende Norm propagierte. Da sie nach dem Zweiten Weltkrieg ohne jeden Grund verdächtigt wurden, in ihren Reihen deutschfreundliche Verräter gehabt zu haben, die darauf abzielten, ihr Heimatland von Polen loszulösen, wurden die Kaschuben einer intensiven Polonisierung unterworfen. Diese ersetzte die Germanisierungsbestrebungen, die bis in die Grammatik hinein gewirkt hatten, so daß beispielsweise entsprechend dem Deutschen das Hilfsverb, das in der Vergangenheit das Partizip Perfekt auf *ł* begleitet, eine Form von »haben« und nicht von »sein« ist, eine einzigartige Erscheinung in den slawischen Sprachen. Heute bezeichnen sich viele Kaschuben als Polen oder sprechen ein Polnisch, das leicht von kaschubischen Merkmalen durchsetzt ist. Das Kaschubische selbst wird in Polen häufig nicht als eine selbständige Sprache betrachtet, sondern als ein polnischer Dialekt, während bedeutende Linguisten wie Jan Niecisław Baudouin de Courtenay seine Eigenständigkeit nachgewiesen haben (vgl. Décsy 1973, S. 86f.). In den siebziger Jahren sprachen noch ungefähr 45 000 Menschen Kaschubisch als Muttersprache (vgl. Haarmann 1975, S. 53).

Schließlich zeugt die letzte der hier genannten slawischen Sprachen, die wie ein erratischer Block aus einem weiten deutschsprachigen Raum aufragt, von der Bedeutung der ehemals slawischen Präsenz in Mitteleuropa. Das Sorbische ist, wie alle soeben erwähnten Sprachen und wie das Polnische, das Tschechische und das Slowakische, eine westslawische Sprache, wobei nur die letzteren dem Druck des Deutschen mit Erfolg widerstanden haben. Das Sorbische wird auch Lausitzer Wendisch genannt, nach jener in der ehemaligen DDR gelegenen Provinz, die von der Spree durchflossen wird. Ungefähr 50 000 Menschen bedienen sich – oft im Wechsel mit dem Deutschen – des einen oder anderen der beiden Dialekte, zwischen denen die Trennungslinie etwa entlang der Grenze zwischen den alten Provinzen Brandenburg und Schlesien verläuft. Im Süden, das heißt in der Oberlausitz um Bautzen, spricht man das Obersorbische, das bedeutendere der beiden Dialekte gemessen an der Zahl der Sprecher (zwei Drittel der Sprachgemeinschaft) und gleichzeitig das dem Tschechischen näherstehende; im Norden, in der Niederlausitz um Cottbus, wird das Niedersorbische gesprochen, das dem Polnischen näher steht. Früher war das sorbische Gebiet ausgedehnter. Davon zeugt der slawische Ursprung der Namen der Städte, die sich weiter südlich bis Sachsen und Thüringen erstrecken: Leipzig (Stadt der) »Linden«, auf Polnisch Lipsk, von *lipa* »Linde« (wie im Russischen), Dresden, Görlitz, Chemnitz. Selbst der Name der Provinz Lausitz kommt vom Sorbischen *lužici* »Bewohner der Aue«.

Die Bewahrung der slawischen Identität und der sorbischen Sprache in einer derartigen Umgebung ist um so erstaunlicher, als die Sorben seit dem Mittelalter Zielscheibe ständiger Diskriminierungen waren. Sehr viel später, nach 1871, wurde die Germanisierungspolitik ihnen gegenüber noch intensiviert, wobei die deutschen Behörden die Unterstützung der Tschechen und Russen für die Verteidigung der sorbischen Sprache als panslawistische Agitation anprangerten (vgl. Décsy 1973, S. 141). Die sowjetische Regierung allerdings, die keinen Wert darauf legte, die nationalen Minoritäten gegen die Führer der mit ihr verbündeten Staaten zu verteidigen, erhielt diese Unterstützung nicht aufrecht und reagierte nicht, als die Sorben in der Sowjetischen Besatzungszone ein Autonomiestatut für die Lausitz forderten. Die Regierung der Deutschen Demokratischen Republik gewährte schließlich der sorbischen Sprache und Kultur die Anerkennung, so daß sie heute vor allem um Bautzen herum wieder lebendig ist, und zwar sowohl in den Schulen als auch im literarischen Schaffen, hier vor allem im Theaterwesen.

Der Druck der germanischen Sprachen auf die slawischen beschränkte sich nicht auf den Norden Europas. Die Germanisierung des mittleren Donautals, wo die Slawen sich nach der Vertreibung durch andere Völker aus dem Osten (vgl. S. 190) schon im 6. Jahrhundert niedergelassen hatten, verstärkte sich ab 803, dem Jahr der Gründung der Ostmark durch Karl den Großen, die die Geburtsstunde des späteren Österreich markierte. Ein Blick auf die Karte Europas macht deutlich, daß dieses Ereignis die Tschechen von den Slowenen trennte. Im 10. Jahrhundert isolierte die Ankunft der Magyaren die Serben von den Polen und etablierte eine Fremdherrschaft über die Kroaten und Slowenen. Später hörten die Habsburger nicht auf, ihre Macht weiter nach Osten in slawisches Gebiet hinein zu erweitern, wobei sie am Ende des 18. Jahrhunderts durch die Teilungen Polens die Herrschaft über Galizien, die Bukowina und das Gebiet um Krakau gewannen. Es stimmt allerdings nicht, wie behauptet worden ist (vgl. Meillet 1928, S. 209), daß am Vorabend des Ersten Weltkriegs das Deutsche die Verkehrssprache der Slawen gewesen sei, denn einerseits wurde es von der Landbevölkerung nicht gesprochen, andererseits erhoben sich gegen seinen Gebrauch schon zu Beginn des 19. Jahrhunderts die nationalen Bestrebungen (vgl. Kap. 7).

Die Verteidigung der deutschen Volksgruppen: Ein Anlaß zum Krieg

Im Königreich Preußen ist in der Neuzeit das Deutsche oftmals durchgesetzt worden, ohne daß man den Forderungen der Minderheiten Gehör schenkte, die ihre Sprachen verteidigen wollten. Nachdem sich die preußische Regierung im Rahmen der Zweiten Polnischen Teilung Posen hatte zusprechen lassen, begann sie damit, das Land gründlich zu germanisieren. Diese Politik, die sich der entschiedenen, aber niedergehaltenen Opposition der polnischen Patrioten gegenüber sah, wurde vom Deutschen Kaiserreich bis ins Jahr 1918 fortgesetzt sowie durch das Dritte Reich während der Annexion von 1939 bis 1945 – ein etappenweiser Prozeß also, der stark an das Schicksal des Elsaß erinnert. Im Norden annektierte Preußen im Anschluß an seinen Sieg über Dänemark im Schleswig-Holsteinischen Krieg (1864) und über Österreich bei Königgrätz das Herzogtum Schleswig im Jahre 1867 und verfolgte dort ebenfalls trotz der Proteste der dänischen Abgeordneten eine intensive Germanisierungspolitik. Die Volksabstimmungen des Jahres 1920, die gemäß den Regelungen des Versailler Vertrages durchgeführt wurden, führten zu einer Aufteilung des Gebietes zwischen Deutschland und Dänemark; aber im Jahre 1940 behauptete die Nazipropaganda, daß die Deutschen in Nordschleswig Opfer der Kopenhagener Assimilationspolitik seien und bot damit der Führung einen Vorwand, ganz Dänemark zu besetzen und dort – besonders ab 1942 – den Gebrauch der deutschen Sprache weitgehend durchzusetzen.

Mit den gleichen Vorwänden unterstützte Hitler die Autonomiebestrebungen der deutschsprachigen Minderheiten in der Tschechoslowakei und in Polen. Diese Unterstützung, die aus der Verbitterung der Deutschen über den Versailler Vertrag herrührte, war, wie man weiß, die unmittelbare Ursache des Zweiten Weltkriegs. Die Gefahren, die aus der Wahl der nationalsozialistischen Abgeordneten in den Landtag von Danzig im Jahre 1933 und aus ähnlichen Entwicklungen im Sudetenland im Jahre 1935 resultierten, waren beträchtlich. Im zweiten Falle schienen sie durch die Konzessionen der Prager Regierung an die deutsche Minderheit und durch das Münchener Abkommen gebannt. Im Jahre 1938 wollte alle Welt daran glauben, daß durch dieses Abkommen der bewaffnete Konflikt vermieden werden könne. Aber im Mai 1939 weigerte sich die polnische Regierung, Hitler Danzig und den Korridor zu überlassen, das heißt jenes Pommerellen, das der Deutsche Orden im Jahre 1309 erobert hatte, um anschließend die polnische Bevölkerung zu unterdrücken und das Land zu germanisieren. So wie der Orden damals schon das Gebiet mit dem Reich verbunden hatte, forderte Hitler 630 Jahre später unter dem Vorwand, die deutschsprachige Minderheit schützen zu wollen, die Abtretung des Korridors zwischen Ostpreußen und dem übrigen Deutschland, womit er in eklatanter Weise die Interessen Polens verletzte, für das dieser Küstenstreifen damals den einzigen Zugang zum Meer bildete. Alles Weitere ist bekannt: Der Einmarsch in Polen am 1. September 1939 zog die Kriegserklärungen Frankreichs und Großbritanniens nach sich.

So hat der Einhalt, der der politischen und wirtschaftlichen ebenso wie der kulturellen und sprachlichen Expansion Deutschlands nach dem Ersten Weltkrieg geboten wurde, eine Unruhe genährt, die geradewegs zum Zweiten Weltkrieg führte. Nachdem den Deutschen um den Preis eines für Europa äußerst verlustreichen Krieges und einer bleibenden Abhängigkeit von den Vereinigten Staaten erneut eine Niederlage beigebracht worden war, folgte darauf ein Zurückdrängen des deutschen Einflusses. Die sprachliche Homogenität war einer der Rechtfertigungsgründe für die Veränderungen, die nun durchgeführt wurden. In den siebziger Jahren gab es nur noch 80000 Sudetendeutsche in Böhmen (vgl. S. 165). Vor allem Polen und Deutschland sahen sich einer der größten Völkerverschiebungen ausgesetzt, die jemals in Europa stattgefunden haben, obwohl es bereits zu Beginn des Jahrhunderts als Folge der Balkankriege gewaltige Migrationsbewegungen gegeben hatte. Die Gegend um Vilnius einerseits, wo Litauisch und Weißrussisch gesprochen wurde, Polesien und die Städte Grodno und Brest-Litowsk andererseits, die zum weißrussischen Sprachgebiet gehörten, schließlich Podolien, Wolhynien, die Stadt Lemberg (Lwów) und Ostgalizien (Nordwestkarpaten) – Landstriche, in denen man Ukrainisch sprach – wurden von Polen losgelöst und der Sowjetunion eingegliedert, das heißt, sie gingen an Litauen, Weißrußland und die Ukraine.

Deutschland verlor Ostpreußen, das zwischen Polen (Masuren) und Rußland geteilt wurde; ebenso gingen diejenigen Gebiete, die wie zwei Finger in die slawische Welt hineinragten, nämlich im Nordosten Pommern und der östliche Teil Brandenburgs und im Südosten Schlesien, an Polen zurück, dessen Sprache von zahlreichen Einwohnern dieser Gebiete gesprochen wurde, besonders in den Städten Stettin im Norden und Breslau im Süden. Daraufhin verließen mehrere hunderttausend Deutsche diese Gebiete. Von den 1,1 Millionen Menschen nichtpolnischer Herkunft, die in Masuren, Pommern und Brandenburg, sowie den mehr als 100000, die in Schlesien blieben, findet man kaum eindeutige linguistische Spuren. Die polnische Regierung betrachtet sie als gewöhnliche Bürger eines sprachlich geeinten Polens, während deutsche Quellen sie als Deutsche mit polnischer Staatsangehörigkeit angeben, wobei sie anerkennen, daß das Deutsche nur noch von der alten Generation gesprochen wird. Weiter führt eine deutsche Studie aus, daß diese Minderheit nach 1945 einer intensiven Polonisierung unterworfen wurde, vor allem durch das Verbot, in der Öffentlichkeit Deutsch zu sprechen, zu lesen oder zu singen (vgl. Born/Dickgießer 1989, S. 162 und 166). Diese Maßnahmen scheinen mit der Zeit wirksamer geworden zu sein als einige noch radikalere Verfügungen, wie sie zwanzig Jahre zuvor vom faschistischen Regime Italiens getroffen worden waren, das ebenfalls bestrebt war, eine deutschsprachige Minderheit, nämlich diejenige Südtirols, zu »entgermanisieren«.

Alle diese Umwälzungen hatten zur Folge, daß die Deutsche Demokratische Republik, obwohl sie selbstverständlich deutschsprachig war, wenn auch in hohem Maße russifiziert, ebenso wie Polen der Sowjetunion als Glacis gegen den sogenannten westdeutschen Revanchismus diente. Selbst wenn es wahr ist, daß das Westdeutschland der fünfziger Jahre, das ganz auf seinen Wiederaufbau konzentriert war, andere Sorgen hatte als eine Revanche, so bleibt doch eine Tatsache unbestreitbar: das letzte und blutigste Ereignis germanischer Expansionsbestrebungen, der Versuch einer Eroberung der Sowjetunion durch das nationalsozialistische Deutschland. Er ist ein Teil der tausendjährigen Geschichte des deutschen Drangs nach Osten, der immer wieder heftig mit dem slawischen Drang nach Westen zusammenstieß. Darin liegt zweifellos eines der nachhaltigsten Phänomene der Geschichte Mittel- und Osteuropas, durch das seit den Anfängen sein Schicksal bestimmt worden ist und auch heute noch unter weniger auffälligen Formen bestimmt wird. Selbst wenn in der Gegenwart an der Oberfläche Annäherung und Zusammenarbeit vorherrschen, die durch die Notlage in den ehemals kommunistischen Ländern erzwungen werden, so bleibt doch festzuhalten, daß der germanische Ansturm die slawisch sprechende Bevölkerung im Westen entwurzelt hat, so wie dies im Osten durch die Türken geschah.

Die Politik ist kein Corpus von Dogmen und leidet daher unter Widersprüchen. Das Nazi-Regime selbst lancierte aus seinem Streben nach Homogenität heraus die Operation »Heim ins Reich«, durch die Regionen wie das Baltikum oder die Bukowina, wo seit langer Zeit deutschsprachige Bevölkerungsgruppen siedelten, »entgermanisiert« wurden. Aber auch hier ging es sicherlich, wenn auch in einer logischen Verirrung, um die Macht des Deutschtums, die durch einen engeren Zusammenhalt gewahrt werden sollte. Ein anderer Aspekt dieser Politik hat in überraschender und für die Opfer sehr viel tragischeren Weise ebenfalls zu einer relativen »Entgermanisierung« Europas geführt. Diesen Aspekt wollen wir uns nun in Erinnerung rufen.

Die Juden Europas: Das Deutsche als Heimat und die Berufung zum Weltbürgertum

Die Geringschätzung der semitischen Sprachen, die schon bald auch die Semiten selbst miteinbeziehen sollte, war ein Charakteristikum der deutschen Sprachphilosophie am Ausgang des 18. Jahrhunderts. Diejenigen, die ihr als Zielscheibe dienten, hatten ihrerseits zum Deutschen eine sehr alte, sehr tiefreichende und zumindest zweifache Beziehung geknüpft. Für die jüdischen Sprachgemeinschaften Mittel- und Osteuropas war lange Zeit ein hochdeutscher Dialekt, dessen Wortschatz mit hebräischen Elementen durchsetzt war – das Jiddische – ihr sprachliches Erkennungsmerkmal. Für eine Minderheit von Gebildeten unter ihnen war das Deutsche selbst viele Jahrhunderte hindurch ein Objekt großer Verehrung. Ja, es wurde darüber hinaus zur europäischen Stimme des Universalen, bis diese durch den Völkermord an den Juden Europas zum Schweigen gebracht wurde. Diese Aspekte der Beziehung zwischen der deutschen Sprache und dem Judentum sollen im folgenden dargestellt werden.

Vom stolzen Germanischen zum »unreinen« Semitischen

Die ersten Anzeichen für das jüdische Schicksal auf deutschem Boden traten, wie man weiß, sehr früh zutage. Aber in der Welt des Denkens gewannen sie vor allem am Ende des 18. Jahrhunderts schärfere Konturen, und zwar zu dem Zeitpunkt, als von Herder die *Abhandlung über den Ursprung der*

Sprache (1770) und die *Ideen zur Philosophie der Geschichte der Menschheit* (1784-1791) erschienen. Diese Werke sollten nicht nur für das Gedankengut der Romantik fruchtbar werden, sondern für die gesamte historische Sprachwissenschaft, die etwa um diese Zeit, in den ersten Jahrzehnten des 19. Jahrhunderts, aufblühte. Herder hatte der »Trockenheit« der Philosophie der Aufklärung den schöpferischen Reichtum des deutschen Mittelalters entgegengesetzt, dessen Kultur, Sprache und Religion, die eng mit dem Volksdenken verbunden gewesen seien, er rühmte. Später lieferte dann die Beschäftigung mit dem Sanskrit dieser Denkweise neuen Stoff. Die Existenz des Sanskrit, der alten Sprache der vedischen Gesänge Indiens, war zwar seit dem 16. Jahrhundert bekannt, aber seine Erwähnung findet man nur vereinzelt, bis im Jahre 1786 der englische Orientalist William Jones erstmals entschieden die These seiner Verwandtschaft mit dem Griechischen und dem Lateinischen vorbrachte. Im Jahre 1808 stellte Friedrich Schlegel in seiner berühmten *Abhandlung über die Sprache und Weisheit der Indier* vor allem das Sanskrit, eine Sprache mit vielen Deklinationen, in der er den Höhepunkt struktureller Kohärenz erblickte, den semitischen Sprachen gegenüber, in denen er nur Rohheit und Unvollkommenheit entdecken konnte. Die unterschiedliche räumliche Ansiedlung der Sprachen (die einen in Europa, die anderen im Iran und in Nordindien), denen man eine rekonstruierte gemeinsame Sprache zugrunde legte, führte zu verschiedenartigen Benennungen für diese Ursprache: »indoeuropäisch«, »arisch«, aber auch »indogermanisch«. Im Jahre 1857 schrieb Franz Bopp im Vorwort zur zweiten Auflage seiner *Vergleichenden Grammatik des Sanskrit, der Zendsprache, des Griechischen, des Lateinischen und des Deutschen*, die in Berlin erschien:

> »Ich kann den Ausdruck ›indogermanisch‹ nicht gutheissen, da ich nicht einsehe, warum man die Germanen als Vertreter aller Völkerschaften unseres Kontinents wählen sollte, wo es doch darum geht, eine so ausgedehnte Völkerfamilie zu bezeichnen. [...] Vorläufig möchte ich mich deshalb um des besseren Verständisses willen der Bezeichnung ›indoeuropäisch‹ bedienen, die bereits in Frankreich und England in Gebrauch ist.«

In Kreisen deutscher Wissenschaftler, wo noch heute die indoeuropäischen Sprachen als »indogermanisch« bezeichnet werden, wollte man jedoch nicht auf diesen Appell eines der kompetentesten deutschen Linguisten jener Anfangszeit der Sprachwissenschaft hören.

So fiel der Begriff »deutsch« mit dem Begriff »europäisch« zusammen, auf eine Weise, die an neuere Zeiten erinnert, während sie sich gleichzeitig von der Rückbesinnung auf ein altes Epos nährte, in welchem der stürmische Drang der Deutschordensritter und die klingende Münze der Hanse das frühe Vorbild abgaben. Die Folgen dieser Ideologie für die Auffassung des Judentums und der hebräischen Sprache traten schnell zutage. Schon Schlegel hatte den Unterschied zwischen den Indern, der echten Ursprungsrasse des europäischen Menschentums, und den Hebräern, die er »parasitäres Gewächs« nannte, betont. Während Bopp sich noch darauf beschränkt hatte, im Vorwort der ersten Ausgabe seines zitierten Buches zu schreiben, daß die semitischen Sprachen »von einer derberen Natur seien«, wurde die durch das Wort Schlegels eingeführte Verächtlichmachung, die bald von einer Gegenüberstellung der Sprachen zu einer solchen der Völker überging, zur herrschenden Auffassung unter den Gelehrten.

So spricht Adolphe Pictet in seinem Werk *Les origines indo-européennes ou les Aryas primitifs. Essai de paléontologie linguistique* (Bd. I, erschienen 1859, S. 7; zit. von Olender 1995 [dt. Ausg.], S. 100) von den Ariern als »der Rasse, die von der Vorsehung auserwählt sei, eines Tages die Welt zu beherrschen«, denn »die Schönheit des Blutes und [...] die Gaben des Geistes« zeichneten sie vor allen anderen aus. Einer seiner jungen Schüler, Ferdinand de Saussure, der der bedeutendste Vertreter der europäischen Linguistik werden sollte, verfügte damals schon über die Erkenntnis, daß solchen Verirrungen Einhalt geboten werden sollte (vgl. Olender ebd., S. 19f.).

Indessen bot ein anderer vergleichender Sprachwissenschaftler, August Friedrich Pott, den Theoretikern der rassischen Auserwähltheit eine linguistische Unterstützung und Bestätigung, die in Deutschland noch stärkeren Einfluß gewann als in Frankreich. Ein Jahr nach dem Erscheinen des Hauptwerkes des Grafen Gobineau veröffentlichte er im Jahre 1856 ein Buch, das auf dieses Werk Bezug nimmt und den Verfasser im Titel erwähnt: *L'inégalité des races humaines, essentiellement d'un point de vue linguistique et en prenant spécialement en considération le comte de Gobineau.* Es handelte sich demnach um eine Suche nach den Ursprüngen. Die gelehrte Welt wandte sich von der biblischen Tradition ab und glaubte, in den Ariern einen Ursprung entdeckt zu haben, der der hohen Berufung Europas würdig sei. Man glorifizierte ihre Sprachen und Traditionen, obwohl es nicht ein schriftliches oder archäologisches Zeugnis gibt, das diese Rekonstruktion bestätigen könnte (vgl. Hagège 1988, S. 29f.). Aber der arische Mythos gewann sehr schnell an Einfluß in Deutschland, wobei auf die Rückversicherung durch das Indische verzichtet wurde. Nun mußte dieser Mythos nur noch seine Gegner finden, wie es jedem stark ausgeprägten nationalen Anspruch eigen ist.

Welch andere Gemeinschaft aber hätte besser die Merkmale verkörpern können, die man den imaginären Gegenspielern dieser Ursprungsrasse zuschrieb, als die Juden, die eine semitische Sprache gebrauchten, welche dem indo-arischen Typus so gänzlich fremd war? Hier taucht ein überraschendes Mißverständnis auf. Denn wen genau betrifft eigentlich diese Vision vom Juden, der sich durch seine Sprache unterscheidet, in diesem romantischen Zeitalter in Deutschland, wo sie eine Unterstützung in den Forschungsergebnissen der historischen Sprachwissenschaft zu finden scheint? Im Gegensatz zu dem, was diese Vorstellung glauben machen will, haben nämlich die Volksgruppen, gegen die sie sich richtet, immer die Sprachen der europäischen Länder übernommen, in die ihr Schicksal sie geführt hat. Zugegeben, nicht ohne diese Sprachen der eigenen anzupassen. Darin liegt das ganze Geheimnis der jüdischen Sprachen, von denen wir nun das Jiddische etwas näher betrachten wollen.

Das Schicksal des Jiddischen

Zu Beginn des Mittelalters hatten die Juden, die schon im 2. Jahrhundert v.Chr. – das heißt noch vor der römischen Zeit – im Süden Galliens siedelten, eine alte Form des Provenzalischen in ihren Sprachgebrauch übernommen, die deshalb als Jüdisch-Provenzalisch oder *shuadit* bezeichnet wurde. Im Norden, vor allem in der Champagne, in Burgund und Lothringen bedienten sie sich des *sarphatique*; unter diesen Gattungsnamen, der vom hebräischen Namen für Frankreich, *Sarfat*, abgeleitet ist, fallen ebenfalls die altfranzösischen Dialekte, die gelegentlich auch unter der Bezeichnung westliches *laaz* zusammengefaßt werden. Das hebräische Wort *laaz*, das in Psalm 114,1 die fremde Sprache schlechthin bedeutet, wurde von den Juden im Mittelalter für die romanischen Bibelglossen verwandt, vor allem für diejenigen des berühmten Rabbi Rachi. In Mittel- und Süditalien, wo die jüdischen Kolonien bis ins 2. Jahrhundert v.Chr. zurückreichen, benutzten die Juden das *italkien* oder südliche *laaz*, einen römischen Dialekt.

Aus diesen Gegenden Westeuropas kamen die jüdischen Gemeinden, die sich im 9. Jahrhundert in den Städten des mittleren Rheintals – Speyer, Worms, Mainz, Koblenz, Köln – niederließen und entfalteten. Verschiedene Zeugnisse belegen, daß bis zum Beginn des 12. Jahrhunderts das westliche *laaz*, mithin eine alte Form des Französischen, die Sprache dieser Gemeinden blieb. Aber in dem Maße, in dem sie sich in den folgenden Jahrhunderten weiter im Osten und im Süden niederließen, in Schwaben, Franken, Bayern und Österreich, wurde ihr Kontakt zu den lokalen Sprachen enger, so daß sie sich schließlich einen deutschen Dialekt aneigneten. Diese Juden nannten sich übrigens selbst Aschkenasim, ein Ausdruck, der sich an verschiedenen Stellen der Bibel (Genesis, Chronik, Jeremia) auf ein Land in der Nachbarschaft des heutigen Armenien bezieht und der traditionsgemäß für den deutschen Teil der Diaspora gebraucht wurde. Aufgeschreckt durch die Massaker, denen sie beim Durchzug von Kreuzfahrerhorden, die auf dem Weg ins Heilige Land waren, zum Opfer fielen, verließen diese Gemeinden zum großen Teil Deutschland. Aber sie nahmen ihre deutsche Sprache mit auf die Wanderungen, die sie weiter nach Osten führten, nach Polen, Litauen, Galizien, in die Ukraine, nach Bessarabien und Rußland. In diesen Ländern, in denen die Gesellschaft fast ausschließlich aus Adligen und Leibeigenen bestand und in denen das Kleinbürgertum erst im Entstehen begriffen war, wurden die Juden schnell zu den notwendigen Zwischengliedern der Gesellschaft, und sie behaupteten diese Position bis in die Mitte des 17. Jahrhunderts. Ihr Anteil an der Stadtbevölkerung wuchs ständig, und es schlossen sich ihnen eine Reihe weiterer jüdischer Gemeinden an, die aus dem Südosten, das heißt im wesentlichen aus Byzanz, kamen, und die ihren deutschen Dialekt übernahmen. Sie alle bildeten die Mittelschicht, bestehend aus Beamten – mit mittlerer Bildung und oft mehrsprachig – und Kaufleuten, die für das Funktionieren des Warenhandels und des Geldwesens unerläßlich waren.

Nun war dieser Bevölkerungsteil nicht nur das Opfer von schweren Anschuldigungen – die Juden wurden ritueller Morde bezichtigt – und von religiöser und dogmatischer Intoleranz, wie sie in Luthers Pamphlet mit dem Titel *Wider die Juden und ihre Lügen* (1542) zutage trat. Auch waren die Angst und der Haß der ländlichen Bevölkerung im Hinblick auf die Juden nicht ausschließlich auf den Einfluß der Geistlichen zurückzuführen. Aber die letzteren waren – ebenso wie der spanische Klerus zur gleichen Zeit und unter den gleichen Voraussetzungen – aufgebracht über die Privilegien, welche nach dem Vorbild einiger deutscher Fürsten durch den Erlaß von König Boleslav im Jahre 1264 und den von Kasimir dem Großen im Jahre 1364 diesen in ihren Augen gotteslästerlichen, schändlichen Fremdlingen verliehen worden waren, die damit alles an sich gerissen hatten: Käufe, Verkäufe, Darlehen, Steuern, Reisen. Ein weiterer Grund für die allgemeine Feindseligkeit, der uns hier mehr interessiert, war linguistischer Natur: Die Juden sprachen eine Sprache, die sie aus dem Westen mitgebracht hatten und die man nicht verstand.

Diese deutsche Sprache, die ihre Fremdartigkeit in einem slawischen Land verstärkte, dieses Jiddisch oder jüdische Deutsch, basierte auf einem mittelalterlichen, fränkischen Dialekt, der um bairische und sächsische Elemente bereichert und Teil des Althochdeutschen war; er war ursprünglich im mittleren Rheintal und im Gebiet des Zusammenflusses von Rhein und Mosel verbreitet. Zu dieser Sprache, die zur Zeit des Aufenthaltes der Juden in Deutschland noch in reiner Form gesprochen wurde, kamen später zahlenmäßig weniger bedeutende Elemente aus dem *sarphatique*, dem *italkien*, dem Polnischen, dem Weißrussischen, dem Ukrainischen, dem Hebräischen und dem Aramäischen hinzu, das heißt einerseits Entlehnungen aus den Sprachen der Gastländer, andererseits solche, die den Wanderzügen der jüdischen Gemeinden entstammten, und schließlich solche, die ihrer eigenen Tradition angehörten.

Diese Elemente, die vor allem lexikalischer Art waren, haben nichts am Wesen der Sprache geändert. Zwar finden wir Hebraismen und Aramäismen häufig im jiddischen Vokabular der Verwandtschaftsbeziehungen, des Privatlebens, der Ethik, der Zeiteinteilung und der geographischen Ausdrücke; im Ostjiddischen gibt es darüber hinaus beachtliche Einflüsse des Slawischen im Wortschatz der Berufsbezeichnungen, der Werkzeugnamen, der Lebewesen sowie der Politik und der Verwaltung. Aber wenn diese Einflüsse auch dazu beigetragen haben, dem Jiddischen Züge einer gemischten Sprache zu verleihen, so stellen sie doch seinen grundlegend deutschen Charakter nicht in Frage. Dennoch handelt es sich nicht um eine einheitliche Sprache. Das Ostjiddische, das noch zu Beginn des 20. Jahrhunderts in Ungarn, Rumänien, der Ukraine, in allen Teilen des ehemals geteilten Polens und in den baltischen Staaten gesprochen wurde, weist verschiedene lokale Varianten auf, die sich aber alle deutlich vom Westjiddischen unterscheiden. Letzteres wurde im Elsaß, in Lothringen in der Gegend von Metz, in der Schweiz, in Belgien, in den Niederlanden und in Großbritannien gesprochen. Als die Juden Westdeutschlands im 18. Jahrhundert das Hochdeutsche übernahmen, verschwand das Jiddische in diesem Gebiet fast vollkommen; es soll vor dem Ersten Weltkrieg nur noch in einigen hessischen Ortschaften gesprochen worden sein (vgl. Loewe 1911).

Damals befanden sich also die wichtigsten jiddischsprachigen Gemeinden in Osteuropa. Dennoch war die Sprache seit dem Ende des 18. Jahrhunderts in eine Phase des Niedergangs eingetreten. Diese Situation war – was man bezüglich der Geschichte der Sprachen häufiger feststellt – das Ergebnis eines kontinuierlichen wirtschaftlichen und sozialen Abstiegs, der anderthalb Jahrhunderte früher begonnen hatte und dessen Erscheinungsbild unverkennbar war. Tatsächlich hatten die meisten Angehörigen dieser Gemeinschaften, nachdem sie nicht länger die Unterhändler und Beamten der Monarchen und Junker Polens und seiner Nachbarländer waren, angefangen, andere Berufe auszuüben: Landwirtschaft, Fischfang, Köhlerei, verschiedene Tätigkeiten in der neu entstehenden Textilindustrie, sowie zahlreiche Handwerksberufe in den Dörfern, etwa den des Schneiders. Die Hauptursache dieses Niedergangs war die Serie von Massenvernichtungen und Verwüstungen, die Chmielnicki in großem Maßstab von 1648 bis 1654 organisierte; dieser hatte nämlich, noch bevor er Moskau um Hilfe bat (vgl. S. 191), die Führung des Aufstands der Kosaken und der orthodoxen ukrainischen Bauern von jenseits des Dnjepr gegen ihre polnischen Herren übernommen, und vor allem auch gegen die Juden, die diesen dienten. Dieser Aufstand und der russisch-polnische Krieg, der daraus entstand, besiegelten nicht nur das Ende der Macht Polens. Sie vernichteten auch den jüdischen Wohlstand in diesem Land und versetzten der jiddischen Sprache durch den Tod vieler ihrer Träger einen schweren Schlag, so wie dies später noch andere ukrainische Gewalttätigkeiten tun sollten: Plünderungen des Ghettos von Kiew, die von Petljura organisierten Pogrome während des Bürgerkriegs im Jahre 1919 oder Massaker in Lemberg mit Unterstützung der Nazis.

Die von Chmielnicki organisierten Massenmorde führten zu einem schweren Ansehensverlust der jiddischen Sprache. Zunächst einmal verlor sie eine große Zahl von Sprechern, weil zu den 100 000 Opfern der Kosaken noch die zahlreichen Überlebenden kamen, die nach Saloniki oder Istanbul auswanderten. Diese teilweise Vereinigung der beiden Zweige des europäischen Judentums vollzog sich zugunsten des Jüdisch-Spanischen, wenn auch seine Übernahme durch die aschkenasischen Neuankömmlinge den Niedergang nicht aufhalten konnte, dem in der Mitte des 17. Jahrhunderts – parallel zum Verfall des Osmanischen Reiches und zur wachsenden Intoleranz – auch die türkischen Sepharden unterworfen waren. Zusätzlich ließen in Polen die Verarmung und bald das nackte Elend, die in den jüdischen Gemeinden Einzug hielten, das Jiddische als einen niederen Dialekt, als ein verderbtes Deutsch, erscheinen, das nur von rückständigen und abergläubischen Bevölkerungsschichten gesprochen wurde. Der Ansehensverlust war so groß, daß noch vor Beginn des 19. Jahrhunderts die jüdischen Vertreter der Aufklärungsphilosophie mit Vehemenz für die Abschaffung des Jiddischen eintraten. Ohnehin stießen sie sich an der stark religiösen Färbung des Wortschatzes und fanden, daß dieser zu sehr mit hebräischen Elementen durchsetzt sei. Paradoxerweise führte ihr Angriff jedoch zur Modernisierung der Sprache, ja zu einer starken Erweiterung ihres Vokabulars durch die Aufnahme deutscher und westeuropäischer Begriffe. Denn indem sie sich notgedrungen des Jiddischen bedienten, um der Bevölkerungsschicht, die es sprach, die Notwendigkeit seiner Abschaffung klarzumachen, bereicherten die Gebildeten aus den armen polnischen Dörfern, die nach dem Beispiel der aufklärerischen jüdischen Intellektuellen den allgemeinen Übergang zum Hochdeutschen wünschten, ihre eigene Sprache um Wörter aus den philosophischen Debatten und förderten somit das Idiom, welches sie eigentlich ablehnten.

Während man noch wenig vorher das Jiddische mit einem niederen Sozialstatus und mit einer Folklore in Verbindung gebracht hatte, die von den westlich orientierten Juden geringgeschätzt wurden, gewann es nun wider Erwarten an Ansehen gegenüber den prestigeträchtigen Sprachen, sowohl den lebenden als auch den liturgischen, welche die Juden bisher für höherwertig gehalten hatten (Deutsch, Russisch, Hebräisch, Aramäisch). Am Ende des 19. und zu Beginn des 20. Jahrhunderts emigrierten dann zahlreiche polnische Juden in verschiedene westeuropäische Länder und nahmen deren Sprachen an. Es ist schwierig, Quellen zu finden, die die Zahl der Jiddischsprechenden zu Beginn unseres Jahrhunderts zuverlässig wiedergeben. So war beispielsweise nicht erkennbar, daß in den Gebieten unter österreichischer Verwaltung, wie Westgalizien oder der Bukowina, die Masse der jüdischen Bevölkerung – abgesehen von einer kleinen Anzahl von Städtern, die zum Deutschen übergegangen waren – die jiddische Sprache beibehalten hatte. Es war nämlich untersagt, das Jiddische bei Volkszählungen als Muttersprache anzugeben; allerdings waren seine Träger ohnehin nicht geneigt, sich öffentlich zu ihrer Sprache zu bekennen, da ihnen daran lag, den Geruch der sozialen Deklassiertheit zu vermeiden, der ihr von den anderen immer noch beigelegt wurde (vgl. Tesnière, in: Meillet 1928, S. 348 und 459), während sie in den jüdischen Gemeinden selbst wieder stärkeren Anklang gefunden hatte. Was die Sprecher des Jiddischen anbelangt, die sich aus Opposition gegen den Antisemitismus nicht zum Deutschen bekennen wollten, so gaben sie das Polnische an, selbst wenn sie es nicht beherrschten (vgl. Loewe 1911). Schließlich führte die Entstehung neuer Staaten zwischen den Weltkriegen dazu, daß die Mehrzahl der Juden die Sprache annahm, die in dem jeweiligen Land vorherrschte: Tschechisch, Polnisch, Ungarisch, Rumänisch etc.

Trotz dieser Situation gab es im Jahre 1938 allein in Warschau 83 jiddische Zeitungen und Zeitschriften, und 1940 existierten 10 jiddische Theater in der Sowjetunion. Außerdem gab es sehr viele Grund- und weiterführende Schulen in Polen, Lettland und Litauen, wobei in letztem die jüdischen Organisationen eine Art von Autonomie (vgl. Meillet 1928, S. 230) genossen. Man muß allerdings hinzufügen, daß das Jiddische dreißig Jahre später in der Sowjetunion in starkem Niedergang begriffen war: Russisch war damals schon die Muttersprache von fast 75 Prozent der Juden; diese Tatsache könnte sich aus dem Fehlen eines Siedlungsgebietes erklären, das hinreichend akzeptiert worden wäre, um der Zerstreuung entgegenzuwirken – Birobidschan jedenfalls erfüllte diese Funktion nicht. Wie dem auch sei, Rußland, die Ukraine und Weißrußland sind fast die einzigen Gebiete in Europa, wo das Jiddische noch nicht ausgestorben ist: Im Jahre 1975 wurde es von 381 000 als Muttersprache angegeben, das sind 17,7 Prozent der 2 151 000 sowjetischen Juden (vgl. Haarmann 1975, S. 368). In den sehr stark zurückgegangenen jüdischen Bevölkerungsgruppen Polens (12 000 im Jahre 1975 gegenüber 3 000 000 im Jahre 1938), Ungarns und Rumäniens wird heute das Jiddische von seinen Sprechern nicht mehr an deren Kinder weitergegeben, ebensowenig wie in den sehr viel bedeutenderen aschkenasischen Zweigen der jüdischen Gemeinschaften, die in Frankreich, in Großbritannien und anderen westeuropäischen Ländern leben. Die Sprache ist vor allem noch außerhalb des europäischen Kontinents lebendig, das heißt im wesentlichen in den Vereinigten Staaten und in Israel, ohne daß exakte Zahlen darüber vorlägen, welcher Prozentsatz an Amerikanern oder Israelis Jiddisch als Muttersprache spricht.

Die Juden und die Universalität der Sprache

Die Juden, die die deutsche Sprache angenommen haben, und vor allem die Intellektuellen unter ihnen, haben auf eklatante Weise die Behauptungen des Nationalsozialismus widerlegt: Sie haben in der deutschen Kultur und Sprache die Kennzeichen ihrer Identität gesucht und sie haben in ihr die bevorzugte Ausdrucksweise gesehen, die ihnen als Marginalisierte mehr bedeutete als denen, für die es sich einfach nur um ihre ererbte Sprache handelte. Die Zahl der bedeutenden jüdischen Schriftsteller, die der deutschen Literatur Glanz verliehen haben, ist groß, angefangen von Heinrich Heine vor seinem Pariser Aufenthalt bis zu Edmund Husserl, Franz Kafka, Walter

Benjamin, Stefan Zweig und vielen anderen. In den zwanziger Jahren dieses Jahrhunderts schien die Prophetie, die man Heine zuschrieb, teilweise Wirklichkeit zu werden: Es hatte den Anschein, als ob Juden und Deutsche im Begriff stünden, gemeinsam eine Art Palästina des Geistes zu errichten. Berlin war, wie zuvor Wien bis zum Jahre 1918, eines der großen europäischen Zentren der Literatur, der Philosophie, der bildenden Kunst, der Presse und des Films. Der kunstvolle Gebrauch, den die jüdischen Intellektuellen von der deutschen Sprache machten, offenbarte eine grundlegende Wahrheit: Die Sprache, besonders in Gestalt der Schrift und der Lektüre, ist wesensgleich mit der Existenz jener, denen das Schicksal keine tausendjährige Bodenständigkeit gewährt hat oder denen es eine solche Verwurzelung wieder genommen hat. In den Dörfern Osteuropas war das jüdische Volk vor 1939 seit alters her und in scheinbar sehr beständiger Weise angesiedelt. Dennoch betrachtete es weiterhin die Heilige Schrift als den einzig wahren Bezugspunkt seiner Identität. Ebenso verfuhren die Gebildeten in den Städten. Der Schriftsteller, der keine bestimmte Region zum Thema hat, spricht von dem, was allen gemein ist, das heißt von geistigen Dingen. Die Verbundenheit mit der Heimat ist sicherlich ein häufiges und fruchtbares Thema der großen Literaturen, aber wenn sie von den Dogmatischen oder den Unvorsichtigen gefeiert wird, kann sie zu einer Ablehnung jeder Andersartigkeit führen. Auch wenn sie trockener erscheinen mögen, herrscht mehr Universalität in den literarischen Werken, die eine reine Sprache pflegen, um vom Menschen und seinem Schicksal zu handeln, als wir sie in der lyrischen Hingabe an den Geist einer bestimmten Region zu finden vermögen.

So hat sich in den ersten Jahrzehnten des 20. Jahrhunderts gerade in der deutschen Sprache ein Gutteil der jüdischen Kultur verankert. Die Sprache nahm, wenn man sie nur vollendet beherrschte, für diejenigen, die sie erwählten, die Stelle des Vaterlandes ein. Sie wurde somit zur Garantin von Universalität und diente nicht länger als Vorwand für Ausgrenzung. Der Text lieferte die Identität. Das Deutsche wurde am Ende der zwanziger Jahre von einem Teil der gebildeten Juden in den Rang einer übernationalen europäischen Sprache erhoben. Der Staat Israel, in den sich Mitte der dreißiger Jahre ein Teil der in Deutschland bedrohten Intellektuellen noch rechtzeitig flüchten konnte und in dem später diejenigen eintrafen, die der nationalsozialistische Terrorapparat nicht ermordet hatte, erscheint manchmal gemäß einer These – die heute von vielen vertreten wird, namentlich von dem Schriftsteller Jorge Semprun anläßlich einer Vorlesung an der Sorbonne am 10. 10. 1991 – mit seiner angesehenen, aber außereuropäischen Sprache, dem Hebräischen, wie eine Art ausgelagertes Herz von Europa, ein Herz, das nicht mehr in dem gewohnten Körper schlägt, sondern an anderer Stelle. Es erinnert daran, was Deutschland, die deutsche Sprache und der gesamte Kontinent an Lebenskräften verloren haben, als sie das europäische Judentum vernichteten oder bei seiner Vernichtung tatenlos zuschauten. Mit ihm ist das am stärksten internationale Antlitz Europas, das in deutscher Sprache universelle Werte verkündete, ins Nichts versunken und bis heute in einem von zugespitzten Chauvinismen zerrissenen Europa ohne Erben geblieben ist. Die sowjetischen Führer haben leider nicht mehr Vernunft bewiesen: Die Eliminierung der am stärksten international orientierten Bolschewiken wie Trotzki ebenso wie die Ausschaltung der Dichter mit der am stärksten auf die Weltkultur bezogenen Botschaft wie Mandelstam haben den Kommunismus und die russische Literatur und Sprache reicher Elemente des Universalismus beraubt.

Israel und die Sprachen der Völker

Was heute im Staate Israel die ehemaligen Sprecher des Jiddischen mit Menschen der verschiedensten Herkunft verbindet, ist das Hebräische, dessen Wiederbelebung nach mehr als zweitausend Jahren, in denen es nie als gesprochene Sprache diente, ein einzigartiges historisches Phänomen darstellt. Der andere Zweig des Judentums, die Diaspora, spricht jedoch weiterhin die Sprachen der Länder, in denen die jeweilige Gemeinde lebt. Die Übernahme dieser Sprachen ist ein seit alters bestehendes historisches Charakteristikum. Das Hebräische hatte lange vor Christi Geburt aufgehört, die lebendige Umgangssprache der Juden zu sein. Im Jahre 1 des christlichen Zeitalters war das Hebräische schon das, was es bis zu seiner Proklamation als Amtssprache des Staates Israel im Jahre 1948 bleiben sollte: eine liturgische Sprache, die anläßlich der religiösen Zeremonien verlesen wurde, und die gelegentlich in die rabbinische Korrespondenz Eingang fand. Die Sprache Jesu wie die seiner Zeitgenossen aus Judäa war das Aramäische. Zwei Jahrhunderte zuvor, in Ägypten, hatten die Juden das Griechische übernommen. Diesem Verhaltensmuster folgten sie später auf der ganzen Welt: In Frankreich gebrauchten sie die fränkischen Dialekte, in Spanien das Kastilische, in Deutschland nach dem 12. Jahrhundert eine Form des Althochdeutschen. Sie hatten keine eigenen Sprachen, bis sie die

Länder verlassen mußten, in denen sie lebten: Spanien, Deutschland. Sie nahmen die Sprachen mit, die sie dort gesprochen hatten. So entstanden das Jüdisch-Spanische und das Jüdisch-Deutsche, Sprachen, in denen sich ihre gespaltene Identität und ihre wechselvolle Geschichte widerspiegelten. Aber sie beherrschten auch, und häufig in bemerkenswerter und kunstvoller Weise, die Sprachen derjenigen Länder, in denen sie Asyl gesucht hatten: Italienisch, Türkisch, Polnisch, Russisch etc. Denn die jüdischen Sprachen, die für den Umgang in Familie und Gemeinde bestimmt waren, konnten ihnen allein nicht zu einem normalen bürgerlichen Leben verhelfen.

Der Holocaust: Die Vernichtung der Weltbürger

Während die Juden, die in Spanien und Deutschland geblieben waren, sehr schnell zum Spanischen und Deutschen übergingen, trugen diejenigen, die sich in Europa zerstreuten, spezielle Formen dieser Sprachen in die Ferne, auch wenn sie nur zum internen Gebrauch bestimmt waren und von den Bewohnern der Aufnahmeländer weder verstanden noch gesprochen wurden. Mit dieser Einschränkung kann man das Vordringen des Jiddischen bis nach Rußland ebenso wie dasjenige des Niederdeutschen, dann des Hochdeutschen, wie es durch die Hanse und den Deutschen Orden bewirkt worden war, als Teil jener allgemeinen Bewegung ansehen, die das Deutsche immer weiter in den Osten Europas trug. Ob es sich um diejenigen handelt, die sich eines hochliterarischen Deutschs bedienten, oder um die zahlreichen jiddischsprechenden Gemeinden – die Vernichtung der Juden Europas bedeutete für die deutsche Sprache das Ende einer der dynamischsten Phasen ihres Vordringens nach Osten. Die preußische Regierung hatte etwas mehr Hellsichtigkeit bewiesen, als sie während ihrer Herrschaft über Posen Maßnahmen zur Erhaltung des Jiddischen ergriff. Sie hatte erkannt, daß dies in zweifacher Weise den Interessen der deutschen Vorherrschaft diente: Zum einen erlaubte das Jiddische, die Bevölkerung der polnischen Städte zu spalten, und zum anderen konnten diejenigen, die eine eng mit dem Deutschen verwandte Sprache sprachen, in ganz Osteuropa wertvolle politische und administrative Hilfsdienste leisten (vgl. Meillet 1928, S. 230). Tatsächlich rührte die Feindseligkeit der polnischen, ukrainischen oder rumänischen Bevölkerung auch daher, daß sie die Juden mit den Deutschen in Verbindung brachten, weil sie eine deutsche Sprache sprachen.

Anstatt sich dieser objektiven Bindung zu bedienen, hatte der Nationalsozialismus, der durch alles beherrschende Mythologien verblendet war, die Vernichtung dieser Menschen zum Ziel. Ganz abgesehen von den zeitbedingten Interessen der deutschen Politik hat diese Vernichtung, ebenso wie diejenige zahlreicher sephardischer Juden – Träger einer anderen bedeutenden Sprache, des Spanischen –, der europäischen Kultur unter sprachlichen Gesichtspunkten schweren Schaden zugefügt: Europa hat eine große Zahl von Polyglotten verloren. Diese sind aber die Säulen eines Vereinten Europas, wie es heute im Entstehen begriffen ist. Als mehrsprachige Nomaden verkörperten die verschwundenen Polyglotten das Profil des idealen Europäers. Man kann ihrem Gedächtnis keinen besseren Dienst erweisen, als heutzutage so viele Männer und Frauen wie möglich in einer Weise auszubilden, die dieses Vorbild zu neuem Leben erweckt. Viele dieser Weltbürger waren aus der Not heraus mehrsprachig. Eine umfassende Bildungspolitik im Dienste der Sprachen würde den Beweis erbringen, daß man in einem Europa, welches nach seiner Einheit strebt, auch aus freiem Entschluß mehrsprachig sein kann.

Die deutsche Sprache in Europa: Von den Schatten der Vergangenheit zu einer glänzenden Zukunft

Seit dem Ende der dreißiger Jahre erfuhr die europäische Berufung der deutschen Sprache, die in der bewegten Geschichte wurzelt, von der wir einige Stationen in Erinnerung gebracht haben, einen ernsthaften Niedergang im Gefolge des Zweiten Weltkrieges und der nationalsozialistischen Verbrechen. Nach dem Krieg hat noch ein weiteres Phänomen – innerdeutschen Ursprungs zwar, aber an Umstände von außerhalb gebunden – einen negativen Einfluß auf die deutsche Sprache bis zum Ende der achtziger Jahre genommen und ihr einen ähnlichen Schaden zugefügt, wie sie ihn in den Jahren von 1933 bis 1945 erlitten hatte. In beiden Fällen haben totalitäre Gewalten – diejenige des »Dritten Reiches« ebenso wie diejenige der Deutschen Demokratischen Republik – zu Propagandazwecken eine offizielle Sprache durchgesetzt, deren Phraseologie und Vokabular ganz bestimmten Intentionen dienten. Die empfohlenen oder mißbilligten Formulierungen sowie die häufig direkt vorgeschriebenen Sprachregelungen füllten lange

Listen, die regelmäßig entsprechend den politischen Ereignissen aktualisiert wurden. Diese Listen zeigen deutlich die Manipulation einer Sprache, die als Instrument der geistigen Unterdrückung mißbraucht wurde.

Im folgenden werden einige der charakteristischsten Beispiele aufgeführt (vgl. Glunk 1971). Beschlüsse vom November 1936 und Januar 1937, das heißt aus der Anfangszeit des Spanischen Bürgerkrieges, schrieben vor, nicht mehr von der »Madrider Regierung« zu sprechen, sondern von der »Leitung der Roten Miliz« oder vom »Marxistischen Regime«, während das Franco-Regime als »Spanische Nationalregierung« bezeichnet werden sollte. Ein Text vom Mai 1939 macht deutlich, daß die Bezeichnung »Rußland« als zu freundschaftlich betrachtet wurde im Gegensatz zu »Sowjetunion«, denn, so heißt es zwei Jahre vor dem deutschen Angriff, der damals wahrscheinlich schon geplant wurde: »Wenn es auch stimmt, daß wir im Augenblick keine gespannten Beziehungen zur Sowjetunion wünschen, bedeutet das doch nicht, daß wir eine Verbrüderung anstreben. Der Begriff Rußland ist ungeeignet, um das gegenwärtige Staatswesen zu bezeichnen.« Es gab außerdem in den konservativen Kreisen Deutschlands, die einen großen Teil der Anhängerschaft des Nazi-Regimes stellten, eine geistige Strömung, die sich den Wurzeln der deutschen Kultur verbunden fühlte und die der lateinischen Zivilisation Westeuropas und ihrer Geschichte ablehnend gegenüberstand: In Übereinstimmung mit dieser Strömung verbot ein Erlaß vom Juni 1939 die Bezeichnung »Lateinamerika« und setzt an ihre Stelle »Ibero-Amerika«. Eine Verordnung vom Januar 1941 untersagte den Ausdruck »deutsche Ostkolonisation«, der in einigen Zeitungen gebraucht worden war, und schärfte der Presse ein, in Zukunft nur noch von der »Rückgewinnung deutschen Kulturlandes« zu sprechen. Eine Anweisung vom Juli 1941 verlangte den Ausdruck »Luftpiraterie« in »denjenigen Fällen, wo es darum geht, eine besonders bestialische Vorgehensweise der englischen Luftwaffe zu brandmarken«. Ein Dekret vom November 1941 untersagte, künftig die Wörter »Polen«, »Tschechoslowakei« und »Jugoslawien« ohne den Zusatz der Vorsilbe »Ex-« zu gebrauchen. In einem Erlaß vom Februar 1943 verbot das Propagandaministerium ausdrücklich die Verwendung der Formel »Kriegserklärung Deutschlands und Italiens an die Vereinigten Staaten« und erlaubt nur noch den Terminus »Kriegszustand«. Eine Verordnung vom September 1943 machte die Ersetzung von »Samstag« durch das Wort »Sonnabend« obligatorisch, selbst für die Titelseiten der Zeitungen. Es ging darum, die Implikationen dieses Wortes zu vermeiden, das etymologisch auf das althochdeutsche Wort *sambastag* zurückgeführt werden kann, welches seinerseits (durch Dissimilation des b in m und Insertion eines s zwischen b und t) auf das griechische *sabbaton* zurückgeht, das wiederum aus dem hebräischen *chabbath* hervorgegangen ist und in der entsprechenden Verbform in dieser Sprache »sich ausruhen« bedeutet. Im April 1944 lenkte ein Erlaß die Aufmerksamkeit auf die Notwendigkeit, von »Marxismus« und nicht von »Sozialismus« zu sprechen, um das sowjetische Regime zu charakterisieren, da der wahre Sozialismus derjenige sei, den das deutsche Herrschaftssystem verkörpere, das sich zu Recht »nationalsozialistisch« nenne. Schließlich wird den Journalisten im November 1944 eingeschärft, den Ausdruck »Selbstmordkommando« in der Berichterstattung über die japanische Kriegführung zu vermeiden und statt dessen die Bezeichnung »Sonderkommando« zu verwenden, ein Ausdruck, der in den Augen der deutschen Bevölkerung sicher weniger beunruhigend war in einer Zeit, in der man angesichts der immer schwereren Rückschläge die letzten Energien mobilisieren mußte.

Andere Beispiele für die Manipulation der deutschen Sprache stammen aus der ehemaligen DDR, deren Sprachgebrauch den Bewohnern Westdeutschlands als durch und durch ideologisch erschien. Die Machthaber des sozialistischen Deutschland waren ihrerseits entschlossen, eine Trennung vorzunehmen, die sich auch auf das Gebiet der Sprache erstrecken sollte. In einer berühmten Rede aus dem Jahre 1970, die dem Thema der Abgrenzung zwischen den beiden deutschen Staaten gewidmet war, erklärte Ulbricht, der erste Sekretär der Sozialistischen Einheitspartei Deutschlands:

> »Selbst die Einheit der Sprache hat sich aufgelöst. Zwischen der überlieferten deutschen Sprache Goethes, Schillers, Lessings, Marx' und Engels', die vom Humanismus geprägt ist, und der Sprache, die vom Imperialismus infiziert ist und von den kapitalistischen Verlagsmonopolen in zahlreichen Zentren der westdeutschen Bundesrepublik manipuliert wird, besteht ein großer Unterschied. Das geht soweit, daß dieselben Wörter oft nicht mehr denselben Sinn haben. [...] Wir müssen vor allem dies feststellen: die Sprache der Hitlergenerale, der Neo-Nazis und der revanchistischen Politiker gehört nicht zu unserer deutschen Sprache, der Sprache der friedliebenden Bürger der DDR, die wir lieben, verehren und weiterentwickeln.«

Ein Ausdruck, der häufig in der DDR verwendet wurde, war der von der »sozialistischen Nationalsprache«, und an bestimmten Universitäten, wie in Leipzig, mußte jede Dissertation über die deutsche Gegenwartssprache die Existenz einer eigenen Sprache Ostdeutschlands ausdrücklich anerkennen. Horst Dieter Schlosser, der diese Tatsache erwähnt (1989, S. 40), fügt hinzu, daß wenn es tatsächlich einen merklichen Unterschied zwischen dem Deutschen diesseits und dem jenseits der Grenze gab, das nicht darauf zurückzuführen sei, daß sich das Ostdeutsche in einer neuen, durch den Sozialismus vorgezeichneten Richtung fortentwickelt hätte, sondern daß es vielmehr im Gegensatz zum viel dynamischeren Westdeutschen einen gewissen Archaismus bewahrt hätte, der jedem Westdeutschen sofort ins Auge springe. Das gilt für alle Ebenen der Sprache: Amtssprache, Literatursprache und Umgangssprache, ohne die phonetischen Besonderheiten des brandenburgischen Dialekts zu berücksichtigen, der von den Ostberlinern getreuer bewahrt worden ist als von den Westberlinern, von denen ein großer Teil nach dem Zweiten Weltkrieg nach Berlin gelangte, ohne in der Region geboren zu sein.

Beispiele sind Wendungen (vgl. Schlosser, ebd.) wie »die lichten Höhen des Sozialismus« oder »Brüder, zur Freiheit, zur Sonne«, die von einem veralteten Pathos getragen sind, über das die Westdeutschen nur lächeln können. Gelegentlich wirkt der Archaismus sehr schwerfällig, wenn ungeschickte Imitationen des Russischen hinzutreten, wie etwa die Anhäufung nominaler Attribute vom Typ »der Bericht der Mitglieder des Zentralkomitees der Sozialistischen Einheitspartei der Deutschen Demokratischen Republik«. Auch ist bekannt, daß vor der Wiedervereinigung viele Wörter völlig verschiedene Konnotationen hatten, je nachdem, ob man sie im Osten oder im Westen gebrauchte. Zu den oft zitierten Beispielen gehören: »Freiheit«, »Demokratie«, »Frieden«, »Plan«; man könnte »Gebrauchtwagen« hinzufügen, womit im Westen kein besonders wertvolles Exemplar bezeichnet wurde, während das im Osten wegen der langen Lieferfristen für Neuwagen durchaus der Fall war. Die Namen der Verwaltungsstellen, der verschiedenen Geschäftsarten, die zahlreichen Abkürzungen nach russischem Vorbild stellten ebenfalls typische Eigenarten des Ostdeutschen dar. Es ist leicht zu erklären, daß ausgerechnet das Westdeutsche seit Beginn der fünfziger Jahre die stärksten Veränderungen erfahren hat, wenn man bedenkt, daß es zu einer Gesellschaftsform gehört, die durch den ständigen Zufluß neuer Produkte und durch permanenten Konkurrenzdruck sowohl auf politischem als auch auf wirtschaftlichem Gebiet charakterisiert ist. Man wird allerdings eingestehen müssen, daß der Archaismus des Ostdeutschen in den Augen von Sprachpuristen, die sich von gewissen modernen Ausdrücken abgestoßen fühlen, gelegentlich auch Vorteile bietet. So erwähnt Schlosser (ebd.) wohlwollend das althergebrachte Wort *Lehrling*, das zurückgeht auf *lehren*, erweitert um das Suffix *-ling*, das sich im allgemeinen auf eine junge Person bezieht. Dieses in Ostdeutschland gebräuchliche Wort erscheint ihm sehr viel annehmbarer als das in seinen Augen monströse Kompositum, das häufig im Westen verwendet wird: *Auszubildender*, oft sogar noch verkürzt zu *Azubi*.

Heute scheint die deutsche Sprache nicht mehr der Gefahr solcher Irrwege ausgesetzt zu sein, wie sie der nationalsozialistische und der kommunistische Abschnitt seiner Geschichte darstellen, vorausgesetzt, die politischen und sozialen Gegebenheiten erfahren keine drastische Veränderung. Das Deutsche befindet sich vielmehr in einer günstigen Ausgangsstellung, um eine Rückkehr in jene weiten Bereiche zu versuchen, die ihm durch das Hitler-Regime und die weltweite Ächtung desselben verlorengegangen sind. Die wachsende Einflußnahme des Deutschen in Europa ist die Folge zweier für Deutschland glücklicher Umstände, die es der politischen Öffnung der UDSSR während der Gorbatschow-Ära verdankt: der Zusammenbruch der kommunistischen Herrschaftssysteme einerseits und die deutsche Wiedervereinigung andererseits. Damit öffnet sich für die deutsche Sprache ein weites Feld: Sie kann in Osteuropa einen Weg weiterverfolgen, von dem wir in diesem Kapitel gezeigt haben, daß er historisch sehr weit zurückdatiert. Eine Grenzlinie von 4850 Kilometern, das heißt eine der längsten aller europäischen Länder, erstreckt sich zwischen dem Deutschen und fünfzehn benachbarten Sprachen und bildet das Rückgrat eines schmalen Landgürtels, in dessen Bereich ein Teil der Einwohner schon seit langem neben ihrer jeweiligen Muttersprache auch das Deutsche beherrschen. Zu dieser geographischen Determinante tritt die Macht der Gewohnheit: Der Kontakt von Zivilisationen, wenn er sich über einen langen Zeitraum erstreckt, bewirkt und verfestigt Denk- und Verhaltensweisen. Ihr Wiederaufleben, selbst nach langen Perioden des Überwinterns, ist nur allzu verständlich. Außerdem erinnern die gegenwärtigen Verhältnisse stark an die Zeit vor achthundert Jahren, als die Hanse ihre ersten Handelskontore an den Ostseeküsten errichtete. Es gibt keine politischen Hindernisse mehr für die Öffnung von Märkten, die geeignet erscheinen, die Erzeugnisse einer dynamischen und starken Volkswirtschaft aufzunehmen. Vielmehr wird der alte Ruf des Ostens diesmal zu einer ausdrücklichen Bitte ehemaliger kommunistischer Länder, die begierig sind, sich zu öffnen oder die sich wegen der Folgeerscheinungen ihrer neugewonnenen Unabhängigkeit Sorgen machen. Diesen Bitten gegenüber dürfte sich Deutschland nur allzu aufgeschlossen zeigen, nachdem es wiedervereinigt ist und nachdem seine Zugehörigkeit zur EU, die es gesucht hatte, um die Folgen seines Zusammenbruchs zu überwinden, nicht mehr die einzige außenpolitische Option darstellt. Was der Wehrmacht nicht gelungen ist, scheint die D-Mark erreichen zu können.

Die deutsche Sprache hat bereits angefangen, aus dieser neuen Situation Vorteile zu ziehen. Im März 1992 bestand der tschechische Erziehungsminister darauf, daß Deutsch anstelle des Englischen als Fremdsprache für das Abitur obligatorisch wurde (vgl. *Le Monde* 29./30. 3. 1992, S. 24), ein Beweis, wenn es dessen noch bedurfte, daß wirtschaftliche oder politische Macht dem Ansehen der Sprache förderlich ist. Ein Jahr zuvor hatte die Volkswagen AG nach einem erfolgreichen Wettbewerb mit dem französischen Unternehmen Renault die Skoda-Werke gekauft, und seitdem haben die deutschen Industriellen unentwegt in Böhmen investiert. Seit einigen Jahren geben dieselben Kreise viel Geld für den Kauf polnischer Grundstücke aus, die oft in den ursprünglich deutschen Gebieten liegen, die nach dem Zweiten Weltkrieg den Polen zugesprochen und von der deutschsprachigen Bevölkerung verlassen worden waren. Dabei beklagen sie sich, daß man ihnen die Absicht unterstellt, den Westen Polens (vgl. *Le Monde* 4. 4. 1992, S. 10) germanisieren zu wollen. Selbst Kroatien, wo die Verhältnisse vor 1918 trotz der österreichisch-ungarischen Verbindung für das Deutsche ungünstiger waren als für das Magyarische, könnte sich heute dem deutschen Einfluß zugänglicher zeigen: Am 15. Januar 1992 dankte der Präsident der soeben unabhängig gewordenen Republik offiziell dem deutschen Vertreter für die Rolle, die Deutschland beim Prozeß der internationalen Anerkennung gespielt hatte. Diese war von Bonn forciert worden, obwohl damals weder die westeuropäischen Regierungen noch diejenige der USA daran interessiert waren, die Auflösung Jugoslawiens zu legitimieren.

So ist heute die politische Konstellation günstig für die Rückkehr des Deutschen in jenes Mitteleuropa, in welchem die beiden Weltkriege sein Ansehen sehr geschwächt hatten, ohne verhindern zu können, daß es die am stärksten verwurzelte aller europäischen Sprachen blieb, die sich einen Einflußbereich im Zentrum des Kontinents geschaffen haben. In seinem Werk *Mitteleuropa*, das im Jahre 1915 in Berlin veröffentlicht wurde, hatte der Reichstagsabgeordnete Naumann die Idee einer Wirtschaftsunion Zentraleuropas propagiert, die neben Deutschland und Österreich-Ungarn folgende Länder umfassen sollte: Belgien, die Niederlande, Luxemburg, Dänemark, Norwegen, Schweden, die Schweiz, Albanien, Serbien, Bulgarien, Rumänien und Griechenland. Nach seiner Vorstellung sollte Deutsch die gemeinsame Sprache dieser Föderation sein, die sich mit den beiden deutschsprachigen Kaiserreichen als Mittelpunkt konstituieren sollte, wobei die Harmonie und der Zusammenhalt des Ganzen eine entgegenkommende und flexible Politik im Hinblick auf die übrigen Sprachen erfordert hätten. Diese politischen Ideen sollten später vom Hitler-Regime pervertiert werden, das in seinem Wahn von der Eroberung Europas den ukrainischen, slowakischen und kroatischen Separatismus kräftig unterstützte, nicht um die jeweiligen Nationalsprachen zu fördern, sondern um die Entstehung lokaler, pro-nationalsozialistischer Regierungen zu ermöglichen. Sicher können die Bilder aus einer längst vergangenen Zeit diejenigen in Besorgnis versetzen, die sich bewußt sind, daß die Hanse ein Werkzeug der Germanisierung war und daß Deutschland, ein Spätankömmling unter den Kolonialmächten am Ende des 19. Jahrhunderts, im 20. Jahrhundert zweimal den Versuch unternommen hat, aus Mittel- und Osteuropa das zu machen, was es im Mittelalter lange Zeit gewesen war: seine ureigene Kolonie. Aber das Deutsche wird heute so gut durch die Macht des Geldes befördert, daß es die Macht der Waffen nicht mehr nötig zu haben scheint.

Nichtsdestoweniger sind die ausgesprochenen Sprachpuristen beunruhigt festzustellen, daß das Deutsche, mehr als jede andere europäische Sprache, stark mit Anleihen aus dem Angloamerikanischen durchsetzt ist. Deren Zahl soll bereits mehr als 3 000 Wörter betragen (vgl. Neske 1972). Es handelt sich dabei nicht nur um eingedeutschte Wörter wie *explizieren*, *floaten*, *jobben*, sondern auch um reine Übernahmen ohne jede Veränderung wie *brain-drain* oder *software*. Was für die Sprache an sich gilt, gilt auch für ihre Position in zahlreichen Lebensbereichen. So nahm zu Beginn des 20. Jahrhunderts die deutsche Wissenschaft eine Spitzenstellung in Europa ein. Sie war gut organisiert, konnte sich auf eine reichhaltige technische Ausstattung stützen, und ihre führenden Persönlichkeiten waren sowohl herausragende Forscher als auch organisatorisch begabte Vertreter einflußreicher Schulen. Die wissenschaftlichen Verlage im deutschen Sprachraum, in denen ihre Werke erschienen, hatten ein außerordentlich hohes Niveau. Sie veröffentlichten nicht nur Ergebnisse der Grundlagenforschung, sondern auch exzellente Handbücher und Leitfäden aus den verschiedensten Wissensgebieten. Sie wandten sich an ein Publikum, dessen Nachfrage bedeutend war und durch die Qualität der Publikationen noch gesteigert wurde, und zwar sowohl in den deutschsprachigen als auch in den übrigen Ländern Europas, wo man in Akademikerkreisen ohne Schwierigkeiten Deutsch las. Sie waren auch bekannt für ihre großen Bibliographien, die ständig auf dem neuesten Stand gehalten wurden. Heute hat sich in all diesen Bereichen das

Englische durchgesetzt. In Deutschland schreiben viele Wissenschaftler in englischer Sprache, und viele Verlage publizieren in derselben. Offensichtlich versetzt die internationale Stellung der englischen Sprache sie in die Lage, dem Bedürfnis der Forscher nach einem allgemeinen Kommunikationsmittel gerecht zu werden, einem Bedürfnis, das schon immer in der Welt der Wissenschaft existierte und das früher von der lateinischen Sprache zufriedengestellt wurde. Aber es bleibt die Tatsache, daß die nichtanglophonen Forscher, in Deutschland wie in Frankreich, selbst zur Förderung des Englischen beitragen: Wenn die Besten unter ihnen statt dessen in ihrer Muttersprache publizierten, würden sie dieser einen großen Dienst erweisen, denn der Zugang zu bedeutenden Forschungsarbeiten würde über ihre jeweilige Sprache führen.

Die neuen Möglichkeiten, die sich der deutschen Sprache im Europa von heute eröffnen, dürfen nicht darüber hinwegtäuschen, daß schwere Schatten auf ihrer Zukunft lasten. Einerseits ist die deutsche Emigration bedeutend gewesen, vor allem diejenige in die Vereinigten Staaten, wobei allerdings die generelle Übernahme des Englischen das Deutsche dort noch nicht völlig hat verschwinden lassen. Andererseits droht ihm Gefahr durch eine Tatsache, die von der großen Bevölkerungszahl seit der Wiedervereinigung (fast 80 Millionen Einwohner) lediglich verdeckt wird: Die Wachstumsrate der deutschsprachigen Bevölkerung liegt unter dem europäischen Durchschnitt. Dieses Phänomen, das den slawischen oder türkischen Bevölkerungen völlig fremd ist, beruht auf einem Rückgang der Geburtenrate, die eine der größten Schwächen des heutigen Deutschland darstellt. Wenn die deutsche Sprache trotz dieser Schatten wenigstens mittelfristig wirkliche Fortschritte in Europa machen sollte, so wäre das ein Beweis dafür, daß außer dem Englischen auch andere große europäische Sprachen durchaus gewisse Funktionen einer Gemeinschaftssprache erfüllen können. Weit davon entfernt, den anderen Sprachen zu schaden, die ebenfalls eine derartige Möglichkeit verkörpern, würde sie diesen vielmehr von Nutzen sein. Die wichtigste unter den hier angesprochenen Sprachen ist das Französische. Es scheint uns nun an der Zeit, die Frage zu erörtern, welchen Beitrag diese Sprache zur künftigen Entwicklung Europas leisten könnte.

Kapitel 4

Das Französische und seine vielfältige Berufung

Die Zeiten des Ruhms und die Zeiten der Gefahr

Die europäische Berufung des Französischen ist alt. Sie nährt sich aus glanzvollen Perioden, die im nationalen Bewußtsein lebendig geblieben sind. Das neue Gesicht des Französischen könnte eine europäische Ausrichtung begünstigen, die sich für den Kontinent als Vorteil erweisen würde; denn das Französische bringt aus seiner langen und weitreichenden Geschichte eine unverwechselbare Botschaft mit.

Während zweier Epochen hat das Französische in Europa besonders großen Einfluß gewonnen. Die eine der beiden Epochen liegt im 12. und 13. Jahrhundert, die andere in der zweiten Hälfte des 17. und im 18. Jahrhundert. Beide erklären sich leicht durch das Zusammenwirken politischer, militärischer, sozialer und kultureller Ursachen, die, wie wir gesehen haben, gewöhnlich das Ansehen einer Sprache außerhalb der Landesgrenzen befördern.

Die große Zeit des Französischen im Mittelalter

Im Mittelalter hat die Blütezeit des Französischen vor dem 12. Jahrhundert als Folge eines Ereignisses begonnen, das mehr als jedes andere seinen Geltungsbereich außerhalb Frankreichs gefördert hat: die Eroberung Englands im Jahre 1066. Das Französische herrschte dort mehr als drei Jahrhunderte, und die tiefen Spuren, die es hinterlassen hat, sind heute noch vorhanden (vgl. Kap. 2). Darüber hinaus verbreiteten sich die Formen des mittelalterlichen Französisch in Sizilien als Folge der normannischen Invasion im

11. Jahrhundert und der späteren angevinischen Einwanderung, und sie hielten sich in Neapel bis ins Jahr 1315. Vor allem durch die Kreuzzüge gelangte das mittelalterliche Französisch nach Morea (auf der Peloponnes), ins Königreich Zypern, wo Französisch im 13. Jahrhundert die Amtssprache der Dynastie der Lusignan war, nach Konstantinopel, wo die Gasmulen zu seiner Verbreitung beitrugen, und in die nahegelegenen außereuropäischen Gebiete wie Palästina und Syrien. Dort war das Französische wegen der vorherrschenden Rolle der Franken eine Zeitlang die gemeinsame Sprache der westlichen Christenheit. Die Gerichte von Jerusalem und Antiochien machten es zur Amtssprache der beiden Königreiche, noch bevor es diese Stellung in Frankreich selbst erlangt hatte. Aber man muß festhalten, daß das Französische im Orient an der Seite anderer Sprachen lebte: Griechisch, Armenisch und Arabisch; das letztere repräsentierte eine hochentwickelte Zivilisation und wurde zur Quelle bekannter Lehnwörter: *chiffre* (Ziffer), *coton* (Baumwolle), *gazelle* (Gazelle), *jupe* (Rock) stammen aus dieser Zeit; *arsenal* (Arsenal), *camphre* (Kampfer), *douane* (Zoll) datieren vom Ende des 14. Jahrhunderts.

An der Universität von Paris wurde zwar nur in lateinischer Sprache gelehrt, aber durch ihr Ansehen zog die Hochschule zahlreiche Studenten und ausländische Wissenschaftler in den Bannkreis des Französischen, das in der Stadt allgemein gesprochen wurde. Unter ihnen war auch der Florentiner Gelehrte Brunetto Latini, der in der Einleitung zu seinem *Li livres dou Tresor*, in dem er das Wissen seiner Zeit zusammenfaßt, schrieb:

> »Wenn jemand fragt, warum dieses Buch in französischer Sprache geschrieben ist, obwohl ich Italiener bin, so antworte ich, daß dies aus zweierlei Gründen geschah: einmal, weil ich mich in Frankreich befinde, und zum anderen, weil die französische Sprache angenehmer und weiter verbreitet ist als jede andere.« (Zit. n. Brunot 1966, Bd. I, S. 376)

Wie zur Bestätigung wiederholte der venezianische Chronist M. da Canale etwas später zu Beginn des 14. Jahrhunderts: »Die französische Sprache verbreitet sich über die ganze Welt«, und er fügte hinzu, daß sie »angenehmer zu lesen und zu hören sei als jede andere« (ebd.). Nur wenig früher war ein englischer Französischlehrer in Begeisterung ausgebrochen über

> »das anmutige Französisch, das nach dem Schullatein die schönste und gefälligste und gleichzeitig die vornehmste Sprache ist, und von allen am meisten geliebt wird; denn Gott erschuf sie so anmutig und liebenswürdig zu seinem eigenen Ruhm und Lobe. An Schönheit und Anmut kann sie sich mit der Sprache der Himmelsbewohner messen.« (Zit. n. François 1959, Bd. I, S. 104)

Die Heiraten französischer Prinzessinnen mit englischen, deutschen, spanischen oder ungarischen Herrschern (ebd., S. 101) zu einer Zeit, in der die Ehen der Könige eine Säule der auswärtigen Politik waren, trugen stark zur Ausbreitung des Französischen bei. Aber eine noch wichtigere Rolle spielten die literarischen Werke. Die Heldenlieder und höfischen Romane, die in zahlreichen Manuskripten verbreitet waren, wurden in eine Vielzahl von Sprachen übersetzt: ins Deutsche, Niederländische, Spanische, Italienische, Portugiesische, Griechische, Walisische. Einige Werke der berühmtesten Autoren der mittelhochdeutschen Literatur im 13. Jahrhundert – Hartmann von Aue und Wolfram von Eschenbach – waren Nachdichtungen französischer Werke, und sowohl der Wortschatz des Rittertums als auch die höfische Sprache entlehnten zahlreiche Wörter (die nicht alle Bestand hatten) aus dem Französischen. Selbst Skandinavien wurde von dieser Modewelle erfaßt.

Doch der Glanz des Französischen begann gegen Ende des 13. Jahrhunderts zu verblassen, und um die Mitte des 14. Jahrhunderts hatte es aufgehört, eine Rolle als internationale Sprache zu spielen. In England, wo seine Stellung sehr stark gewesen war, wird dieser Rückgang durch ein paradoxes Ereignis bezeugt: Dort wurde die französische Grammatik geboren, denn in England erscheinen im Jahre 1400 ein *Donat français* (ein Handbuch, das diesen Namen trägt in Anspielung auf Aelius Donatus, einen berühmten lateinischen Grammatiker des 4. nachchristlichen Jahrhunderts, der im Mittelalter als maßgebende Autorität betrachtet wurde). Der Verfasser schreibt in einem Geleitwort:

> »Ich halte es für dringend notwendig, daß die Engländer eine gute Kenntnis der französischen Sprache erwerben, denn sie wollen gerne korrekt französisch lesen und schreiben, verstehen und sprechen. Das gibt ihnen die Möglichkeit, sich mit ihren französischen Nachbarn zu verständigen und ermöglicht ihnen die Kenntnis der englischen Gesetze, die zum größten Teil in Französisch verfaßt sind, sowie vieler anderer interessanter Texte. Auch führen die Damen und Herren in England ihre Korrespondenz in französischer Sprache.« (Zit. n. François 1959, Bd. I, S. 100)

Man sieht daran, daß die Kenntnis des Französischen zurückgegangen ist: Die ersten Grammatiken in England werden für diejenigen geschrieben, die im Begriff sind, es zu vergessen.

Man bemerkt denselben Niedergang in Deutschland, in Flandern und Holland sowie in Italien. In letzterem führte außerdem eine Gegenbewegung gegen die politischen und militärischen Erniedrigungen von außen zu einem Aufschwung, der schon die Renaissance ankündigte. Diese wird dem Französischen seine Rolle streitig machen, und die Dichter der Pléiade werden ihre Vorbilder in der italienischen Literatur suchen. Wenn das Französische schon im 14. Jahrhundert nicht mehr als die zweite Kultursprache nach dem Lateinischen gelten kann, so ist das weitgehend darauf zurückzuführen, daß das europäische Bürgertum, das sich in vollem Aufstieg befand, die jeweilige nationale Landessprache durchzusetzen begann. Der Gebrauch des Französischen war an das Feudalwesen gebunden und an die verfeinerte höfische Liebeskultur, die eine Gesellschaftsform widerspiegelte, welche man zunehmend als überlebt betrachtete. Außerdem war der Hundertjährige Krieg zwar mit einem Sieg Frankreichs zu Ende gegangen (im Jahre 1453 oder 1475, je nach der Betrachtungsweise der Historiker), wobei die Franzosen fast alles Land zurückgewonnen hatten, das ursprünglich von den Engländern erobert worden war, aber dieser mühsame Sieg hatte das Land erschöpft. Dadurch verlor es seine europäische Vormachtstellung des 13. Jahrhunderts, und auch die Ausstrahlung seiner Sprache und Kultur ließ nach, um so mehr als seine militärische und politische Stellung im Vorderen Orient ebenfalls im Niedergang begriffen war.

Das Französische im klassischen Zeitalter und sein universeller Rang

Die zweite Epoche der europäischen Ausstrahlung des Französischen ist Gegenstand zahlreicher Untersuchungen (vgl. vor allem Hagège 1987, Kap. VI). Ebenso wie im Mittelalter waren die Erfolge der Politik und Kriege entscheidende Faktoren, auch wenn sie nicht immer die notwendigen und zureichenden Bedingungen für das Aufblühen der Kunst und Literatur sind, von dem sie gewöhnlich begleitet werden. Aber so sahen es auch die Zeitgenossen. Zunächst einmal stellten sie die Tatsache fest – wie Samuel Joseph Sorbière im Vorwort zu seinem Werk *Le Laboureur* mit der Überschrift *Avantages de la langue française sur la langue latine* (1669) –, »daß die Mehrzahl der europäischen Höfe stolz darauf ist, Französisch zu verstehen und zu sprechen, so daß unsere Botschafter dort keiner Übersetzer mehr bedürfen« (Hagège 1987, S. 173). Zwei Jahre später, in der zweiten seiner *Entretiens d'Ariste et d'Eugène*, läßt P. Bouhours den Ariste diese Worte sprechen: »Alle gebildeten Ausländer sind stolz darauf, Französisch zu sprechen; selbst die, die unsere Nation am meisten hassen, lieben doch unsere

Sprache« (ebd.). Noch 1693, als auf die Anfangserfolge der Regierungszeit König Ludwigs XIV. bereits ein schwieriger Abschnitt gefolgt war, in dem Frankreich den verbündeten europäischen Staaten feindlich gegenüberstand, verkündete Marc-Antoine Charpentier in seiner *Réponse au Discours de réception de La Bruyère**:

> »Es gibt eine gewisse Eigenart des Schicksals, die gewöhnlich den Erfolg der Waffen mit demjenigen der Literatur verbindet und die Sprache der Völker unter der Herrschaft ihrer größten Könige zu höchsten Höhen führt.« (Zit. n. Condeescu 1973, S. 356)

Ein Jahr später hieß es in der Widmung des *Dictionnaire* der Académie, die an den König gerichtet ist, hinsichtlich der französischen Sprache:

> »Die Überlegenheit Eurer Macht hat sie bereits zur vorherrschenden Sprache in den wichtigsten Ländern der Welt gemacht. Während wir uns bemühen, sie zu verschönern, tragen Eure siegreichen Waffen sie ins Ausland; wir gestalten sie durch unsere Arbeit einsichtiger, Ihr macht sie durch Eure Eroberungen unentbehrlich.« (Zit. n. François 1959, Bd. I, S. 401.)

Man könnte meinen, daß es sich hier lediglich um Schmeicheleien handelte, mit denen das Wohlwollen des Monarchen gewonnen werden sollte. Auch könnte man zahlreiche Texte eher als Ausdruck der patriotischen Gesinnung denn als ernsthafte Tatsachenbeschreibungen werten, wie etwa jenen ebenso im Jahre 1694 im *Mercure Galant* erschienenen Artikel, in dem es heißt:

> »Die Verbreitung der französischen Sprache ist ihrer edlen Herkunft angemessen. Sie überschreitet die Grenzen des Königreichs und läßt sich weder durch die Pyrenäen oder die Alpen noch durch den Rhein aufhalten. Überall in Europa wird Französisch gesprochen. Die französische Sprache hat in Frankreich ihre Académie, das Tribunal ihrer Richter; aber in den anderen Staaten verfügt sie über Schulen und Sprachlehrer; sie ist an allen Höfen verbreitet, die Fürsten und die Großen sprechen sie, die Botschafter verwenden sie für ihre Schreiben, und die elegante Welt erhebt sie zur Mode und zum Ausdruck höfischer Lebensweise.« (Zit. n. Brunot 1966, Bd. V, S. 137)

Zum Beweis dafür, daß es sich hier nicht lediglich um Zeugnisse einer chauvinistischen Gesinnung handelt, ließen sich viele gleichlautende Aussagen nichtfranzösischer Herkunft zitieren. So schrieb ein deutscher Professor, G. Otliker, im Vorwort eines Lehrbuchs, das er im Jahre 1695 veröffentlichte:

* Antrittsrede von La Bruyère bei seiner Aufnahme in die Académie française (A. d. Ü.)

»Heutzutage gibt es wenig Persönlichkeiten von Rang, die sich nicht gerne dieser Sprache bedienen, deren Gebrauch so weit verbreitet ist, daß es kaum ein Land auf dieser Welt gibt, wo man sie nicht antrifft.« (Ebd., S. 141)

Die Staatsmänner äußern sich in ähnlicher Weise. Zum Schluß möchte ich einen Spanier zitieren, der erklärt, daß man

»das Französische perfekt beherrschen müsse, einmal wegen der ausgezeichneten Bücher, die in dieser Sprache verfaßt seien, und dann, weil sich kaum eine Monarchie oder Republik finde, in deren Hauptstadt es nicht mindestens ebenso fließend gesprochen werde wie die einheimische Sprache«. (Ebd., S. 141f.)

Das Französische war damals tatsächlich die bedeutendste unter den europäischen Sprachen, welche sich auf der Grundlage einer politisch geeinten Nation und einer nationalen Zentralgewalt als Schriftsprachen etabliert hatten. Das Englische, das Spanische, das Portugiesische und das Polnische, die ebenfalls diesen Status innehatten, erfuhren in Europa nicht die gleiche Verbreitung wie das Französische. Die politischen Wechselfälle, die ich in den Kapiteln 7 und 8 in Erinnerung rufe, führten dazu, daß das Provenzalische, das Isländische, das Tschechische und das Niederdeutsche als Literatursprachen keine Rolle mehr spielten. Das Italienische und das Deutsche, auch wenn sie jedes für sich das Bewußtsein nationaler Einheit und einer eigenständigen Zivilisation zum Ausdruck brachten, spiegelten nicht länger einen Zustand politischer Zusammengehörigkeit wider: Italien war in selbständige Staatsgebilde aufgespalten, und im Heiligen Römischen Reich Deutscher Nation war der Niedergang der kaiserlichen Macht ein wesentliches Element staatlichen Zerfalls. Die gänzlich verschiedenartige politische Situation Frankreichs kam der französischen Sprache zugute. Selbst die Gegner des Absolutismus trugen zum Ansehen der Sprache bei, auch wenn sie gezwungen waren, im Ausland zu publizieren: Es gelang der Polizei Ludwigs XIV. trotz aller Bemühungen nicht, die Verbreitung der zahllosen Flugschriften einzuschränken, die dank der Pressefreiheit in den Generalstaaten in Amsterdam publiziert wurden (vgl. Brunot 1966, Bd. V, S. 270–274).

Allerdings brachte 1685 die Aufhebung des Edikts von Nantes – Schlußpunkt einer langen Folge von Repressionsversuchen – Frankreich um einige seiner lebendigsten ökonomischen und kulturellen Ressourcen. Nichtsdestoweniger fanden sich Zeitgenossen, die sich an einem trügerischen Schein erfreuten, ohne zu sehen, daß die langfristigen Konsequenzen schließlich zu einem Verlust des Französischen führen mußten. So beglückwünschte sich im Jahre 1710 der *Discours sur le progrès de la langue française*, der von der

Académie de Soissons an die Académie française übersandt wurde, zu der Tatsache, daß dieses Ereignis »unsere Sprache in die entferntesten Länder getragen hat« (zit. n. François 1959, Bd. II, S. 4). Rivarol teilte noch 73 Jahre später diese trügerische Sichtweise, wozu er vor allem durch den Stolz verleitet wurde, die Hugenotten wesentlich zum wirtschaftlichen Aufstieg Berlins beitragen zu sehen. Er verschloß die Augen vor einer Wahrheit, die im Jahre 1761 durch ein Buch von Leguay de Prémontval (vgl. Condeescu 1973, S. 354) illustriert wurde, der den »Verfall der französischen Sprache« bei den Nachgeborenen beklagte: Die Emigranten assimilierten sich innerhalb weniger Generationen und vergaßen ihre Sprachen. Die Bewahrung einer bestimmten Form des Kastilischen durch die Nachkommen von Gemeinden, die durch einen ähnlichen Akt der Intoleranz, der die religiöse Einheit zur Staatsideologie erhob, ins Exil getrieben wurden (vgl. S. 19–24), ist ein Sonderfall, der auf das starke jüdische Identitätsempfinden zurückzuführen ist.

Trotz des Aderlasses, den die Aufhebung des Edikts von Nantes zur Folge hatte, stärkte Ludwig XIV. vor seinem Tode die Stellung des Französischen, indem er zu den politischen und militärischen Rückschlägen des wenig ruhmreichen Endes seiner Herrschaftszeit auf sprachlicher Ebene einen Kontrapunkt setzte: Der Vertrag von Rastatt, der im Jahre 1714 mit Kaiser Karl VI. geschlossen wurde, ist als erster europäischer Staatsvertrag nicht in lateinischer Sprache verfaßt. Er erhob das Französische für lange Zeit in den Rang der europäischen Diplomatensprache, wie sie dann auch 1735 (Vorfriede von Wien) und 1748 (Friede von Aachen) in Erscheinung trat. Damit waren die Voraussetzungen gegeben, um das 18. Jahrhundert – in Fortsetzung der Erfolge des 17. – zum zweiten Zeitalter der universellen Geltung des Französischen werden zu lassen. Der politischen Ausstrahlung entsprach die der Literatur. Die fünfte Auflage (1752) des *Dictionnaire universel français et latin*, die in Trévoux erschien, beginnt mit folgenden Worten:

> »Seit die französische Sprache den Glanz erworben hat, den ihr die Werke dieses und des vergangenen Jahrhunderts verliehen haben, wird sie in ganz Europa gesprochen und fast überall auf der Welt gebraucht. Wir wollen nicht behaupten, daß dieser Gebrauch allein unserer Sprache vorbehalten sei; die Italiener und die Engländer könnten von der ihrigen das gleiche sagen. Aber man kann nicht bestreiten, daß die Sprache, in der Corneille, La Fontaine, Racine, Quinault, Boileau, [...] Pascal, Bossuet, Fénelon, [...] Fontenelle, Montesquieu, Voltaire u.a. geschrieben haben, es durchaus verdient, überall dort bekannt zu sein, wo man die Literatur schätzt. Hier bringen die Fakten alle nationalen Vorurteile zum Schweigen.« (Zit. n. François 1959, Bd. II, S. 5)

Wie der Text zeigt, war man sich völlig darüber im klaren, daß das Französische nicht allein eine derart weite Verbreitung gefunden hatte. Doch gerade seine Öffnung gegenüber den anderen Sprachen und seine Anerkennung ihrer Verdienste wurden zum Garanten seiner eigenen Weltgeltung. Das 18. Jahrhundert ist die am stärksten kosmopolitische und polyglotte Epoche der französischen Sprachgeschichte, zumindest für die durch die Umstände begünstigte Literatur. Der Sprachunterricht befand sich in den Jesuitenschulen in vollem Aufschwung. Der Geist der Zeit wird beispielsweise in dem Artikel »langues« der *Encyclopédie* widergespiegelt, wo der Grammatiker Beauzée den Gelehrten folgende Ratschläge für ihr Sprachstudium erteilt: »Italienisch für die Literatur, die Künste, die Geschichte, Englisch für die Mathematik, die Physik und den Handel [...], Deutsch für die Rechtswissenschaft, die Medizin und die Naturgeschichte, vor allem die Metallurgie.« (Vgl. François 1959, Bd. II, S. 6)

Die Stellung des Deutschen in Frankreich war nicht zu vergleichen mit derjenigen des Französischen in Deutschland. Friedrich der Große ließ sich von den Franzosen an seinem Hofe versprechen, nicht Deutsch zu lernen, da dieses seiner Auffassung nach der Reinheit ihres Französisch abträglich gewesen wäre (vgl. Brunot 1967, Bd. VIII, S. 568). Er gründete in seiner Hauptstadt zu Ehren der französischen Sprache nicht nur ein Schauspielhaus, sondern auch jene Akademie, die im Jahre 1784 aus sechzehn eingehenden Wettbewerbsbeiträgen zwei mit einem Preis krönte, nämlich die Denkschrift des Württembergers Gustav Schwab und die berühmte Abhandlung *De l'universalité de la langue française* des Franzosen Antoine Comtede Rivarol. Aus seinen Antworten auf die beiden ersten Fragen der Berliner Akademie – nach den Ursachen und der Rechtfertigung dieser universalen Geltung – gewann Rivarol als Schlußfolgerung die Antwort auf die dritte Frage: »Ist zu vermuten, daß das Französische diese Vorrangstellung behalten wird?« Sicherlich war es bei dem damaligen Kräfteverhältnis der Sprachen angebrachter, von einer dauerhaften Vormachtstellung des Französischen auszugehen – wie sie ja auch schon durch die Formulierung der Frage nahegelegt wurde –, als dem Russischen in fünfhundert Jahren die Rolle der europäischen Gemeinschaftssprache vorherzusagen, wie es einer der Bewerber tat, oder aber dem Deutschen diese Rolle zuzusprechen, wie es zwei andere taten. Aber die Universalität des Französischen, um die es ging, entsprach nicht dem, was man heute unter diesem Wort verstehen würde.

Denn tatsächlich wurde das Französische im Zeitalter der Aufklärung in Europa nur von den privilegierten Schichten der Gesellschaft gesprochen, das heißt an den Höfen und in Adelskreisen; in Deutschland, wo sein Gebrauch gleichbedeutend war mit der Verfeinerung der Sitten, in England, in den Niederlanden, bei den skandinavischen Völkern, vor allem in Schweden unter dem Einfluß Gustavs III., der mit den französischen Philosophen in Korrespondenz stand. Es hatte auch eine beherrschende Stellung am russischen Hofe inne, vor allem seit dem Regierungsantritt Katharinas II. (1762), die französische Theaterstücke verfaßte, sich aber gleichzeitig über das franko-russische Kauderwelsch lustig machte, das von einem Teil der russischen Adligen gesprochen wurde; unter den Begabtesten hielt sich allerdings noch lange ein exzellentes Französisch, wie etwa die zahlreichen Dialoge in *Krieg und Frieden* von Tolstoi deutlich machen. In Österreich trug um die Mitte des 18. Jahrhunderts der Gatte Maria Theresias, Franz von Lothringen, zur Verbreitung seiner französischen Muttersprache innerhalb der Aristokratie bei.

Das Französische wurde auch an einigen Höfen Südeuropas geschätzt, wie in Spanien und Italien, vor allem am Hof von Parma, der von Bourbonen beherrscht wurde, und dem der Toskana, an dessen Spitze eine Zeitlang eine lothringische Dynastie stand. In der Schweiz hatte sich schon im 9. Jahrhundert eine Grenzlinie zwischen den alemannischen und den romanischen Sprachen herausgebildet; anfänglich wurden im romanischen Teil nur die letzteren und nicht das Französische gesprochen, das seine Verbreitung im romanischen Sprachgebiet allein der Berufung Calvins nach Genf und der großen Wirkung seiner Predigertätigkeit von diesem Zeitpunkt an (1541) verdankt. Der Zustrom französischer Protestanten – vor allem nach dem verhängnisvollen Jahr 1685 – trug zur Steigerung des Ansehens der französischen Sprache wie auch der französischen Sitten und Gebräuche während des gesamten 18. Jahrhunderts bei. Schließlich pflegten in den karpatischen Donaufürstentümern Moldau und Walachei die Fanarioten das Französische, indem sie französische Sekretäre aus Paris an den Hof beriefen. Als der Abbé Desfontaines im Jahre 1744 dem Regenten Constantin Mavrocordat seine Übersetzung des Vergil überreichte, machte er ihm das Kompliment, daß er über ein Land gebiete, »in dem das Französische allen anderen modernen Sprachen vorgezogen würde«. (Vgl. Condeescu 1973, S. 354)

Selbst wenn in den hier aufgeführten Ländern ein Teil der Gelehrten und des gebildeten Bürgertums die Verehrung und den Gebrauch des Französischen mit der Aristokratie teilten, blieb die gesellschaftliche Basis schmal. Denn eigentlich konnten nur die kultivierten Sprecher von den in der Sprache liegenden Vorzügen profitieren, mit denen die Zeitgenossen sich den Erfolg des Französischen zu erklären versuchten. Einer dieser Vorzüge lag in seiner besonderen Eignung für die Konversation; Voltaire schreibt in *Le Siècle de Louis XIV* (1751, Kap. 32):

> »Die französische Sprache verleiht mit größerer Leichtigkeit, Klarheit und Feinheit allen Gesprächsgegenständen gebildeter Menschen den angemessenen Ausdruck; und dadurch trägt sie in ganz Europa zu einer der größten Annehmlichkeiten des Lebens bei.«

Diese Auffassung findet man nicht nur bei französischen Autoren. Der Piemonteser Louis-Antoine de Caraccioli schreibt in seinem Werk *L'Europe française*, das im Jahre 1776 in Turin erscheint:

> »Wenn die französische Sprache jetzt obsiegt, dann deshalb, weil sie natürlich und bündig in ihren Ausdrucksformen ist, sie ist die Sprache des gesellschaftlichen Lebens. [...] Wenn man sich unterhalten will, muß man auf die französische Sprache zurückgreifen; sie ist weniger unscharf und weniger schwierig in der Aussprache als jede andere und erfordert deshalb weder ein Übermaß an Wörtern noch an Anstrengung der Sprechwerkzeuge, um den Gedanken Ausdruck zu verleihen.«

Im 18. Jahrhundert verglich man die Sprachen gerne nach Kriterien, die an den Maßstäben der modernen Linguistik gemessen sehr subjektiv erscheinen. Man sprach beispielsweise vom Wortreichtum der englischen Sprache, die jedoch der nötigen »Zucht« entbehre, von der Ernsthaftigkeit des Spanischen, die es jedoch nicht vor »Aufgeblasenheit« bewahre; von der Kraft des Deutschen, die allerdings zu häufig in die Nähe einer unangenehmen Härte gerate; von der Lieblichkeit des Italienischen, dessen Sprachmelodie jedoch zu weich und schmachtend sei (Condeescu 1973, S. 357). Solche Urteile finden sich unter anderem bei La Touche, im Vorwort zur vierten Auflage seiner Schrift *Art de bien parler français* (1730). Insgesamt lobte man in erster Linie die Klarheit des Französischen und sah darin den Hauptgrund für seine Universalität. Beispiele aus dem 20. Jahrhundert lassen in der Tat, wenn man es mit dem Englischen vergleicht, eine größere Klarheit des Französischen erkennen, die vor allem auf den Gebrauch von Präpositionen und Artikeln zurückzuführen ist: *world population conference* ist zweideutig, während das Französische wählen muß zwischen »congrès mondial de la population« (Weltkongreß über die Bevölkerungsfrage) und »congrès sur la population du monde« (Kongreß über die Weltbevölkerung) (Hagège 1987, S. 167). Ein berühmtes Beispiel ist auch die UNO-Resolution 242, deren französische Fassung von den arabischen Ländern vorgezogen wird, während Israel die englische Version bevorzugt, denn in einem zentralen Punkt, der sich auf die besetzten Gebiete bezieht, ist die erste Fassung sehr präzise, während die letztere zweideutig bleibt (ebd., S. 168).

Die Universalität in der Bewährungsprobe

Rivarol, der in seinem *Discours* diese Argumente glänzend zu einer Einheit gefügt hatte, erkannte ebensowenig wie seine Zeitgenossen die ersten Anzeichen eines Niedergangs. 1783, dem Entstehungsjahr seines Werkes, deklarierte der Vertrag von Versailles die Unabhängigkeit der Vereinigten Staaten von Amerika, die diese mit der Hilfe Frankreichs erlangt hatten. Rivarol erwähnt diesen Vertrag mit großer Sympathie und schließt sein Buch mit den Worten: »Die Geschichte Amerikas wird sich künftig in drei Epochen gliedern: stranguliert durch Spanien, unterdrückt durch England und gerettet durch Frankreich.« In Wahrheit war zwanzig Jahre zuvor eine andere Entscheidung gefallen, deren demütigende Konsequenzen durch den Vertrag von Versailles zwar etwas abgemildert, aber keineswegs aufgehoben wurden. Im Jahre 1763 hatte der Vertrag von Paris, der den Krieg zwischen Frankreich und England um die Herrschaft über Nordamerika beendete, das Schicksal des Französischen in diesem Erdteil und damit – wie sich heute zeigt – auch in Europa, besiegelt: Frankreich überließ England Kanada, das Tal des Ohio, das linke Ufer des Mississippi und den größten Teil der Antillen. So wurde das Französische aus einem Gebiet verdrängt, das zu einem Mittelpunkt des Welthandels werden sollte. Das Englische, das auf beiden Seiten des Atlantiks fest verankert war, wurde zur Verkehrssprache zwischen Europa und der Neuen Welt. »Und eben darauf«, schreibt Brunot (1968, Bd. XI, 2. Teil, S. 341), »beruhte seine wahre Universalität, ohne daß man am Sinn des Wortes in diesem Fall irgendwelche Abstriche machen müßte; und diese Universalität ging unserer Sprache verloren.«

Zwar eröffnete das Ansehen der Französischen Revolution bei den oppositionellen Intellektuellen in einem Europa, in welchem die konservativen Monarchien vorherrschten, dem Französischen den Zugang zu neuen Kreisen, wie das ebenso auf dem anderen Flügel des politischen Spektrums durch die Emigranten geschah, die sich im Exil teilweise durch Sprachunterricht über Wasser halten mußten. Auch wurde das Französische durch die militärischen Eroberungen des Direktoriums, des Konsulats und des Kaiserreichs gefördert. Aber die Fremdherrschaft entflammte die Nationalismen und schadete der Ausbreitung oder auch nur dem Fortbestand des Französischen in Spanien, in Deutschland, in Italien. Darüber hinaus muß der Verkauf von Louisiana an die Vereinigten Staaten durch Napoleon im Jahre 1805, der die Bestimmungen des Pariser Vertrages ergänzte, als einer der großen Unglücksfälle der auswärtigen Geschichte des Französischen angesehen werden: Die Siedler am unteren Mississippi, die ursprünglich aus Frankreich gekommen waren, hatten bald weder Schulen noch Bücher, und so ging innerhalb weniger Generationen eine Bevölkerung zum Gebrauch des Englischen über, die anfänglich am stärksten der französischen Sprache und ihrer Pflege außerhalb Europas verbunden war. Die nationalistischen Forderungen aus der Mitte des 19. Jahrhunderts, die sich weitgehend auf den Kult der einzelnen Sprachen und später auf das politische Selbstbewußtsein verschiedener europäischer Länder stützten, sollten sich für das Französische als ungünstig erweisen. Die Niederlage Frankreichs gegen Deutschland im Jahre 1870 beeinträchtigte sowohl das Ansehen der Sprache wie das des Landes. Zu Beginn des 19. Jahrhunderts findet sich die Vorstellung von der Universalität des Französischen noch bei einigen Autoren (vgl. Condeescu 1973, S. 411), die damit im Vergleich zu anglophilen Schriftstellern, wie etwa Stendhal mit seinem *Vie de Henri Brulard* (1835), einen entgegengesetzten Standpunkt vertraten. Aber auf Grund des Fortschritts des Englischen als Handelssprache zunächst unter der Ägide Großbritanniens, dann der wachsenden Wirtschafts- und zukünftigen Weltmacht USA sowie unter dem Eindruck des Verschwindens der letzten frankophonen Bastionen in Amerika – außer im Osten Kanadas – verblaßte in der zweiten Hälfte des 19. Jahrhunderts allmählich die Vorstellung von der Universalität des Französischen, ohne daß dies zunächst besonders auffiel. Dabei ist dieser Vorgang älter, als man gemeinhin annimmt, wobei sich der wirtschaftliche und politische Einfluß Englands an einem aussagestarken Index ablesen läßt, nämlich am Verhältnis der gegenseitigen sprachlichen Entlehnungen: Von 1650–1780 nahmen die Entlehnungen des Englischen aus dem Französischen um 75 Prozent ab, während die des Französischen aus dem Englischen um 200 Prozent zunahmen.

Ebenso wie sich im Jahre 1579 Henri II. Estienne in seiner Abhandlung von der *Précellence du langage français* gegen die Verbreitung des Italienischen gewandt hatte, dessen Beliebtheit am Hofe der Valois und beim französischen Adel die Italiener für ihren Unmut über die Vorherrschaft des

Französischen im Mittelalter ein wenig entschädigte, gab es auch nach dem Ersten Weltkrieg in Frankreich Rettungsversuche, als offenbar wurde, daß das Französische gegenüber dem Englischen ins Hintertreffen geraten war. Nach dem Zweiten Weltkrieg verschärfte sich dieser Zustand noch eine Zeitlang infolge der Verachtung, welche die Kollaborationspolitik der Vichy-Regierung weltweit erregt hatte. Das erschreckende Ausmaß des Rückgangs, der nach den Glanzzeiten eingetreten war, zeigt sich an einem Artikel von André Siegfried aus dem Jahre 1945, in welchem er die Zulassung des Französischen als Arbeitssprache neben dem Englischen auf der Weltkonferenz von San Francisco als »französischen Sieg« feiern zu müssen glaubte (vgl. François 1959, Bd. II, S. 299). In den sechziger Jahren hat die Erkenntnis vom Fortschritt des Angloamerikanischen auf Kosten des Französischen im internationalen Bereich die Form einer Kampagne gegen diesen Rivalen und allgemeiner gegen die amerikanische Zivilisation und den Einfluß, den sie auf Europa ausübt, angenommen. Der Hauptrepräsentant dieser Strömung war René Etiemble mit seinem Werk *Parlez-vous franglais?*, dessen Erscheinen im Jahre 1966 mit dem nationalen Aufschwung Frankreichs zusammentraf, der durch Charles de Gaulles Ideal der »grandeur« getragen wurde. Mit diesem Konzept trat der General, der wieder an die Macht gelangt war, verschiedenen Herausforderungen entgegen, vor allem der Algerienkrise und der Abhängigkeit Europas von amerikanischen Interessen (vgl. Hagège 1987, Kap. IV).

Nun haben die zwei Perioden einer europäischen Vorrangstellung des Französischen in Frankreich, aber auch in anderen frankophilen oder von Frankreich beeinflußten Ländern, zu der Vorstellung geführt, daß diese Sprache eine Berufung zur Europa- und Weltsprache habe, und diese Vorstellung ist zur Gewohnheit geworden. Die beiden prestigeträchtigen Perioden werden als Ausdruck einer dem Französischen innewohnenden Berufung empfunden, und nicht als zufällige, durch bestimmte historische Umstände bedingte Abschnitte. Daher stellt sich sofort das Gefühl einer Entthronung ein, wenn eine andere Sprache ihm den Rang der Universalität streitig zu machen droht. Diese Reaktion hat den Vorteil, daß sie zu einer leidenschaftlichen Verteidigung der Vielfalt gegen die Uniformität führt. Denn wie wir gesehen haben, hat die Ausstrahlung des Französischen auch den anderen Sprachen gedient, vor allem denen der Literaten und Studenten, die es nach Frankreich gezogen hat und deren Anwesenheit wiederum das Interesse für die Kulturen, die sie repräsentierten, geweckt hat. So erscheint das Französische, in gleichem Maße wie es eine Stellung als mögliche Gemeinschaftssprache errungen hat, als Garant der konstitutiven Vielfalt Europas.

Das Französische zwischen Nostalgie und Zukunftsträumen

Auch wenn die Frustrationen, die durch die Vorherrschaft des Angloamerikanischen in Europa wachgerufen werden, an das Wissen um eine ruhmreiche Vergangenheit gebunden sind, so folgt daraus nicht, daß die Stellung des Französischen heute schlecht sei. Sie ist aus mancherlei Gründen heute sogar in vieler Hinsicht besser als früher. Zunächst einmal sind die Sprachen der Minderheiten in Frankreich heute nicht mehr einer autoritären, zentralistischen Politik unterworfen, auch wenn noch viel zu tun bleibt, um die volle Anerkennung ihrer Rechte durchzusetzen. Dadurch gewinnt der Anspruch des Französischen auf den Status einer europäischen Gemeinschaftssprache an Glaubwürdigkeit. Gewiß richtete sich der Erlaß von Villers-Cotterêts, der im Jahre 1539 frühere Regelungen verstärkte, indem er die Sprache des Königs in Verträgen und Gerichtsverfahren an die Stelle des Lateinischen setzte, auch gegen die Regionalsprachen. Schon zehn Jahre vorher hatte sich die Gründung des Collège des Trois Langues oder Collège Royal – des späteren Collège de France – gegen das Lateinische und seine ausschließliche Vorherrschaft gerichtet, denn es setzte neben diese Sprache das Griechische und das Hebräische. Auch das zweite große Staatsgesetz bezüglich der französischen Sprache vom 2. Thermidor des Jahres II, das auf den berühmten Berichten Barères und des Abbé Grégoire basierte, untersagte den Gebrauch der Regionalsprachen (vgl. Hagège 1987, S. 195–200). Aber man muß sich vor Augen halten, daß die ländlichen Regionen, die großenteils katholisch und monarchistisch gesonnen waren, in den Augen der Jakobiner als von Feinden bevölkert erschienen, die unter dem Einfluß von Priestern und Adligen den Gebrauch der Dialekte zum Vorwand nahmen, um gegen die Republik anzukämpfen. Des weiteren hätte die Unkenntnis der Sprache als Grund für die Nichtachtung der Gesetze benutzt werden können, und außerdem erschien es inmitten der Revolution notwendig, die Einheit der Nation gegenüber auswärtigen Gefahren herzustellen. Man hatte von der Monarchie eine Vorstellungswelt übernommen, die Autorität mit der Einebnung von Unterschieden gleichsetzte, vor allem solchen sprachlicher Art.

Heute ist es leichter, diese Unterschiede als Bestandteile einer nationalen Harmonie zu verstehen. Im Jahre 1951 kam man durch die Lex Deixonne zum ersten Mal den sprachlichen Forderungen der Basken, Bretonen, Katalanen, Korsen, Flamen, Okzitanier und den Sprechern der alemannischen

(Elsäßer) und fränkischen (Moselanern) Sprachen entgegen. Es ist festzuhalten, daß diese beiden letzteren, ebenso wie das Katalanische, das Korsische (ein italienischer Dialekt, der mit dem Toskanischen und den südlichen Dialekten der Halbinsel verwandt ist) und schließlich das Westflämische (Kreis Dünkirchen – dem Niederländischen verwandt) alle aus Grenzgebieten stammen; sie stellen deshalb für Frankreich wertvolle Brücken zu den Sprachen derjenigen Nachbarländer dar, zu denen sich die wirtschaftlichen und politischen Beziehungen im Rahmen der Europäischen Union immer enger gestalten: Deutschland, Italien, Spanien, die Niederlande. Außerdem stellt der Gebrauch einer regionalen Sprache das Einverständnis innerhalb einer Gruppe von Einwohnern her, die durch eine gleichartige Mentalität zusammengehalten werden. Die Sprachen der Minderheiten können die nationale Einheit nicht gefährden, wenn man dafür sorgt, daß sie den Gefahren der Verstädterung und der Fernstraßen entgehen, die heute zu den negativen Auswirkungen einer langen historischen Entwicklung hinzutreten. Es ist Aufgabe des Staates, für den Erhalt dieser Sprachen zu sorgen, anstatt ihre entschiedensten Verteidiger zu zwingen, in Brüssel bei der öffentlichen Meinung Europas Hilfe zu suchen. Denn seit das Ende der kommunistischen Herrschaftssysteme den Weg für regionale Forderungen geebnet hat, ist man in Europa aufgeschlossener als früher für die Notwendigkeit, die Sprachen der Minderheiten zu verteidigen.

Zu der Haltung relativer Offenheit gegenüber diesen Sprachen tritt für das Französische ein weiterer positiver Faktor. Während das Englische in Irland nicht ursprünglich beheimatet, sondern importiert ist, wird Französisch in Europa nicht nur in Frankreich gesprochen, sondern auch in Wallonien, in der französischen Schweiz und in verschiedenen Sprachgemeinschaften, für die es seit langer Zeit selbstverständlich ist. Die Position des Französischen innerhalb Europas wird übrigens nicht nur durch das frankophone Québec in Kanada verstärkt, sondern auch durch das Erwachen eines Nationalbewußtseins in den Vereinigten Staaten, das sich aus der Bindung an die Sprache nährt. Dieses Phänomen gehört in den Zusammenhang einer Suche nach den Ursprüngen, die für die amerikanische Gesellschaft von heute typisch ist und die zwei weitere Sprachgruppen prägt: in den Staaten des Ostens und des Westens die spanischsprachigen Gemeinschaften und in der gesamten Union die schwarze Bevölkerung, deren Angehörige sich zum großen Teil als afroamerikanisch empfinden.

Von den Nachkommen der Frankophonen stammen einige direkt von den ehemals französischen Einwohnern Louisianas ab und bilden in mehreren Staaten recht große Gruppen: In den siebziger Jahren umfaßten sie im Verhältnis zur Gesamtbevölkerung 22 Prozent in Louisiana, 10 Prozent in Michigan, 8 Prozent im Staate Washington, 7,9 Prozent in Minnesota, 7,9 Prozent in Oregon, 7 Prozent in Missouri. Andere stammen von Einwanderern aus Kanada ab, die in den Québec benachbarten Staaten des Ostens Arbeit suchten und dort die sogenannten »Klein-Kanadas« Neuenglands bildeten: Vermont (31 Prozent), New Hampshire (30 Prozent), Maine (26 Prozent), Rhode Island (21,8 Prozent), Massachusetts (17 Prozent), Connecticut (17 Prozent) (vgl. Louder/Waddell 1971). Trotz des für die amerikanische Gesellschaft charakteristischen assimilatorischen Drucks sind Gewohnheiten und Sprache mit hinreichender Hartnäckigkeit verteidigt worden, um die gegenwärtige Renaissance nicht als ein von vornherein zum Scheitern verurteiltes Experiment erscheinen zu lassen. Es existieren zahlreiche Zeitungen, und die Zahl der Französischsprechenden (die nicht mit derjenigen der Nachkommen von französischen Einwanderern identisch ist) erweist sich als recht bedeutend: Massachusetts ist führend mit 300000 Frankophonen, gefolgt von Maine, New Hampshire, Connecticut und Vermont (vgl. *Vie française*, 1984, S. 137).

Die Glaubwürdigkeit der Berufung des Französischen zur Gemeinschaftssprache auf dem europäischen Kontinent profitiert auch von dem Kampf um seine Erhaltung in Québec, wo es sich der absorbierenden Kraft des Angloamerikanischen ausgesetzt sieht, von dem es umgeben ist. Das berühmte Gesetz Nr. 101, auch die Charta der französischen Sprache genannt, ist immer noch in Kraft, obwohl die Einsprachigkeit, die es vorsieht, von den mächtigen anglophonen Interessenvertretern ständig durchbrochen wird. Seine Existenz beweist, daß die Erhaltung von Sprachen durch gesetzliche Maßnahmen ebenso natürlich ist wie ihre Förderung durch derartige Eingriffe, zu denen beispielsweise die Schulgesetze in zahlreichen europäischen Ländern zählen, die dem Englischunterricht eine Vorrangstellung einräumen. Die Verteidigung des Französischen in Québec gilt einer Sprache, welche die Zufälle der französischen Geographie zum Atlantik und zum Mittelmeer hin geöffnet haben und über alle Kontinente verbreiteten, während sie gleichzeitig auf einer Landgrenze von 2350 km an verschiedene andere europäische Sprachen stößt. Das Französische erscheint heute nicht länger als eine Sprache, die unbedingt an die politische Macht gebunden ist. Seine schwache Verbreitung innerhalb des Volkes im klassischen Zeitalter hatte zu der Annahme verführt, es genüge, wenn es nur von den oligarchischen Inhabern der politischen Macht gesprochen werde. Aber heute hat seine Verbreitung unter viel größeren Bevölkerungskreisen zu einer veränderten Situation geführt. Dadurch erscheint auch die Furcht vor einem französischen Imperialismus, der sich der Sprache bedienen könnte, kaum noch gerechtfertigt. Eine solche angebliche Gefahr wird von einem mitteleuropäischen Linguisten, der in deutscher Sprache schreibt, folgendermaßen skizziert:

> »Den Gefallen, den die Franzosen daran finden, ihre Muttersprache zu verehren und sie über alle anderen europäischen Sprachen zu erheben, weckt ein überflüssiges Mißtrauen und verstärkt folgenden Verdacht – der sich in Wahrheit als unbegründet erweist: wenn sie das Französische zur zweiten Gemeinschaftssprache Europas machen wollen, dann deshalb, weil sie sich davon langfristig eine Französisierung der europäischen Völker erhoffen (zumindest im Rahmen des gemeinsamen Marktes).« (Décsy 1973, S. 246)

Diese Auffassung verliert jede Glaubwürdigkeit, wenn man als Prüfstein der französischen Absichten den Grad des Interesses nimmt, das in Frankreich den anderen Sprachen entgegengebracht wird. Das französische Bildungswesen bietet eines der breitesten Spektren an Fremdsprachenunterricht: Dreizehn Sprachen werden in Frankreich unterrichtet, davon neun europäische, und unter diesen drei romanische (vgl. Hagège 1987, S. 204f.). Die Kenntnis einer romanischen Sprache ist für einen Französischsprechenden anscheinend ein stärkerer Garant des Zusammenhalts in der Kommunikation mit einem Italienisch-, Spanisch- oder Portugiesischsprechenden als der Umweg über das Angloamerikanische. Eine größere Aufgeschlossenheit im Hinblick auf Fremdsprachen könnte auch dazu beitragen, ein bestehendes Mißverhältnis zu beseitigen: Die Mehrheit der französischen Führungskräfte hat nur Englisch gelernt, während drei Viertel des Außenhandels mit nichtanglophonen Ländern abgewickelt wird. Diese Aufgeschlossenheit, die man noch verstärken müßte, hat auch mit der demokratischen Orientierung des Staatswesens zu tun und wäre wahrscheinlich gefährdet, wenn sie von einer stark nationalistischen Regierung abhinge, die es kaum für nötig erachten würde, die verschiedenartigsten Sprachen aufzunehmen und ihre Grundlagen an den Schulen zu vermitteln. Die gemeinsame Anstrengung für eine Erweiterung des Fremdsprachenunterrichts erscheint als eine der Voraussetzungen für die Aufrechterhaltung der gegenwärtigen Stellung des Französischen in der Welt: Obwohl von weniger Menschen gesprochen als das Spanische oder das Portugiesische, ist es stärker über die fünf Kontinente verbreitet.

Ein weiterer Grund trägt schließlich zur Ausbreitung der französischen Sprache bei und läßt ihre Zukunft noch vielversprechender erscheinen als zu den Zeiten ihres größten Einflusses. Es handelt sich um die relative Mäßigung der puristischen Forderungen und um die Toleranz im Hinblick auf die vielfältigen Gebrauchsformen, die sich gerade aus dieser weiten Verbreitung ergeben. Der Druck einer literarischen Norm und die damit verbundenen Vorschriften haben früher der Ausbreitung des Französischen im Wege gestanden. Das Aufkommen der Salons und der Kult der gebildeten Konversation haben im klassischen Zeitalter gewiß viel zum intellektuellen Prestige des Französischen beigetragen und ihm in dieser Zeit zu seiner glanzvollen Rolle verholfen. Aber gleichzeitig erschien das Französische als eine anspruchsvolle Sprache, und die ständige Sorge der vornehmen Gesellschaft, es in seiner reinsten Form zu erhalten, konnte gelegentlich dem Bedürfnis im Wege stehen, seinen Gebrauch auf eine möglichst große Zahl von Menschen auszudehnen. Noch in jüngerer Vergangenheit ließ die Toleranzschwelle gegenüber Abweichungen nur einen engen Spielraum zu, und die Furcht vor dem Tadel des Grammatikers entmutigte viele zaghafte Naturen. Darin liegt die Bedrohung für eine Sprache, deren Wahl neben dem Kommunikationsbedürfnis immer auch durch die Suche nach stilistischer Eleganz bestimmt ist, die ihrerseits als Ausdruck gedanklicher Verfeinerung verstanden wird.

In dieser Hinsicht könnte die Verbreitung des Angloamerikanischen unproblematischer erscheinen, da ihm das demokratische Image einer Sprache von unmittelbarem Gebrauchswert zugute kommt, zumindest in der Erscheinungsform, die dem durchschnittlichen Europäer vertraut ist. Die Geschichte des Französischen hat hingegen seinen Charakter einer Wissenschaftssprache betont. Beispielhaft dafür sind schon während des Mittelalters die überreichen Ableitungen aus dem Lateinischen anstelle von Entwicklungen aus französischen Wurzeln: *oeil* und *père* bilden keine Adjektive, und es ist zweifelhaft, ob den Französischsprechenden, die zwar *oculaire* und *paternel* kennen, aber nicht mit dem Lateinischen vertraut sind, nicht auch zahlreiche andere Ableitungen undurchsichtig bleiben, die von den Klerikern gebildet worden sind. Indem er die Bedeutung des Gegensatzes zwischen der geschriebenen Sprache und ihren gesprochenen Varianten, der schon in früher Zeit begründet und durch den Klassizismus noch verstärkt worden war, zu sehr betonte, konnte der Grammatiker André Thérive zu Beginn des Jahrhunderts ein Buch mit dem sensationellen Titel *Le français langue morte* (1923) schreiben, worin er das Schicksal des literarischen

Französisch mit dem der lateinischen Sprache verglich, die innerhalb der europäischen Kulturen nach dem Erlöschen ihres aktiven Gebrauchs als Verständigungsmittel weiterlebte. Diese Ansicht von Thérive wird durch die heutige Realität widerlegt. Sicherlich ist der Gebrauch eines eleganten Französisch auch heute noch – wie im klassischen Zeitalter – in einigen Ländern wie Rumänien oder dem Libanon (wobei das Französische in diesem zerfallenden Land stark bedroht ist) ein gewisses intellektuelles Statussymbol. Aber im größten Teil der frankophonen Welt erkennt man die Vitalität des Französischen am Reichtum der freien Formen. Diese Situation ist durch eine neuartige Erscheinung bedingt, die das Schicksal des Französischen verändert hat und die wir jetzt näher betrachten wollen.

Die frankophone Welt und Europa

Durch eine erstaunliche Koinzidenz trat das Französische in die Phase seiner größten Ausdehnung gerade zu dem Zeitpunkt, als die wirtschaftliche Vorherrschaft zunächst Großbritanniens, dann die der USA, dem Englischen eine immer stärkere Position verschafften, das heißt in den ersten Jahrzehnten des 19. Jahrhunderts. Ursprünglich handelte es sich um eine koloniale Expansion, bei der die militärische Eroberung Hand in Hand mit der Öffnung neuer Märkte ging. Aber heute, da die Länder des Maghreb, der Sahelzone und anderer Regionen sich den Ländern Europas, Amerikas und des Nahen Ostens anschließen, in denen das Französische entweder Muttersprache oder Wahlsprache ist, hat die Zahl der Frankophonen weltweit ein größeres Ausmaß erreicht als zu den Zeiten der größten Anerkennung der französischen Sprache. Die Statistiken weisen unterschiedliche Zahlen aus, und ich will mich nicht bei diesem Punkt aufhalten, den ich an anderer Stelle ausführlich behandelt habe (vgl. Hagège 1987, Kap. VII). Ich möchte hier lediglich darauf hinweisen, daß der Begriff der Frankophonie, der durch den senegalesischen Staatsmann und Schriftsteller Léopard Sédar Senghor bekannt gemacht worden und dann von bedeutenden Persönlichkeiten aus verschiedenen Ländern – Kambodscha, Libanon, Niger, Tunesien – aufgegriffen worden ist, ursprünglich kein französisches Konzept war, wodurch deutlich wird, wie stark die französische Sprache außerhalb Frankreichs gedeihen konnte. Die französische Regierung, die mitten im Dekolonisationsprozeß steckte, als dieses Konzept sich ausbreitete – das heißt zu Beginn der sechziger Jahre –, wollte zunächst nichts damit zu tun haben, um sich nicht den Anschein zu geben, als baue sie unter dem Vorwand der Sprache eine neue Herrschaftsposition auf. Aber bald wurde deutlich, daß die Staaten, die auf diese Weise das Französische fördern wollten, mit seiner Hilfe einen Teilbereich ihrer eigenen Identität zu definieren versuchten. Alles lief darauf hinaus, die Vorstellung zu bekräftigen, daß die Franzosen, wenngleich sie die Treuhänder ihrer Sprache sind, weil diese in ihrem Land das Licht der Welt erblickte, dennoch nicht als ihre ausschließlichen Eigentümer angesehen werden können. Von nun an beteiligte sich die französische Regierung aktiv an dem Unternehmen und nahm auch an den jährlichen Treffen der Staatschefs teil, die seine Lebendigkeit nach außen hin dokumentierten.

So steht das Französische als europäische Sprache im Begriff, in gewissen Teilen der frankophonen Welt ein neues Aussehen zu gewinnen. Es handelt sich dabei vor allem um die Länder Afrikas, wo Französisch heute entweder die einzige Amtssprache ist (Benin, Kongo, Gabun, Niger etc.) oder wo es neben anderen Sprachen offiziell anerkannt ist: neben dem Englischen (Kamerun), dem Arabischen (Mauretanien, Tschad), neben einer einzigen afrikanischen Sprache (Burundi, Ruanda) oder neben mehreren afrikanischen Sprachen (Elfenbeinküste, Senegal, Zaïre etc.). In zahlreichen Vierteln der großen Städte Abidjan, Bangui, Dakar, Lome, N'djamena, Jaunde etc. findet man kreolische Formen des Französischen, die sehr vielgestaltig und unter linguistischen Gesichtspunkten hochinteressant sind. Daneben gibt es, wenn auch nicht in vollständig einheitlicher Form, ein geschriebenes afrikanisches Französisch, das sich immer fester etabliert. Teilweise aus den kolonialen Beziehungen hervorgegangen, dient es einer anspruchsvollen Literatur, die eine subtile Beziehung zum mündlichen Sprachgebrauch herstellt und so die Barriere zu beseitigen sucht, die in Frankreich seit langem die beiden Sphären voneinander trennt. Obwohl sie das Ergebnis einer Aneignung des ursprünglichen Französisch ist, beschreitet diese Sprache gegenüber der von Paris eigene Wege. Sie trägt Europa auf schöpferische Weise nach Afrika, da sie den französischsprechenden Europäern noch nicht unverständlich geworden ist, und bringt diese, weil sie auf anderem Boden geboren ist, gleichzeitig dazu, sich ihres Jakobinertums zu entledigen, das am liebsten die Pariser Norm zur verbindlichen Richtschnur für alle französischen Sprachgemeinschaften der Welt erklären würde. So tritt die Reichhaltigkeit des Französischen, das außerhalb Europas neue Elemente aufnimmt, deutlich zutage.

Diese Sprache, die man vereinfachend das afrikanische Französisch nennen könnte, weist in ihrem Wortschatz und in ihrer Grammatik Merkmale auf, die man fast überall antrifft, ungeachtet der verschiedenartigen Ausprägungen, die sie in Abhängigkeit von den unterschiedlichen afrikanischen Sprachen erfährt, aus denen sie ihre Entlehnungen hat. Zahlreiche Studien (vgl. vor allem Dumont 1990) haben eine lange Reihe von Wörtern und Ausdrücken ermittelt, die für alle Französischsprechenden interessant sein dürften, insofern sie ihnen zeigen, welches Echo die Afrikaner von einer großen europäischen Sprache, seitdem sie ihrer teilhaftig geworden sind, auf deren Ursprungskontinent zurückgeworfen haben. So findet man *couloirdeuse* »Prostituierte«, *échangère* in der gleichen Bedeutung, *deuxième bureau* »außereheliches Verhältnis«, *droguiste* »Heilkundiger« (Afrikanisierung eines Wortes, das seinen Sinn aus dem Rückgriff auf überlieferte Heilpraktiken erhält). Man findet weiterhin Wörter wie *ambiancer* »für Stimmung sorgen«, *charlater* »einen Scharlatan konsultieren«, *amourer* »Geschlechtsverkehr haben«, *gréver* »streiken«, *cadeauter* »schenken«, *amender* »mit einer Geldbuße belegen« etc., alles freie Ableitungen eines transitiven oder intransitiven Verbs von einem Substantiv. Die privative Vorsilbe *dé-* wird sehr häufig gebraucht und erweist sich viel produktiver als im europäischen Französisch, wobei sie häufig alten Wörtern einen neuen Sinn verleiht: *déforcer* »schwächen«, *démarabouter* »von einer Behexung erlösen« (mit Hilfe eines »marabout«, wobei hier mehr ein Zauberer gemeint ist als ein ehrwürdiger muselmanischer Geistlicher), *déconseiller* »einen schlechten Rat erteilen«, *détresser* »die Frisur erneuern, indem man die Haarflechten löst«, *dévierger* »entjungfern«. Das Suffix *-erie* wird ebenfalls in zahlreichen Wörtern wiederbelebt, wie zum Beispiel *essencerie* »Tankstelle«. Wortzusammensetzungen werden mit großer Freiheit gebildet: *radio-bambou* »das öffentliche Gerücht« im Französischen des Senegal oder auch im Französischen Djiboutis (einer entschieden frankophonen Enklave in einer arabischsprechenden Umwelt, die trotz unzureichender schulischer Ausstattung am Französischen festhält), *bras-cassé* »bezahlter Beamter ohne einen Dienstposten«, *maître-tuyau* »Lehrer, der seine Schüler mit einem speziell verstärkten Rohrstock schlägt«. Schließlich sind viele Ausdrücke denen der afrikanischen Sprache nachgebildet: *couper les lèvres* »das Schweigen erkaufen«, *accepter la bouche* »Gehorsam leisten«, *frère de case* »jemand, mit dem man enge, freundschaftliche Beziehungen unterhält« etc.

Diese Blüte des Französischen in Afrika zeigt, daß es auch den französischsprachigen Ländern außerhalb Frankreichs, der Schweiz, Belgiens und

Kanadas möglich ist, ihre verschiedenen Identitäten mit Hilfe einer einzigen Sprache zu wahren, deren Vitalität sich allerdings aus den regionalen Idiomen mit ihren schöpferischen Energien speist. So fällt die Förderung des Französischen in eins mit der Förderung anderer Sprachen, gemäß einem Bewegungsgesetz, das sich von demjenigen unterscheidet, welches früher seine Universalität begründete. Es bietet damit ein Alternativmodell und gleichsam ein Beispiel für all diejenigen Sprachen, deren Sprecher fürchten, durch ein einheitliches Kommunikationsmittel ihre Besonderheiten zu verlieren.

Wenn man schließlich Europa nicht nur als geographische, sondern auch als politische Einheit definiert, müßte man dann nicht auch die überseeischen Gebiete erwähnen, die gegenwärtig noch der französischen Rechtshoheit unterstehen und damit Frankreich zu einem Staat ohne geschlossenes Territorium machen? Dazu gäbe es sicher eine Menge zu sagen. Wenn man sich die linguistischen Eigenheiten dieser weitentfernten Gebiete in Erinnerung ruft, kann man den kulturellen Reichtum erkennen, den diese Länder durch ihre enge Verbindung mit Frankreich indirekt auch an Europa abgeben. Man findet dort nämlich eine ungeheure Vielzahl von Sprachen: die etwa dreißig Sprachen von Neukaledonien (einschließlich der Loyauté-Inseln), die polynesischen Sprachen, darunter das Tahitische und die Sprache der Marquesas-Inseln, dann die Sprachen der Gambier-Inseln und der Archipele Tuamotu und Austral, alles ozeanische Territorien, wo zusätzlich verschiedene Formen eines neukaledonischen und polynesischen Französisch gesprochen werden, die sehr interessant sind aufgrund gemeinsamer Spuren eines Kolonialfranzösisch, das die Zivilbediensteten und Militärs in früheren Zeiten über die Antillen, die Insel Réunion, die Insel Mauritius und Ozeanien verbreitet haben (vgl. Picoche/Marchello-Nizia 1991, S. 108); die kreolischen Sprachen von Réunion, Guayana, Guadeloupe und Martinique; die indianischen Sprachen, die noch in Guayana gesprochen werden, vor allem das Galibi in Bas-Maroni und das Palikur in Bas-Oyapok, die von den Nachfahren der Bevölkerungsgruppen gesprochen werden, welche die Massaker und Deportationen unter den Kariben und Arawaks überlebt haben. Diese Völker waren ursprünglich auf den Antillen ansässig, und die Kariben hatten schon begonnen, die Arawaks auszurotten, bevor die Spanier eintrafen.

Selbst wenn man der Auffassung wäre, daß alle diese Sprachen in einer linguistischen Abhandlung über Europa nicht erwähnt werden müßten, bleibt doch die Tatsache, daß Frankreich über die französische Sprache mit den Ländern verbunden ist, die diese als offizielle Verkehrssprache gewählt haben. Zweifellos hätte Europa ein Interesse daran, sich auf diesem Wege gegenüber den benachteiligten Ländern der Erde zu öffnen, die man bisher als »Dritte Welt« bezeichnet hat und die man heute nicht mehr so nennen kann, weil der Zusammenbruch des Kommunismus die Konfrontation zwischen zwei Blöcken beendet hat. Indem es den Hilferufen dieser »Zweiten Welt« Gehör schenkte, könnte Europa einen Weg finden, die drängenden Probleme zu lösen, die sich aus dem ständig zunehmenden Ungleichgewicht zwischen den reichen und den armen Ländern ergeben. Dafür gäbe es allerdings eine Vorbedingung, die man trotz ihrer Selbstverständlichkeit in Erinnerung rufen muß: Das Französische müßte zunächst innerhalb Europas und vor allem in Frankreich selbst verteidigt werden. Nun ist in der gegenwärtigen Situation die Anziehungskraft des Französischen aber bedroht, vor allem im Afrika südlich der Sahara, wo sich zum großen Teil die Zukunft der französischsprechenden Völkergemeinschaft (»Frankophonie«) entscheiden wird: Wenn in entscheidenden Bereichen, wie den Naturwissenschaften und der Technik, die gegenwärtige Einstellung beibehalten wird und das Französische trotz der frommen Sprüche der politisch Verantwortlichen immer stärker aus den wissenschaftlichen Verlautbarungen verdrängt und durch das Englische ersetzt wird – und das sogar auf Kongressen, die in Frankreich selbst stattfinden –, dann werden die Afrikaner, die sich für das Französische entschieden haben, immer weniger von der Richtigkeit ihrer Entscheidung überzeugt sein. Diese Situation kann in Verbindung mit der demographischen Dynamik der englischsprachigen Länder Afrikas, wie Nigeria oder Ghana, und mit der Anziehungskraft, die sie auf das frankophone Afrika ausüben, zum Niedergang des Französischen auf diesem Kontinent führen.

Aber auch in Europa selbst, wo die Staaten bis zum 31. Dezember 1992 ihre nationalen Gesetzgebungen dem Recht der Europäischen Gemeinschaft anpassen mußten, ist die bevorzugte Stellung, die das Französische unter den neun Arbeitssprachen noch genießt, indem es Vertragssprache und nicht nur Übersetzungssprache ist, durch den Eintritt Englands und Irlands in die Gemeinschaft in Frage gestellt worden. Das Englische und das Deutsche werden die Nutznießer der voraussichtlich bevorstehenden Neuzugänge der skandinavischen und der mitteleuropäischen Länder (vgl. Labrie 1992) sein. Nun hängt aber von der Stellung des Französischen in Europa teilweise die Zukunft der gesamten Frankophonie ab. Dabei hat jede der drei großen Sprachen, die zu Gemeinschaftssprachen berufen sind, eine durch ihre Geschichte bestimmte Rolle zu übernehmen. Die Entwicklung der kulturellen Ansprüche gegenüber dem reinen Profitstreben eröffnet gerade dem Französischen große Möglichkeiten. Darüber hinaus könnte es auf verschiedenen Gebieten, wo das Deutsche und das Englische weniger stark vertreten sind, als glückliche Ergänzung zum Faktor eines dreisprachigen Gleichgewichts werden und so die nationalen Ansprüche miteinander in Einklang bringen.

Zweiter Teil

Reichtum und Wechselbeziehungen der europäischen Sprachen

Die drei Sprachen mit Berufung zu Gemeinschaftssprachen, deren Eigenarten ich skizziert habe, sind zwar tragende Pfeiler des europäischen Hauses, aber sie sind nur drei unter anderen. Europa umfaßt ein sehr unterschiedliches und vielfältiges linguistisches Spektrum. Die Vielzahl der dort gesprochenen Sprachen und der hohe Grad ihrer gegenseitigen Durchdringung sind jedoch kein ausschließlich europäisches Merkmal; man findet sie auf allen Kontinenten. In Europa allerdings gewannen sie auf Grund der Enge des Raumes ein eigenes Profil, hier verbinden sich die Zufälligkeiten der Geschichte mit den Zwängen der Geographie. Die Sprachen Europas haben nicht nur eine größere Ausstrahlung auf die Welt gehabt als diejenigen Asiens, das ebenfalls eine große Zahl gemeinschaftsfähiger Sprachen aufweist, sondern ihre Vielgestaltigkeit hat auch eine ganz besondere Bedeutung für ihren Ursprungskontinent: Sie ist eine der Ursachen und gleichzeitig eine der Folgen der bewegten Geschichte Europas. Die Kapitel 5 und 6 des vorliegenden Buches wollen versuchen, den linguistischen Reichtum Europas und die wechselseitige Verflechtung seiner Sprachen deutlich zu machen.

Kapitel 5
Die Verlockung der klanglichen Vielfalt

Wo endet das Europa der Sprachen?

Nachdem wir über die großen europäischen Sprachen im Westen gesprochen haben, fragen wir jetzt danach, wo die linguistischen Grenzen Europas liegen, wenn wir in die anderen Richtungen blicken. Seit es menschliche Gesellschaften gibt, haben die einigenden Kräfte nicht aufgehört, die Kulturen zu nivellieren und das Feld der Kommunikation zu erweitern. Folge eines unausweichlichen Widerspruchs, durch den gleichzeitig die individuellen Ausdrucksformen eingeschränkt und die Ansprüche des einzelnen an ein Gemeinschaftsleben zufriedengestellt werden. Aber diese Kräfte waren doch nicht stark genug, um die Unterschiede zwischen den einzelnen Sprachen ernsthaft zu gefährden. In dem kleinen Europa hätte die Häufigkeit der wechselseitigen Kontakte eigentlich die Unebenheiten der Vielgestaltigkeit abschleifen müssen. Denn dieser enge Korridor ist nur das letzte Anhängsel der großen Ebenen des Ostens, die sich an seinen Küsten auflösen, welche durch den Ozean zerklüftet werden. Trotzdem haben die unterschiedlichen Gestaltungskräfte dem Drang zur Einheit widerstanden. Weder die verschiedenen – und zum Teil sehr frühen – kriegerischen oder friedlichen Vereinigungsversuche noch die uralten Verbindungen zwischen den Zivilisationen, die sich auf engstem Raum ständig vermischten, haben die tausendjährigen Besonderheiten beseitigen können, die zum Erhalt der Unterschiede zwischen den Sprachen wirksam beigetragen haben.

Dennoch spiegeln schon die ältesten Texte die Vorstellung wider, die man sich früher von einer gewissen Form der Gleichartigkeit jenseits aller Unterschiede machte. Aber diese Texte sind unbestimmt und widersprüchlich bezüglich der genauen Grenzen des Raumes, der diese Unterschiede umschließen sollte. In dem Gedicht *An den pythischen Apollo* vom Ende des 7. vorchristlichen Jahrhunderts bezeichnet ein Zeitgenosse Hesiods mit »Europa« einen Teil des griechischen Festlandes; aber schon im 5. Jahrhundert v.Chr. bezieht Herodot (*Historien*, VII, 5; vgl. Duroselle 1989, S. 36) diesen Namen auf den gesamten Kontinent, der durch Griechenland mit Asien verbunden wird, das heißt auf die Vorstellung, die man sich damals von seinem Aussehen machte.

Die Handbücher und Atlanten haben keine Schwierigkeiten, den Kontinent im Norden und im Westen einzugrenzen, wo Atlantik und Nordpol natürliche Abschlüsse bilden. Aber seit alters her existiert eine Unsicherheit hinsichtlich der Grenzen im Osten. Die Kriterien sind unterschiedlich und führen nicht zu übereinstimmenden Ergebnissen. Wenn man das Kriterium der historischen Sprachwissenschaft zugrunde legt, die seit dem Anfang des 19. Jahrhunderts eine große indoeuropäische Familie historisch verwandter Sprachen kennt, gelangt man dazu, die östlichen Grenzen Europas nach Bangladesch zu verlegen. Wenn man dagegen als alleiniges Kriterium die territoriale Ausdehnung der Sprachen – und das heißt hier diejenige des Russischen – beibehält, so stößt man auf eine andere Schwierigkeit. Die klassischen Standardwerke begnügen sich damit zu erklären, daß man herkömmlicherweise den Ural als die Scheidelinie zwischen Europa und Asien betrachtet. Unter dieser Voraussetzung würden die großen Städte Tscheljabinsk und Jekaterinburg (bis 1991 Swerdlowsk) – beide fast ausschließlich von Russen bewohnt und russischsprachig – zu Asien gehören, weil sie auf dem östlichen Hang der Gebirgskette liegen. In Wirklichkeit hat aber der Ural, der leicht zu überqueren ist, niemals ein Hindernis für die gewaltige Ausdehnung des Russischen bis zu den äußeren Grenzen Asiens dargestellt. Deshalb läßt auch heute die Wiedergeburt Rußlands, das trotz der Auflösung der Sowjetunion den größten Teil des ehemals zaristischen Reiches umschließt – dessen Zentrum es immer gewesen und auch unter dem kommunistischen Regime geblieben ist –, die Definition Europas auf lange Sicht fragwürdig erscheinen.

Tatsächlich sind zwei Entscheidungen möglich, von denen jede weitreichende Konsequenzen hat. Man kann die östlichen Grenzen Europas mit denjenigen der Ukraine, Weißrußlands und der baltischen Staaten zusammenfallen lassen, würde dadurch aber die Fläche des Kontinents etwa um die Hälfte der gegenwärtig allgemein anerkannten Ausdehnung verringern. Oder aber man betrachtet das eigentliche Rußland als integralen Bestandteil Europas, würde dann aber dessen Grenzen bis zum Pazifischen Ozean verschieben. Denn wenn Rußland auch seine europäische Zugehörigkeit betont, kann es doch auf seine sibirischen Wesenszüge nicht verzichten. Schon am Ende des 16. Jahrhunderts hatte man begonnen, zunächst die sibirischen Gebiete jenseits des Ural zu russifizieren und in der zweiten Hälfte des 17. Jahrhunderts dann jene Territorien, die sich bis zu den großen Flüssen im Fernen Osten erstrecken, an deren Ufern im Jahre 1631 die ersten Kosakengarnisonen entstanden. Irkutsk, das inmitten von Regionen liegt, in denen Altai-Sprachen gesprochen werden, Chabarowsk am Zusammenfluß von Amur und Ussuri und Wladiwostok am Japanischen Meer sind durchaus russische Städte, und Russisch ist die am stärksten verbreitete Sprache in Sibirien.

Die ursprünglich dort gesprochenen Sprachen der uralischen, altaischen (türkischen, mongolischen, tungusischen) und paläosibirischen Sprachfamilien gehören zu recht kleinen Gemeinschaften, deren Wortschatz verhältnismäßig stark vom Russischen durchsetzt ist. Ihre Namen spiegeln uralte mongolische Wanderzüge wider, vom Ostjakischen bis zum Kamtschadalischen über das Ketische und das Lamutische, vom Wogulischen bis zum Jakutischen über das Jukagirische und das Burjatische. Es ist nicht ausgeschlossen, daß diese Situation eines Tages die Gestalt Europas wesentlich verändern wird, vorausgesetzt die Beziehungen Rußlands zum Westen werden weiterhin von Tag zu Tag enger. Aber für die Gegenwart erscheint es vernünftig, darauf Rücksicht zu nehmen, welche Bedeutung der Begriff Europa für die meisten Menschen noch hat. Man muß das rein sprachliche Unterscheidungsmerkmal mit den politischen, wirtschaftlichen und religiösen Gegebenheiten verbinden, die diesen Begriff im Verlauf der Geschichte und der Entwicklung der Geographie geprägt haben. Ich werde deshalb die Sprachen, die jenseits des Ural gesprochen werden, hier nicht behandeln, und wähle aus den Sprachen der Samojedenvölker, die als Nomaden von Archangelsk bis zur Taimyrhalbinsel umherziehen, nur diejenige der Juraken aus, deren riesiges Wanderungsgebiet, das den Norden des europäischen Rußland umfaßt, im Osten nicht über Workuta hinausgeht.

Aber auch damit ist die Ostgrenze Europas noch nicht vollständig festgelegt. Denn man erfährt in den entsprechenden Lehrbüchern nichts Genaueres über die Grenzlinie im Südosten. Wenn man diese Funktion dem Fluß Ural zuweist, der die gleichnamige Gebirgskette auf natürliche Weise fortzusetzen scheint, wird Kasachstan in zwei Hälften geteilt, was unter bevölkerungspolitischen Gesichtspunkten nicht zu verantworten ist. Es erscheint vorteilhafter, die Grenzlinie weiter im Westen entlang der Wolga und dem Kaspischen Meer zu ziehen, in das die Wolga mündet. Dann würde man das Kaukasusgebiet, das östlich ans Kaspische Meer grenzt, als europäisch ansehen und ebenso die Sprachen, die man dort spricht. Über diese Wahl läßt sich sicherlich streiten, aber ich halte sie dennoch für günstiger als diejenige, die von Lucien Tesnière getroffen wurde, als er im Anhang zu dem Werk von Antoine Meillet (1928, S. 444) schrieb:

> »Die Grenze zwischen Europa und Asien ist mehrfach verschoben worden. Gegenwärtig beläßt sie in Asien einen Teil des Uralgebietes, der Autonomen Kirgisischen Republik, des Nordkaukasus und die Gesamtheit der Autonomen Republik Daghestan sowie Transkaukasien (Armenien, Georgien, Aserbaidschan). Wir halten uns an diese Aufteilung, mit Ausnahme Kaukasiens.«

Wenn man sich eindeutig für das Kaspische Meer als Grenze entscheidet, anstatt sich an die Linien zu halten, die laut Tesnière ständig verändert worden sind, dann hat man zumindest einen festen Standpunkt in der Debatte. Ein weiterer Vorteil dieser Wahl liegt darin, daß sie gestattet, das Kalmückische einzubeziehen. Damit trägt sie der Tatsache Rechnung, daß die Geschichte Osteuropas über diejenige Rußlands mit den Wanderungen der zentralasiatischen Völker verbunden ist, die sich während einer nicht weit zurückliegenden Epoche diesseits des Ural niederließen.

Eine andere, vergleichbare Wanderungsbewegung, die dazu beigetragen hat, die linguistische Topographie dieser Region zu formen, ist die der Türken. Die Geschichte ihrer Ausdehnung von den sibirischen Wäldern und dem Altai über die eurasischen Steppen Kasachstans und Usbekistans, im Verlauf der Eroberungen der Ottomanen bis auf den Balkan und vor die Tore Wiens (1529), könnte die Zuordnung der anatolischen Halbinsel zu Europa rechtfertigen, jenes asiatischen Teils der Türkei also, der zu allen Zeiten das politische Zentrum für die Türken darstellte. Aber traditionell wird er nicht zu Europa gerechnet, obwohl geographisch gesehen die Türkei ebenso weit nach Westen reicht wie etwa die Ukraine. Herkömmlicherweise wird nur Ostthrakien zu Europa gerechnet, die sogenannte europäische Türkei, das heißt der Teil, der hinter der griechischen Grenze etwa bei Andrinopel (heute Edirne) beginnt und in Konstantinopel (heute Istanbul) endet. Wie dem auch sei, diese Region rechtfertigt es, daß wir hier das Türkeitürkische zu den europäischen Sprachen zählen und damit neben andere Turksprachen stellen, die diesseits des Kaspischen Meeres und der unteren Wolga gesprochen werden. Ihre Aufzählung würde zweifellos die Geduld des Lesers ermüden, wenn ihre Namen, deren Herkunft für den Laien zumeist unverständlich ist, nicht die Phantasie anregten und die Erinnerung an eine bewegte Geschichte wachriefen, in deren Verlauf europäisches und asiatisches Vormachtstreben aufeinanderprallten. Diese Turksprachen sind im wesentlichen: das Tatarische (in Kasan, in Astrachan, aber auch in Bulgarien und auf der Krim, wohin die Tataren heute nach 47jährigem Exil teilweise zurückgekehrt sind), das Tschuwaschische, das Baschkirische, das Nogaische, das Aserbaidschanische und andere Sprachen, die wie dieses im Kaukasus gesprochen werden (das Balkarische, das Karakalpakische, das Karatschaische, das Kumükische, das Turkmenische, welches mit der Sprache in der benachbarten Turkmenischen Republik identisch ist), man findet außerdem das Gagausische der Moldauischen Republik und – weiter im Norden – das Karaimische.

So wird alles komplexer, wenn man die östlichen Grenzlinien Europas entlang den tiefen linguistischen Spuren zieht, an denen man die engen Beziehungen ablesen kann, welche die aus Asien eingeströmten Völker zur slawischen Welt und zum Rest des Kontinents unterhielten. Unter Zugrundelegung eines weitgehend politischen und kulturellen Kriteriums, das allerdings auch linguistische Überlegungen einbezieht, wollen wir noch zwei Sonderfälle betrachten, die die Selbstverständlichkeit natürlicher maritimer Grenzen in Frage zu stellen scheinen. Es handelt sich in beiden Fällen um abgelegene Inselstaaten, in denen sich recht eigentümliche Sprachen ausgebildet haben: das Isländische und das Maltesische. Die geographische Situation Islands, das näher an Grönland als an Schottland liegt, könnte uns einen Augenblick zögern lassen, wenn wir nicht die Sprache im Auge behielten; doch das Isländische, eine typisch skandinavische Sprache, gehört mit vollem Recht zur germanischen Sprachfamilie. Was das Maltesische anbetrifft – ein arabischer Dialekt, der stark mit italienischen Einflüssen durchsetzt ist –, so spiegelt es die Bereicherung durch den Kontakt zwischen der maghrebinischen und der europäischen Kultur wider, die seit undenklichen Zeiten durch das Mittelmeer untereinander und mit den asiatischen Vorposten des Nahen Ostens verbunden sind. Würde man schließlich nur politische und administrative Gesichtspunkte zugrunde legen, ohne die Geographie zu berücksichtigen, dann müßten in unsere Studie die Sprachen derjenigen Territorien einbezogen werden, die noch heute der britischen oder der französischen Regierung unterstehen, obwohl sie auf anderen Kontinenten gelegen sind (vgl. S. 99).

Die großen Gruppierungen

Die Geschichte Europas, so wie sie in ihren Sprachen reflektiert wird, kennt zwei verschiedene kulturelle Welten, die sich seit 395 n.Chr. immer deutlicher voneinander unterscheiden – seit jenem Datum also, an dem das Römische Reich in ein Ost- und ein Westreich auseinanderbrach. Das Hauptmerkmal ihres Gegensatzes beruht auf den Beziehungen, die Sprache und Religion jeweils miteinander eingegangen sind. Die Evangelisation – Grundlage des Christentums – hat die ersten geschriebenen Zeugnisse hervorgebracht, die von den indoeuropäischen Sprachen Osteuropas bekannt sind. Die Übersetzung der Heiligen Schrift ins Gotische im 4. Jahrhundert durch den Bischof Wulfila, einen Stammesangehörigen christianisierter Goten, die wegen ihres Arianismus verfolgt worden waren und sich in Mösien (Ostbulgarien) niedergelassen hatten, führte zur Festlegung der Sprache und ebenso des Alphabets, das Wulfila eigens geschaffen hatte, um sie aufzeichnen zu können. Diese Übersetzung, von der das Neue Testament fast vollständig erhalten ist, wurde mehrere Jahrhunderte hindurch benutzt. Die Brüder Kyrillos und Methodios bedienten sich ihrerseits im 9. Jahrhundert eines Alphabets, das am griechischen Modell orientiert war und Glagoliza genannt wurde. Es ist heute noch in einigen kroatischen Kirchen Istriens in Gebrauch. Dieses Alphabet stellte die erste – allerdings von jenem noch sehr abweichende – Vorform eines anderen dar, das nach einem der beiden Brüder das kyrillische genannt wurde und schon in der Epoche unmittelbar nach seiner Ausgestaltung in der slawischen Welt sehr verbreitet war. Nachdem die beiden Missionare während ihres Aufenthaltes in Mähren die Evangelien, die Apostelgeschichte, die Psalmen und einen Teil des Alten Testaments übersetzt hatten, ließen sich ihre Schüler nämlich in Bulgarien nieder, wo sie am Hofe des Zaren Simeon eine große Anhängerschaft fanden. So verhalfen sie in Serbien, in der Walachei, in Moldawien und im gesamten russischen Reich von Kiew nicht nur dieser kyrillischen Schrift zum Durchbruch – die damit zum Symbol der christlich-orthodoxen Welt werden sollte –, sondern auch der bulgarisch-makedonischen Sprache, die von dieser Schrift tradiert wurde und die übrigens die Muttersprache der beiden Brüder war, die aus Saloniki stammten. Diese Sprache bildete die Grundlage des Kirchenslawischen. Zu jener Zeit konnten die Slawen sich wahrscheinlich noch alle untereinander verständigen; aber wir verfügen über kein schriftliches Zeugnis des Gemeinslawischen, einer Sprache, die von der Wissenschaft rekonstruiert worden ist. Damals schon begannen mehrere voneinander getrennte slawische Sprachen zu entstehen. So begründete die Übersetzung von Kyrillos und Methodios zwar die slawische Literatur, aber auf der Grundlage einer einzigen slawischen Sprache, des Kirchenslawischen; und zudem in Gestalt religiöser Texte.

Den gleichen Zusammenhang findet man auch in anderen Kulturen Osteuropas. So haben die Armenier bereits sehr früh die Bibel übersetzt, wahrscheinlich schon im 5. Jahrhundert, wobei die vorliegenden schriftlichen Zeugnisse erst aus einer späteren Zeit datieren. Die Überlieferung schreibt dem hl. Mesrop nicht nur diese Übersetzung zu, sondern auch die Erfindung des Alphabets, das heute noch in Gebrauch ist und mit dessen Hilfe die Grundlagen einer christlichen Literatur geschaffen wurden. Die Schaffung eines schriftlichen Hilfsmittels, das die Übersetzung der heiligen Texte ermöglichte und die literarische Sprache begründete, in der sie verbreitet wurden, läßt sich auch im Georgischen feststellen, das ebenso wie das Armenische etwa um das 10. Jahrhundert mit einer Schrift ausgestattet wurde, die vollkommen auf der Höhe ihrer Zeit war.

Diese Form der Entwicklung einer Schrift ist nicht auf den Osten Europas beschränkt. Auch bei den benachbarten Völkern jenseits der Grenzen des Kontinents haben die religiösen Debatten zur Schaffung von Schriftsprachen geführt. Das gilt für die literarischen Formen des Koptischen, des Syrischen und weiter östlich für diejenigen des Pahlawi, in das das *Awesta* übersetzt wurde, als um das 3. Jahrhundert der Zoroastrismus durch die Sassaniden-Dynastie in Persien zur Staatsreligion erhoben wurde. Gleiches läßt sich in der Folgezeit im Fernen Osten an drei anderen Sprachen beobachten: einmal an einer späten Form des Sanskrit, dem Pali, in welchem der Buddhismus gepredigt wurde, dann, als dieser sich in Zentralasien verbreitete, am Soghdischen, das vor seinem Verschwinden eine angesehene Form des östlichen Mitteliranisch war, und schließlich an einer alten indoeuropäischen Sprache, deren Überreste man in der Region von Kutschā (in Chinesisch-Turkestan) entdeckt hat, nämlich am Tocharischen. Diese Verbindung zwischen religiöser Missionstätigkeit und Schaffung von Schriftsprachen ist also ein Kulturmerkmal, das Osteuropa mit Asien gemein hat. Eine überraschende Erscheinung der Zeitgeschichte bezeugt die Fortdauer dieser Tradition: Die Bolschewisten haben zahlreiche Minderheitensprachen gefördert, um mit ihrer Hilfe nun aber nicht mehr den orthodoxen Glauben, sondern die Ideologie zu verbreiten, auf welche ihr Staat sich gründete.

Die slawischen Kirchen haben ihre heiligen Texte nach dem Vorbild der christlichen griechischen Literatur gestaltet, die nicht mit derjenigen des klassischen griechischen Altertums verwechselt werden darf. Außerdem haben sie keine gemeinsame Sprache beibehalten. Das ursprüngliche Kirchenslawisch der ersten Übersetzer war sicher in allen Kirchen fast dasselbe, aber das kyrillische Alphabet mußte den unterschiedlichen Entwicklungen der Sprachen angepaßt werden. Diese wurden zu Sprachen nationalchristlicher Kulturen mit starker Tendenz zur Unabhängigkeit, ja zur Autokephalie: Heute gehen die Patriarchen von Moskau, von Bulgarien, von Serbien, die sich schon vor Ende des 16. Jahrhunderts von Konstantinopel gelöst haben, aus voneinander getrennten Wahlverfahren hervor. Auch waren die literarischen Epochen bei den slawischen Völkern Osteuropas von kurzer Dauer, und die Wiederbelebungsversuche wurden durch Erschütterungen vereitelt, von denen die türkische Eroberung, die die kulturellen Traditionen abbrach, die einschneidenste war.

Im Gegensatz zu dieser besonderen Art von Beziehung zwischen Sprache und Kultur steht diejenige, die für Westeuropa charakteristisch ist. Hier sind die großen Sprachen zunächst nicht durch religiöse Literatur schriftlich festgehalten worden. Das erste Schriftzeugnis des Altenglischen, über das wir verfügen, der *Beowulf*, der zu Beginn des 11. Jahrhunderts vollendet wurde, ist ein episches Gedicht. Im Bereich der deutschen Sprache steht am Anfang ein lateinisch-deutsches Glossar, das im Jahre 760 in Freising verfaßt wurde und nach seinem Eingangswort den Titel *Abrogans* trägt. Die *Straßburger Eide* (843), die als erstes Dokument in französischer Sprache angesehen werden, sind ein politischer Text, ein Bündnisvertrag zwischen zwei souveränen Herrschern, der in einer transdialektalen Schriftsprache verfaßt ist, in der man Elemente des Poitevinischen, des Picardischen und sogar einige Merkmale des Okzitanischen entdecken kann. Diese Sprache (vgl. Cerquiglini 1991) ist noch kein mittelalterliches Französisch, war aber auch ganz sicher kein Latein mehr. Wenn man einmal von Daten und von entwicklungsgeschichtlichen Einzelheiten absieht, so gilt dasselbe auch für die anderen westlichen Sprachen, vor allem für das Italienische, dem Dante und Petrarca im 13. Jahrhundert seine moderne Form gegeben haben. Aber wenn es auch stimmt, daß in Westeuropa die Sprachen, vor allem die aus dem Lateinischen hervorgegangenen romanischen Sprachen, während des Mittelalters immer deutlicher ihre Vorrangstellung als Nationalsprachen behaupteten, so hatte doch das Lateinische, das sich als Kirchen- und Wissenschaftssprache halten konnte, eine stark verbindende Rolle übernommen. Diese Bindung erfaßte selbst einen Teil Mittel- und Osteuropas, wo sich das Christentum von einem Nachbarvolk zum nächsten ausbreitete: Die Slowenen wurden durch die Italiener und die Deutschen christianisiert, die Ungarn durch die Slowenen, die Slowaken durch die Ungarn, und im Norden die Litauer durch die Polen. Im 11. Jahrhundert fungierte das Lateinische, als Sprache der Römisch-Katholischen Kirche, auch als Gelehrtensprache in jenen Ländern, die nicht zur Romania gehörten.

In diesen Ländern – ebenso wie in einigen Ländern des Westens – hatte die Verteidigung der Muttersprachen das Lateinische als Wissenschaftssprache nicht ausgeschaltet, sondern lediglich seinen Gebrauch als Kirchensprache zurückgedrängt, wobei die Hinwendung zu den Landessprachen auch gegen die Kirche selbst gerichtet war. Es ist tatsächlich interessant zu beobachten, wie die Auseinandersetzungen innerhalb des Christentums im 16. und zu Beginn des 17. Jahrhunderts die Entwicklung der Nationalsprachen gefördert haben, wobei sie sowohl von der Reformation aufgewertet worden sind, die die Übersetzung der lateinischen Bibel anregte, als auch von der Gegenreformation, die sich in ihrem Kampf gegen den Protestantismus derselben Mittel bediente wie ihre Gegenspieler. Die zumindest regionale Ausstrahlung mehrerer mittel- und nordeuropäischer Sprachen datiert aus dieser Zeit, in der kurz hintereinander zwei rivalisierende Übersetzungen der Heiligen Schrift aus dem protestantischen und dem katholischen Lager erschienen: Auf die protestantische ungarische Bibel aus dem Jahre 1590 folgte 1604 eine katholische Version, in Litauen wurde die protestantische Bibel von 1590 im 17. Jahrhundert durch ein katholisches Gegenstück ersetzt. In Slowenien war die Gegenreformation am radikalsten: Die protestantische Bibel wurde verbrannt und verboten, die katholische Ausgabe, die an ihre Stelle trat, bot angeblich eine bessere Übersetzung. Bevor Luther, der, wie er sagte, Gott lieber auf Deutsch als auf Lateinisch verehrte, für all diese Unternehmungen das Vorbild lieferte, war der Weg schon durch Jan Hus gewiesen worden: Er hatte eine Schriftform festgelegt – hauptsächlich in seinem Werk *Orthographia bohemica*, das ihm zugeschrieben wird (um 1410) und das seiner Zeit weit voraus war –, worin er ein geniales System von diakritischen Zeichen anbot, das später von Ungarn und Polen nachgeahmt werden sollte. Die religiösen Reformen der Hussiten und die nachfolgenden Auseinandersetzungen zwischen Utraquisten, Taboriten und Katholiken verliehen dem Tschechischen in Böhmen die Würde einer Sprache, welche zur religiösen Unterweisung geeignet erschien; und sein Beispiel sollte in der Slowakei und in Ungarn Schule machen.

Trotz dieses Durchsetzungsvermögens der Nationalsprachen behielt das Lateinische als Gelehrtensprache eine bemerkenswerte verbindende Kraft. Wenn es auch auf dem Gebiet der religiösen Unterweisung von den Landessprachen in den Hintergrund gedrängt wurde, so bewahrte es doch auf Grund seiner engen Verbindung mit der Römisch-Katholischen Kirche genügend Ansehen, um aus eigener Kraft eine Trennungslinie zwischen zwei Teilen Europas zu ziehen: dem Westteil, der überwiegend katholisch, daneben allerdings partiell auch protestantisch war, und dem Ostteil, der zur Orthodoxen Kirche gehörte. Diese Trennungslinie verläuft durch Gebiete, wo sie Völker spaltete, die an und für sich die gleiche Muttersprache haben: katholische Ukrainer im Westen, orthodoxe im Osten; das gleiche gilt für die Weißrussen und weiter im Norden für die Finnen, die einerseits lutherisch waren wie ein Teil der Balten, während ihnen andererseits im Ostteil die Karelier gegenüberstanden, die zur Orthodoxen Kirche gehörten. Bei all dem kommt der Schrift eine starke Symbolfunktion zu. Das lateinische Alphabet als einigende Ikone wurde zur bewußt gewählten Schreibweise einer Reihe von Völkern, die nie zum Römischen Reich gehört hatten, wie etwa von Germanen und Iren, aber auch von slawischen Völkern. Diese Schriftwahl hat die slawischen Völker gespalten, indem sie dem osteuropäischen Kulturraum diejenigen Völker entriß, die an seiner westlichen Grenze angesiedelt waren: Polen, Tschechen, Slowaken sowie die Ungarn, deren Sprache jedoch weder zur slawischen noch zur indoeuropäischen Sprachfamilie zählt. Die Sprachen dieser Völker hatten ebenfalls von den religiösen Auseinandersetzungen profitiert, ohne daß die religiösen Minderheiten, die von der Gegenreformation nicht erreicht worden waren, sich eigener sprachlicher Ausdrucksformen bedient hätten: ungarische Calvinisten, tschechische und – weniger zahlreich – slowakische Lutheraner.

Auch einige südslawische Völker werden durch den Katholizismus und sein graphisches Symbol, die lateinische Schrift, vom osteuropäischen Kulturkreis getrennt: die Slowenen und die Kroaten. Die Serben und die Kroaten verwenden eine einheitliche Schriftsprache, das Serbokroatische. Bis zur Mitte des 19. Jahrhunderts gab es nur getrennte Sprachen: das Kajkavische, das im Norden des kroatischen Gebiets gesprochen wurde, vor allem in Agram, dem heutigen Zagreb; das Čakavische, das im Süden benutzt wurde, das heißt in einem Teil Bosniens und in Dalmatien, vor allem in Dubrovnik. Das Čakavische wird als die konservativste Sprache im serbisch-kroatischen Sprachraum angesehen, der wiederum im gesamten slawischen Raum selbst am meisten von der alten slawischen Gemeinschaftssprache bewahrt hat, ungeachtet des starken Zustroms türkischer Worte in die serbische Sprachform Serbiens, Bosniens und der Herzegowina vom 15. bis zum 19. Jahrhundert. Die erfolgreichste Entwicklung sollte jedoch eine andere Sprache nehmen, nämlich das Štokavische. Trotz dreier verschiedener Aussprachevarianten diente das Štokavische den Serben, der Mehrheit der Kroaten und den Einwohnern von Bosnien-Herzegowina und Montenegro als gemeinsame Sprache. In dieser Eigenschaft bildete es die Grundlage für das Wörterbuch, das der große serbische Philologe Vuk Stefanović Karadžić verfaßte, dessen Muttersprache das Štokavische war. Karadžić, der sich für die Förderung des Serbischen einsetzte, mit der schon im Zeitalter der Aufklärung begonnen worden war, hatte sein Werk in den Jahren 1813–1818 verfaßt, einer für den linguistischen Nationalismus äußerst günstigen Zeit, weil sie auf die Periode nationalen Erwachens folgte, die schließlich zum Aufstand der Serben gegen die Türkenherrschaft führen sollte. Karadžić verband später seine Bemühungen mit denjenigen des Grammatikers Ljuderit Gaj, eines kroatischen Patrioten, der zur sogenannten illyrischen Bewegung gehörte und gemeinsam mit den Slowenen, den Bulgaren und den Makedoniern die ursprüngliche Einheit der Südslawen wiederherstellen wollte. Man nahm also das Štokavische als Grundlage des Serbokroatischen, entsprechend einer gleichmäßig gewichteten dialektalen Auswahl, die den von Solidarität geprägten Wünschen der patriotischen Philologen gerecht wurde. Entsprechend sah die Entscheidung des Sprachkongresses von Wien im Jahre 1850 aus, die sehr viel später – erst 1954 – durch das Abkommen von Novi Sad über eine einheitliche Sprache bestätigt werden sollte. Zwischen diesen beiden sprachgeschichtlichen Daten liegt der Oktober 1918, ein wichtiges politisches Ereignis. Damals wurde ein gemeinsames Königreich der Serben, Kroaten und Slowenen proklamiert, das entsprechend den Wünschen der Südslawen diese Teilstücke der nach dem Ersten Weltkrieg zerbrochenen Donaumonarchie vereinigte.

Aber Serben und Kroaten, die beiden zahlenmäßig stärksten Völker Jugoslawiens (»Land der Südslawen«), wie man dieses neue Gebilde seit 1931 nannte, repräsentierten zwei verschiedenartige kulturelle Welten. Sie gehörten nicht derselben Kirche an und benutzten dementsprechend auch nicht dasselbe Alphabet: Die Kroaten sind Mitglieder der Römisch-Katholischen Kirche und haben die lateinische Schrift übernommen, während die Serben, die zum byzantinischen Kulturkreis gehören, dem griechisch-orthodoxen Glauben anhängen und in kyrillischer Schrift schreiben. Zwölfhundert Jahre der Trennung und unterschiedliche Einflüsse haben tiefe

Gräben aufgeworfen, auch wenn sie die ursprüngliche sprachliche Einheit nicht verschleiern können. Diese ist trotz ganz verschiedener linguistischer Einwirkungen – aus dem Russischen und dem Türkischen auf das Serbische sowie aus dem Deutschen, dem Tschechischen und neuerdings aus dem Französischen auf das Kroatische – erhalten geblieben. Schon zu Beginn der zwanziger Jahre zeigte sich ein unversöhnlicher Gegensatz zwischen kroatischem Separatismus und großserbischem Zentralismus, wobei der chauvinistische Druck des letzteren sich aus der stolzen Tradition eines serbischen Reiches herleitet, das schon im Jahre 1219 über seine eigene Kirche verfügte. Dieses Reich hatte seine Glanzzeit – vor allem in literarischer Hinsicht – in der zweiten Hälfte des 14. Jahrhunderts, bis dann die ottomanischen Eroberer die Serben nach Süden zurückdrängten, vor allem ins Kosovo, dem sie infolgedessen einen hohen historischen Wert beimessen, nicht ohne dadurch in Gegensatz zu den Albanern zu geraten, wie wir noch sehen werden. Der Gegensatz zwischen Serben und Kroaten sollte sich trotz der Verbindung durch die gemeinsame Sprache in den Massakern fortsetzen, die das pro-nationalsozialistische kroatische Ustascha-Regime während des Zweiten Weltkriegs an den Serben verübte.

Der Haß und die Rachegefühle der Serben wurden zunächst durch die Autorität und das Ansehen Titos (eines gebürtigen Kroaten) in Schach gehalten. Aber nach dessen Tod im Jahre 1980 sollten sich zehn Jahre später die Gegensätze dieser beiden slawischen Völker in einer gewaltsamen Auseinandersetzung entladen. Der Bürgerkrieg hätte vielleicht vermieden werden können, aber die Europäische Gemeinschaft ging schon im Januar 1992 das Risiko ein, die kroatische und slowenische Unabhängigkeit anzuerkennen, auf die die Anerkennung Bosnien-Herzegowinas am 6. April folgte; die Vereinigten Staaten erkannten am 7. April alle drei Republiken an. Zwanzig Tage später bildete sich eine neue Bundesrepublik Jugoslawien, die bisher weder von den USA noch von der EU anerkannt worden ist. Sie besteht aus Serbien und Montenegro und soll zusammen mit den serbischen Minderheiten Kroatiens und Bosnien-Herzegowinas einen großserbischen Staat verwirklichen. So hat der Einigungstraum der kroatischen und serbischen Patrioten des 19. Jahrhunderts den Auflösungskräften nicht standhalten können, die mit fast gesetzmäßiger Notwendigkeit durch die Trennungslinie der Kulturen, der Kirchen und der Schriftsysteme vorgezeichnet sind. Das Auseinanderbrechen Jugoslawiens führt uns heute die Auflösung der slawischen Welt vor Augen und darüber hinaus die Spaltung Europas von Norden nach Süden in zwei verschiedene Kulturräume.

Es gibt allerdings Brückenfunktionen, wofür Rumänien ein typisches Beispiel ist. Die Rumänen, die in den Augen des Westens vom Heimweh lateinischer Vettern im peripheren Exil beherrscht sind, haben seit dem 17. Jahrhundert unter allen Regimen unablässig ihre Zugehörigkeit zur Latinität betont. Ihre Sprache legt darüber ein unbezweifelbares Zeugnis ab, was eigentlich erstaunlich ist, wenn man sich klarmacht, daß die Provinz Dacia nur 155 Jahre unter römischer Herrschaft und römischem Einfluß stand, nämlich von 106 bis 261. Im Gefolge der slawischen Invasionen des 6. und 7. Jahrhunderts wurde ein Teil des rumänischen Vokabulars so stark slawisiert, daß einige – vor allem Adelung in seinem *Mithridates* (1771–1806), einer großen Zusammenstellung der Sprachen der Welt – es für eine slawische Sprache hielten. Die Rumänen, die mehrheitlich zur Orthodoxen Kirche gehören, haben sich der religiösen Texte der Slawen bedient, die sie zunächst (ziemlich spät, gegen Ende des 15. Jahrhunderts) in kyrillischen Buchstaben aufzeichneten, bevor sie schließlich im Jahre 1868 zur lateinischen Schrift überwechselten. Es traten noch andere Einflüsse hinzu, die der Sprache ein besonderes und vielgestaltiges Aussehen verliehen haben, in dem die beiden Hälften Europas zusammenfinden: Die lange Fremdherrschaft, die durch Konstantinopel errichtet worden war und die zur Ernennung griechischer Fanarioten als Regenten (Hospodare) führte, brachte einen Zustrom von türkischen und griechischen Wörtern, die teilweise in der Zeit von 1860–1877 wieder ausgeschieden wurden; auch das Ungarische, das für die Rumänen zum Vermittler westlicher Kultur wurde, führte zu zahlreichen Entlehnungen; schließlich nährten das Ansehen Frankreichs und die Suche nach neuen Quellen eine starke frankophile Strömung, die eine Aufnahme französischer Wörter bewirkte, die unvermindert anhält. Bei der Darstellung der östlichen Einflüsse auf den lateinischen Grundstock schreibt George Călinescu (1985, S. 8f.):

> »Daß die Sprache in ihrer Struktur und ihrem Grundwortschatz lateinisch ist, läßt sich nicht bezweifeln. Der slawische Einfluß könnte aber immerhin einen Ausländer irritieren, der bereits eine romanische Sprache beherrscht und nicht über philologische Kenntnisse verfügt [...]. Das Ungarische hat eine Bereicherung herbeigeführt, die mit der vitalistischen Einstellung des magyarischen Volkes verbunden ist, das uns Wörter zur Verfügung stellt, um Sachverhalten wie Größe, Erhabenheit oder den höchsten Gedanken zum Ausdruck zu verhelfen [...]. Unter den türkischen Lehnwörtern finden sich solche, die auf orientalische Wohnungseinrichtungen sowie auf Bazargegenstände Bezug nehmen und dem Satz ein farbenprächtiges Aussehen verleihen [...]. Die Hellenismen [...], die

> eine subtile, humoristische Wirkung hervorbringen, spiegeln die Feinheit des Gefühls, den Bildungseifer und den hohen sprachlichen Anspruch wider [...]. Diese Mischung von Wörtern der unterschiedlichsten Herkunft verleiht der rumänischen Sprache einen außerordentlichen Farbenreichtum.«

Es gibt einen weiteren Unterschied zwischen den beiden Hälften Europas, der ebenfalls an die Brüche innerhalb der Geschichte gebunden ist. In den westlichen Ländern führen die Sprachen der Minderheiten, die in keinem Staat Landessprache sind, einen schwierigen Kampf um ihre volle Anerkennung gegenüber den offiziellen romanischen und germanischen Sprachen, wie etwa dem Englischen, dem Französischen und dem Spanischen, die alle von lang etablierten politischen Mächten verwendet werden und weltweit akzeptiert sind. Im östlichen Teil Europas ist die Situation eine andere. Gewiß genießen auch dort die Idiome der ethnischen Minderheiten nicht die gleichen Privilegien wie die geltenden Amtssprachen der Staaten, aber ihr Gewicht ist größer. Sie sind entweder die lebendigen Zeugen der ständigen Durchdringung der slawischen Welt durch die Völker aus dem Fernen Osten oder aber die Beständigkeit nationaler Identität bei jenen anderen Völkern, die der entgegengesetzten Bewegung unterworfen sind, das heißt dem ständigen Vordringen der Russen nach Osten. Im Verlaufe ihrer bewegten Geschichte haben die Russen, die Ukrainer und die Weißrussen nicht über genügend Zeit verfügt, um sich eine Struktur zu geben, die es ihnen erlaubt hätte, andere Kulturen zu absorbieren, wie es das chinesische Reich tat, wo sich Mongolen und Mandschus sprachlich und kulturell soweit sinisiert haben, daß sie zwei Dynastien hervorbringen konnten, die der Yuan (1278–1368) und diejenige der Qing, die zu den dauerhaftesten zählte (1644–1912). In Westeuropa erinnern bestimmte Ereignisse an die Geschichte Chinas. So konvertierte der Frankenkönig Karl der Große zum Christentum und stellte für seine Zwecke das Römische Reich wieder her. In anderen Fällen assimilierten sich die Eroberer nicht; aber dann wurden sie, selbst nach einer langen Periode politischer und kultureller Blüte, aus dem Land vertrieben, wie das bei den Arabern in Spanien der Fall war, die der kastilischen Rückeroberung weichen mußten. Das Sprachenmosaik der osteuropäischen Länder resultiert nicht immer aus mehr oder weniger spontanen Bevölkerungsverschiebungen. In diesem Teil des Kontinents haben einige Staaten ein Bedürfnis nach Hilfe verspürt, und zwar gerade deswegen, weil hier nicht eine Kultur wie die griechisch-römische alle Lebensbereiche geprägt hat, und sie haben diese Hilfe bei ihren Nachbarn gesucht.

Beispielsweise ließen die Litauer im 12. Jahrhundert Schriftkundige aus Weißrußland kommen, durch deren Vermittlung zahlreiche Wörter aus dem Weißrussischen ins Litauische gelangt sind. Vilnius, die Hauptstadt Litauens, befindet sich heute jenseits der östlichen Sprachgrenze des Litauischen und ist von ländlichen Zonen umgeben, in denen Weißrussisch gesprochen wird. In Litauen und Polen, aber auch weiter südlich und generell in allen osteuropäischen Ländern ohne einen Mittelstand, mußten Ausländer ins Land geholt werden. Die Juden, die aus Deutschland zuwanderten, befriedigten dieses Bedürfnis – daher die sprachliche Vielfalt dieser Regionen, wo das Jiddische, das zu den germanischen Sprachen zählt, vor dem Zweiten Weltkrieg mit den slawischen und den baltischen Sprachen oder auch mit dem Rumänischen koexistierte. Zwar hatten die armenischen Händler, die auf der Flucht vor den Tataren nach Bessarabien gelangt waren, sich dort assimiliert und den Gebrauch ihrer Sprache aufgegeben (vgl. Meillet 1928, S. 194), aber im allgemeinen war ein derartiger Vorgang nicht typisch für die osteuropäischen Länder.

Der Gegensatz, der zwischen den beiden Teilen Europas hinsichtlich des unterschiedlichen Verhältnisses von sprachlichen Mehrheiten zu sprachlichen Minderheiten besteht, tritt deutlich zutage, wenn man die Situation in den einzelnen Ländern untersucht. Im Westen ist der größte Teil der Staaten in sprachlicher Hinsicht völlig oder fast völlig homogen, das heißt in ihnen werden die Minderheitssprachen von weniger als 10 Prozent der Bevölkerung gesprochen, so etwa in Island, Portugal, Norwegen, Dänemark, in den Niederlanden, in Deutschland, Österreich, Italien oder Großbritannien. Im Osten Europas dagegen findet man die meisten Staaten, in denen nationale Minderheiten, die sich ständig ihrer Muttersprache bedienen, mehr als 10 Prozent der Gesamtbevölkerung ausmachen, so etwa in Rumänien, Bulgarien, der Ukraine, in Litauen und besonders in Estland und Lettland, wo die fremdstämmigen Gemeinschaften in den siebziger Jahren mehr als 40 Prozent der Gesamtbevölkerung ausmachten. Diese Zahlen (die wir bei Haarmann 1975, S. 42–66 finden) haben sich vielleicht in den letzten Jahren verändert, aber allenfalls geringfügig: Die Presse hat bisher keine bedeutenden Auswanderungen von Russischsprechenden seit der Unabhängigkeit der baltischen Staaten verzeichnet, trotz der Zwänge, denen sie dort ausgesetzt sind (vgl. S. 229f.). Im Westen kann wiederum Belgien mit 56 Prozent Holländisch sprechenden Flamen und 43 Prozent Französisch sprechenden Wallonen (Brüssel eingeschlossen: der Rest, 1 Prozent, ist deutschsprachig) nicht als Gegenbeispiel angeführt werden, denn es ist das Ergebnis einer – zumindest anfänglich – gewollten politischen Union und nicht ein Sammelplatz von Völkern, die durch historische Zwänge zusammengeführt worden sind. So erscheint der östliche Teil Europas in sprachlicher Hinsicht weniger homogen als der westliche.

Es ist wichtig festzuhalten, daß diese Aufteilung des Kontinents in zwei große Gruppierungen sich nicht mit derjenigen überschneidet, die man erhält, wenn man das genetische Kriterium der Klassifizierung nach Sprachfamilien zugrunde legt. Das Arabische ist in Europa anzutreffen, ebenso wie eine völlig isolierte Sprache – das Baskische –, eine mongolische Sprache, zahlreiche Turksprachen und schließlich kaukasische Sprachen. Die anderen Sprachen Europas, die nach der Zahl ihrer Sprecher die bedeutenderen sind, bilden zwei Gruppierungen, die aber keine direkte Beziehung zu der Einteilung haben, die ich vorher unter nichtgenetischen Gesichtspunkten vorgenommen habe. Die beiden jetzt angesprochenen Sprachgruppen sind sehr unterschiedlich verteilt. Die indoeuropäische Sprachfamilie nimmt den größten Teil des Kontinents ein. Die uralische Sprachfamilie dagegen hat sich im Zuge der Völkerwanderungen sehr viel weniger weit verbreitet und nimmt heute nur ungefähr den elften Teil der europäischen Landfläche ein. Als die Stämme der indoeuropäischen Sprachfamilie – wahrscheinlich zu Beginn des 3. Jahrtausends v. Chr. – ihre Urheimat verließen, das gemäß einigen wissenschaftlichen Hypothesen zwischen Weser und Oder lag, haben sie ihre Idiome in verschiedene Richtungen verbreitet: einerseits in den äußersten Südosten, wo sie den indoiranischen und den armenischen Zweig bilden sollten; andererseits in den Süden, wo ihre Nachkommen die Völkerschaften gebildet haben, die wir unter den Namen Griechen, Thraker, Illyrer, Venetier und Italiker kennen; in gleicher Weise nach Norden, wo sie die Vorfahren der Germanen wurden, nach Osten, wo sie zu Slowenen und Balten wurden, und schließlich nach Westen, wo ihre Nachkommen als Kelten siedelten. Man kann deshalb die Vorgeschichte Europas als diejenige eines Kontinents ansehen, der immer weitgehender indoeuropäisiert wurde.

Die Völker der uralischen Sprachfamilie verließen ihrerseits vermutlich um die Mitte des 3. Jahrtausends v. Chr. teilweise ihr angestammtes Wohngebiet am Fuße des Ural – bewaldete Hügel und Ebenen, die vom Flußnetz der Wolga durchzogen waren sowie von ihrem Nebenfluß Kama und von der Petschora. Schon vorher waren einige ihrer Stämme – die Samojeden – nach Westsibirien gezogen. Dennoch blieben nicht nur eine große Zahl von Uralbewohnern in ihrem Ursprungsland wohnen, wo sie noch heute ansässig sind, sondern auch diejenigen, die aufbrachen, gelangten nicht über zwei klar umrissene Gebiete hinaus: einerseits die mittlere Donauebene, die dem Gebiet des heutigen Ungarn entspricht, andererseits die baltische Region, die gegenwärtig umfaßt wird von Finnland, von den nördlichen, von Lappen besiedelten Teilen Skandinaviens, von Estland und von dem Gebiet, das sich zwischen Karelien und dem Lauf der Dwina erstreckt. Überall sonst wurden die Wanderbewegungen der östlichen Stämme durch die Ausdehnung des indoeuropäischen Volkes der Slawen, und besonders seines Hauptzweiges, der Russen, zum Stillstand gebracht.

So führt die Betrachtung der Sprachen Europas unter genetischen Gesichtspunkten zu wertvollen Erkenntnissen über seine Bevölkerungsgeschichte, und obwohl sie sich nicht mit der anderen Unterteilung in zwei große kulturelle Blöcke deckt, bestätigt sie indirekt die Nützlichkeit dieser Unterteilung, die sich auf ein weniger formales Kriterium als die Zugehörigkeit zu einer Sprachfamilie stützt: Ungarn, Finnland und Estland, die nicht zur indoeuropäischen Sprachfamilie gehören, müssen in kultureller Hinsicht – wenn auch mit Abstrichen – dem westeuropäischen Kulturkreis zugerechnet werden, während Rußland, die Ukraine und Weißrußland, die zum indoeuropäischen Sprachbereich gehören, Teil des osteuropäischen Kulturkreises sind, zu welchem auch Armenien und Georgien gehören.

Das Ergebnis aus dem Vorhergehenden ist eindeutig: Hinsichtlich der Beziehungen zwischen Sprache und Kultur (wozu auch die Religion zählt) und hinsichtlich der Verteilung von Mehrheits- und Minderheitssprachen gibt es in Europa zwei große Gruppierungen. Die Wechselfälle der Geschichte haben hier eine geteilte Welt geformt, in deren östlicher Hälfte eine Tendenz zum Auseinanderfallen zu bestehen scheint, während die westliche Hälfte den Eindruck vermittelt, als ob der Weg zur Einheit führe. Aber die kulturellen Phänomene sind weniger eindeutig und durchsichtig, als es zunächst den Anschein hat. Einheit wird nur als ein immer gefährdetes Ideal erreicht, Auflösung dagegen ist das Übergangsstadium auf dem langen Weg zur ersehnten Einheit. Heute ist im Westen die Europäische Union weit fortgeschritten, aber dem ging eine lange Anlaufzeit voraus; denn der Wunsch nach Einheit setzte das Bewußtwerden der wahren Interessen eines Kontinents voraus, auf dem lange Zeit gerade der Drang zur vereinzelten und wehrhaften Selbständigkeit vorherrschte, der sich aus der langen Geschichte der europäischen Völker erklärt. Die Sowjetunion andererseits hat sich zwar aufgelöst, aber im gleichen Augenblick, wo man sie für tot hielt – im Dezember 1991 –, trat im Gegenzug die Gemeinschaft Unabhängiger Staaten an ihre Stelle, die von einigen zwar als unausgegoren und gefährdet, wenn nicht gar als schon im Sterben liegend betrachtet wird, die aber dennoch vor unseren Augen den anfänglichen Emanzipationstaumel ihrer Mitgliedsstaaten überwindet, die zunächst eifersüchtig über ihre neugewonnene Unabhängigkeit wachten.

Fragt man sich, ob diese Gemeinschaft lebensfähig ist oder ob sie augenblicklich zum Untergang verurteilt ist, und nimmt man als Indiz die Sprachen, weil man überzeugt ist, daß deren Bedeutung weit über den linguistischen Bereich hinausgeht, dann steht man vor einer eigenartigen Situation. Im Westen, wo die Einigung rasche Fortschritte macht, sind mehrere Sprachen mit einer bedeutenden geschichtlichen Vergangenheit zur Gemeinschaftssprache berufen, und der Vorrang des Englischen, auch wenn es sich schon in vielen Bereichen durchgesetzt hat, ist weit davon entfernt, allgemeine Zustimmung zu finden. Im Osten erfreut sich dagegen nur eine einzige Sprache – das Russische – einer weitreichenden Verbreitung. Es wird als Zweit- und oft sogar als Erstsprache von zahlreichen und bedeutenden nichtrussischen Bevölkerungsteilen gesprochen, nicht nur in Rußland selbst, sondern auch in zahlreichen anderen Republiken der ehemaligen Sowjetunion. Es ist deshalb ein Einigungselement von einzigartiger Kraft. Diese Situation könnte als der linguistische Reflex eines Naturphänomens erscheinen, das jedem aufmerksamen Beobachter sofort auffällt: Der Osten Europas ist eine riesige Ebene bis nach Finnland im Norden und Ostbulgarien im Süden, während der Westen in kleine, gewundene Streifen gegliedert ist, die nirgends eine zusammenhängende Masse von Landflächen bilden, wie wir sie auf allen anderen Kontinenten antreffen. Europa ist ein zerstückelter geographischer Raum, bis man, von Westen kommend, auf die große russische Ebene stößt. Diese natürliche Gestaltung hat seit frühester Zeit eine bestimmte politische Physiognomie zur Folge gehabt. Hierzu sollte die Schaffung der Europäischen Union ein Gegengewicht bilden. Die geographische Gestaltung des Ostens dagegen müßte eines Tages die wirtschaftliche und politische Integration auf neuer Grundlage erleichtern. Ist es nicht erstaunlich, daß der sprachliche Befund, ohne diese Entwicklung vorzuzeichnen, sie doch zumindest nahelegt?

Kapitel 6
Die vernetzten Codes

Ein Rundgang durch die Welt der Sprachen

In dem vorliegenden Buch werden die Sprachen Europas unter verschiedenen Gesichtspunkten aufgeführt, die es gestatten, sie in größeren Zusammenhängen zu untersuchen. Es bietet keine vollständige Aufzählung, denn wir wollen sie hier nicht einzeln aufführen und der Reihe nach beschreiben. Wir wollen vielmehr eine Vorstellung sowohl von ihrer Vielfalt als auch von ihren sozialen Funktionen geben, indem wir einige der am wenigsten bekannten und entlegensten im folgenden präsentieren. Aber bevor wir daran gehen, müssen wir über die Definition einiger wichtiger Begriffe Klarheit schaffen.

Sprache und Dialekt

Unter rein sprachwissenschaftlichen Gesichtspunkten unterscheidet sich ein Dialekt nicht von einer Sprache: Er verfügt selbstverständlich über ein phonetisches System, über eine Grammatik und über eine Lexik. Der Unterschied zwischen Sprache und Dialekt liegt folglich woanders. Unter Dialekt versteht man im allgemeinen entweder eine der mündlichen Ebenen einer Sprache oder eine ihrer Varianten, die aber nicht so verschieden von ihr ist, daß ein Verständnis verhindert würde; diese Variante wird allerdings weder vom Zentrum der politischen Macht gefördert noch durch offizielle Erlasse in irgendeiner Weise geregelt. Die Betrachtung dieser Unterscheidungsmerkmale macht deutlich, daß eine klare Gegenüberstellung von Sprache und Dialekt durchaus nicht immer möglich ist. Die Verhältnisse sind komplex, und die Unterscheidung, die sicherlich ihre Vorteile hat, muß anpassungsfähig bleiben. Ein Teil der Sprachen, die wir hier behandeln wollen, würden zweifellos besser als Dialekte bezeichnet, und selbst einige bloße Sprachgebräuche werden deutlich als Dialekte in Erscheinung treten, die man einer umfassenderen Sprache zuordnen kann. Aber diese Fälle sind in Europa seltener als in Afrika oder Asien. Einer der charakteristischsten Züge, die das sprachliche Antlitz Europas prägen, betrifft die dialektalen Varianten: Es ist der Kontinent, auf dem am stärksten die Zurückdrängung oder häufig auch die Auslöschung der dialektalen Varianten stattgefunden hat, selbst wenn sie so bedeutend waren, wie sie es heute noch teilweise für das Slowenische und das Estnische sind. Die Hauptursache für diese Situation war der Einfluß der Gemeinschaftssprachen, die durch eine immer weitere Verbreitung sowie die privilegierte soziale Position ihrer Sprecher begünstigt wurden. Das gilt typischerweise für Frankreich, aber auch für Länder wie Deutschland und Italien, wo sich trotz des Dialektreichtums eine literarische Sprache durchgesetzt hat, oder für Schweden, wo der hohe Lebensstandard einer demokratischen Industriegesellschaft dazu führt, die sprachlichen Sonderformen und die regionalen Dialekte zu neutralisieren.

Als Folge davon gibt es in Europa trotz seiner großen sprachlichen Vielfalt keine so bemerkenswerte Konzentration von Sprachen wie in anderen Weltgegenden. Mit 60 Sprachen, die von 620 Millionen Einwohnern auf einer Fläche von 10 200 000 km^2 gesprochen werden, kann man es weder mit Indien vergleichen, das auf einer Fläche von 3 300 00 km^2 und bei einer Bevölkerung von ca. 684 Millionen ungefähr 200 Sprachen aufweist, von denen etwa 40 jeweils nur von einigen hundert Personen gesprochen werden, noch auch mit China, wo auf 9 736 00 km^2 etwa eine Milliarde Menschen leben, von denen zwar 762 Millionen das Chinesische oder eine seiner Formen als Muttersprache sprechen, der Rest sich aber auf etwa 50 Nationalsprachen verteilt, von denen nur vier von mehr als vier Millionen Einwohnern gesprochen werden. Diese wichtigen Unterschiede in den Verhältnissen werden noch deutlicher, wenn man sich in Erinnerung ruft, daß 78,5 Prozent der Europäer eine der acht Sprachen des Kontinents sprechen, die von jeweils mehr als 30 Millionen Sprechern benutzt werden (vgl. Haarmann 1975, S. 16): Russisch, Deutsch, Englisch, Französisch, Italienisch, Ukrainisch, Polnisch und Spanisch.

Diese Situation ist das Resultat historischer Bedingungen, die dem europäischen Kontinent ein spezielles Aussehen gegeben haben. Der Versuch, gemeinsame linguistische Normen zu schaffen, ist keine Besonderheit Europas, aber hier erfolgte er besonders früh und auf einer sehr breiten Grundlage. Dieser Versuch ist Ausdruck eines Willensaktes der Menschen. Denn Sprachen, auch wenn sie sich auf einem sehr hohen Abstraktionsniveau befinden, sind gleichzeitig lebendige Gebilde. Sie tendieren zu einer endlosen Vermehrung, ohne daß es Anzeichen für einen zusammenhängenden Plan gäbe, der diesen Bewegungen zugrunde läge. Die Diversifikation liegt in der Natur der Sprachen. Diejenigen unter ihnen, die in Europa ein abweichendes Schicksal erfahren haben, sind durch intellektuelle oder politische Kräfte – oder durch beide gemeinsam – geformt worden, nicht ohne gleichzeitige Unterstützung durch eine gewisse wirtschaftliche Dynamik. Die natürliche Diversifikation der Sprachen wird in diesem Fall willentlich von den Menschen verhindert, die sich bemühen, ein gemeinsames Instrument für eine größtmögliche Zahl zu schaffen, mit dessen Hilfe sich eine selbstbewußte Kultur behaupten soll. Ein derartiges Unternehmen ist nicht unbegründet. Die Entwicklung der sprachlichen Gewohnheiten kann die periodische Neuregelung einer gemeinsamen Literatursprache erforderlich machen, ebenso wie diejenige der Orthographie, wenn diese mit der schnellen Entwicklung der Laute nicht mehr Schritt halten kann. Bei den Sprachen, die am stärksten in Dialekte aufgespalten sind, handelt es sich um diejenigen, die ein besonderes Schicksal nicht in einen eigenen, unabhängigen und politisch geeinten Nationalstaat gebunden hat. Dafür sind das Baskische und das Okzitanische deutliche Beispiele, ebenso wie am anderen Ende Europas die Sprachen, auf die wir gleich zu sprechen kommen.

Politische Unterstützung durch einen zentralistischen Staat, Planung, frühzeitige Erlernung in der Schule: das sind die zusammenwirkenden Kräfte, die eine Gemeinschaftssprache hervorbringen und festigen und sie der spontanen Diversifikation im Bereich des dialektalen Gebrauchs entgegensetzen. Das Hinzutreten weiterer Faktoren kann sich in der einen oder anderen Richtung auswirken. Einer dieser Faktoren ist die Mobilität, die den dialektalen Auffächerungen wenig förderlich ist. Das Russische wird uns dafür an anderer Stelle ein Beispiel liefern. Die Tätigkeit der christlichen Kirchen verläuft nicht immer gleichförmig. Die Missionare sind in erster Linie auf Wirkungsmöglichkeiten bedacht, und sie interessieren sich vor allem dann für die Gemeinschaftssprachen, wenn diese dem tatsächlichen Sprachgebrauch der Bevölkerung entsprechen. Nötigenfalls schaffen sie auch selbst derartige Gemeinschaftssprachen (wie wir dies vorstehend am Beispiel Luthers gezeigt haben, der viele Nachahmer fand), indem sie die Heilige Schrift übersetzen und damit der Sprachform, die sie selbst am besten beherrschen, nämlich ihrem eigenen Dialekt, eine große Zuhörerschaft gewinnen. Wenn aber die verschiedenen muttersprachlichen Dialekte dem täglichen Gebrauch der Bevölkerung entsprechen, wenden die Geistlichen ihnen ihre Aufmerksamkeit zu, denn es handelt sich ja dann um ihr Arbeitswerkzeug. Es ist deshalb nicht erstaunlich, daß Fassungen der Bibel, des meist übersetzten Buches der Menschheitsgeschichte, in den abgelegensten Sprachen der Welt vorliegen und daß die eifrigsten Dialektforscher häufig unter den Missionaren zu finden sind.

Nach diesen knappen Anmerkungen zu den Begriffen Sprache und Dialekt wollen wir einen schnellen Durchgang durch die Welt der europäischen Sprachen absolvieren. Wir wenden uns dabei in kurzen Abschnitten einigen Sprachen zu, die sonst in diesem Buch wenig Beachtung finden, nämlich – in der Reihenfolge von West nach Ost – zwei romanischen Sprachen, fünf germanischen, einer aus dem hohen Norden, einer vom Südbalkan, einer Sprache eines Nomadenvolkes und schließlich – im Südosten – den kaukasischen Sprachen.

Die schillernden Facetten des Portugiesischen

Die zahlreichen Wörter, die schon in der zweiten Hälfte des 15. Jahrhunderts im Gefolge der großen Entdeckungsfahrten aus afrikanischen, indianischen und asiatischen Sprachen entlehnt worden sind, haben das Portugiesische zur exotischsten Sprache Europas gemacht, ungeachtet der gelehrten Anleihen aus der lateinischen Syntax und Lexik unter der Schirmherrschaft der Humanisten im Zeitalter der Renaissance. Die lange arabische Besetzung – gegen welche die Portugiesen, die einen Teil der Nordhälfte ihres Landes hatten behaupten können, unablässig Krieg führten, um auch den Süden zurückzugewinnen – hat diesen exotischen Charakter verstärkt, indem sie dem lateinischen Grundstock zahlreiche arabische Wörter hinzufügte hat. Das 16. Jahrhundert brachte italienische Wörter ins Land und das 17. Jahrhundert spanische, besonders bis zum Jahre 1640, einem wichtigen Datum für die Entstehung einer unabhängigen portugiesischen Sprache, als die Schaffung eines souveränen Staates erfolgte, der von Spanien getrennt war und unter der Herrschaft des Hauses Braganza stand; seit der Mitte des 18. Jahrhunderts wird das Französische zu einer wichtigen

Quelle von Entlehnungen. Aber diese Einflüsse anderer romanischer Sprachen können nicht verhindern, daß sich die nichtlateinische Komponente noch um brasilianische Beiträge erweitert: zum einen die aus afrikanischen Sprachen, welche von den schwarzen Sklaven gesprochen wurden, und zum anderen die aus den indianischen Sprachen, vor allem dem Tupi, das als Verkehrssprache vom Portugiesischen abgelöst worden ist. Die wachsende Zahl von Wörtern aus dem Englischen im 20. Jahrhundert ist kein eigentümliches Merkmal des Portugiesischen gegenüber den anderen europäischen Sprachen. Aber eine andere Tatsache verleiht dem Portugiesischen eine »Drittwelt«-Färbung, die charakteristisch ist für einige Sprachen in Europa, dessen Militärs und Kaufleute in vielen Erdteilen kulturelle Spuren ihrer Eroberungen hinterlassen haben: Außerhalb Europas und Amerikas ist Portugiesisch in zahlreichen Ländern die Amtssprache, vor allem afrikanischen, wobei allerdings die einfache Bevölkerung dort kreolische Sprachen auf portugiesischer Grundlage spricht (Angola, Mozambik, Guinea-Bissau, auf der Höhe desselben im Atlantik die Kapverdischen Inseln und im Golf von Guinea die Inseln Príncipe und São Tomé). Daher ist das Portugiesische ebenso wie das Spanische eine der Weltsprachen Europas.

Rätoromanische Fragmente

Eine dem Portugiesischen vergleichbare Dynamik ist nicht erkennbar in jener sprachlichen Gruppierung, die noch heute oft als die vierte Sprache der Schweiz bezeichnet wird, obwohl sie seit 1938 nicht den Status einer Amtssprache, sondern lediglich den einer nationalen Sprache genießt. Dieser Status beinhaltet die finanzielle Unterstützung durch den Kanton und den Bund, gewährt aber ansonsten diesem übermäßig zersplitterten dialektalen Konglomerat keine Privilegien. Zu allem Überfluß befindet es sich auch noch in stetem Zurückweichen vor dem andrängenden Alemannischen, wodurch seine Stellung noch weiter geschwächt wird. Unter dem Namen »Rätoromanisch« faßt man die Sprachen der Nachkommen der Räten zusammen, einer Stammesgruppe vermutlich ligurischen Ursprungs, welche Diokletian im 3. Jahrhundert n.Chr. in der Gegend um Chur angesiedelt hat. Diese Sprachen, die noch in den 1970er Jahren von ungefähr 50000 Sprechern gesprochen wurden, sind in drei sehr verschiedenartige Gruppen unterteilt: das Friaulische der Autonomen Region Friaul – Julisch-Venetien und der italienischen Provinzen Triest, Udine und Gorizia; das

Ladinische der Südtiroler Dolomiten, und schließlich das Rumantsch Graubündens, welches wiederum das Ober- und Unterengadinische, das Surselvische (mit einer katholischen und einer protestantischen Variante!) und das Surmiranische umfaßt. Diese Namen weisen ebenso wie die Archaik der Sprachen auf die waldreiche Gegend der hohen Alpentäler hin, in denen sich antike Sprachgebräuche erhalten haben, wie etwa der Gebrauch des Wortes *baselgia* (vgl. *Basilika*) für Kirche; so wie ein anderes ausgefallenes Mitglied der romanischen Sprachfamilie, das Rumänische, das Wort *biserica* kennt – ein Gegensatz zu den übrigen, wo sich die Ableitungen aus *ecclesia* (vgl. Duval-Valentin 1983, S. 473) durchgesetzt haben. Zwar muß man auf die zähen Bemühungen einer langen Folge von Dichtern, Erzählern und Philologen vom 15. bis zum 20. Jahrhundert hinweisen, auf die Gründung der Ligia Rumantscha, auf die jüngsten Versuche der Schaffung einer rätoromanischen Koine und auf die Aufhebung der Lehrplanregelungen, welche das Alemannische auch in den Dörfern bevorzugten, in denen mehrheitlich Rätoromanisch gesprochen wurde. Dennoch bleibt festzuhalten, daß die Zersplitterung der Sprachen, die bedeutenden Unterschiede – wie etwa die zwischen dem Surselvischen und dem Ladinischen – und schließlich der Druck der germanischen Dialekte, die das Rumantsch in Graubünden bedrängen, allesamt Hindernisse für die wirksame Verteidigung dieser Insel ursprünglicher Latinität in den Bergdörfern darstellen, wo einige Traditionen des antiken Europa bis heute erhalten sind.

Die nordischen Sprachen

Das Dänische ist niemals Amtssprache in Grönland geworden, einem heute halbautonomen Land, das zwei Abgeordnete ins *folketing* entsendet und in dem Kopenhagen durch einen Hochkommissar (Rigombudsmanden) vertreten ist. Im Gegensatz dazu hat im benachbarten Island das Dänische erst im Jahre 1918 aufgehört, offizielle Verwaltungssprache zu sein, und die Unabhängigkeit des Landes ist erst 1944 an die Stelle einer langwährenden Union mit Dänemark getreten. Die isländische Sprache hingegen hatte schon seit der Mitte des 15. Jahrhunderts eine eigene Entwicklung genommen. Dieser Abkömmling westnorwegischer Dialekte, deren alte Form er bewahrt hatte, war im Mittelalter als Nachfolger des Altnorwegischen die Sprache einer hochentwickelten Skaldendichtung gewesen. Das Isländische, das durch die Insellage lange Zeit vor jedem Kontakt mit der Außenwelt geschützt war, ist heute mehr als jede andere europäische Sprache durch einen Konservatismus geprägt, der bewußt gefördert wird und sich vor allem gegen den dänischen Einfluß richtet. In den drei anderen skandinavischen Ländern kann man im Gegensatz dazu eine Entwicklung konstatieren, die für europäische Nationen erstaunlich ist: Dänen, Norweger und Schweden verstehen einander kaum, wenn jeder in seiner eigenen Sprache spricht. Dabei würde es sich heute um eine einzige Sprache handeln, die zur nordgermanischen Sprachfamilie gehörte – und selbst das Isländische würde sich nicht davon unterscheiden –, wenn die politische Einheit, die noch im 12. Jahrhundert Gültigkeit hatte, nicht abgewandelt worden wäre und wenn nicht später, im Jahre 1523, die von Gustav Wasa herbeigeführte schwedische Unabhängigkeit die Union der drei Königreiche aufgehoben hätte, die allerdings zugunsten Dänemarks als des damals stärksten Partners bestanden hatte. Im Jahre 1815 sollte die Personalunion zwischen der norwegischen und der schwedischen Krone die Emanzipation des Norwegischen vom Dänischen einleiten.

Die fünfte skandinavische Sprache, das Färöische, wird auf den Inseln gesprochen, die auf halbem Weg zwischen den Shetlands und Island gelegen sind. Obwohl sie einen halbautonomen Status genießen, hängen die Faröer politisch seit 1380 von Dänemark ab. Zu diesem Zeitpunkt wurden sie gemeinsam mit Norwegen, zu dem sie bis dahin gehört hatten, Dänemark angegliedert. Ursprünglich war das Faröische ein Dialekt des südwestlichen Norwegens, aus dem die Wikinger gekommen waren, die diese kleinen Inseln bevölkert hatten. Auf Grund der langen Zugehörigkeit zu Dänemark sind jedoch fast alle 45 000 Einwohner zweisprachig und sehen sich einem starken Druck des Dänischen ausgesetzt, das bis 1938 die einzige geschriebene Sprache war und als solche in Kirche und Rechtsprechung offiziell verwendet wurde. Im Jahre 1938 verschaffte ein Erlaß, der die Bemühungen krönte, die sich am norwegischen und isländischen Autonomiestreben orientiert hatten, dem Faröischen im Schulwesen den gleichen Status, wie ihn das Dänische innehatte. Die Reformer der Neuzeit haben sich stets bemüht, die Danizismen zu verbannen, und das Faröische erscheint infolgedessen immer weniger wie ein dänischer Dialekt – das es ja in Wirklichkeit auch nicht ist – und immer mehr wie eine unabhängige europäische Sprache. Diese Unabhängigkeitsbestrebungen, die sich auch in den Orthographien widerspiegeln, welche trotz zahlreicher Vereinheitlichungsbemühungen verschieden bleiben, verleihen zwar den skandinavischen Sprachen eine Mannigfaltigkeit, mit der sie zur Sprachenvielfalt des Kontinents beitragen, aber gleichzeitig sind diese Sprachen sehr wohl in den europäischen Kontext integriert: Die Entlehnungen aus dem Lateinischen, dem Deutschen und dem Französischen sind zahlreich. Den puristischen Bestrebungen des 18. und 19. Jahrhunderts ist es nicht gelungen, sie wesentlich zu reduzieren (vgl. Karker 1983).

Die ersten Besiedler des nordischen Raums sind gleichzeitig die einzigen, deren Sprache – im allgemeinen Lappisch genannt, von den Ureinwohnern jedoch als *same* bezeichnet – keinen offiziellen Status hat. Das Lappische oder Samische wird immerhin im hohen Norden dreier demokratischer Staaten gesprochen: Norwegen (das die größte Anzahl von Samen beheimatet: 18 000 im Jahre 1975), Schweden und Finnland. Man findet es auch in Rußland auf der Halbinsel Kola, wo im Jahre 1975 1070 der 1900 registrierten Lappen als Sprecher des Samischen eingestuft wurden. Auf Grund dieser Situation hat die Sprache viel von ihren Nachbarsprachen übernommen, und die Mehrzahl der 45 000 Sprecher sind zweisprachig. Dennoch bemühen sich die jüngeren Generationen dieses Volkes, das durch den Zweiten Weltkrieg dezimiert wurde und heute unter Armut und den harten Lebensbedingungen zu leiden hat, ihre Sprache zu verteidigen: einerseits indem sie – nicht ohne einen gewissen Purismus – den Wortschatz erneuern, dessen Reichtum an Nachsilben ihn beweglich und anpassungsfähig macht, andererseits indem sie gegen die dialektale Zersplitterung mit Hilfe von Lehrplänen auf der Grundlage einer vereinheitlichten Sprachform angehen, der sich die schwedischen und norwegischen Lappen seit 1947 angeschlossen haben, was inzwischen auch zur Verwendung einheitlicher Schulbücher geführt hat. Diese Sprachform wird in einer Schrift aufgezeichnet, die genau die komplexen phonetischen Gegebenheiten der Sprache widerspiegelt.

Nachklänge der Antike auf dem Balkan

Verlassen wir die Nadelwälder und Tundren des Polarkreises und blicken wir auf die mediterrane Klimazone des 41. Breitengrades, der den Süden Albaniens durchzieht. In dieser Gegend, deren Name oft mit Elend und Unterdrückung in Verbindung gebracht wird, haben sich mehr Menschen gefunden, als man glauben sollte, um durch einen bewußten Entschluß eine Nationalsprache zu schaffen, in der sich der Wunsch nach einer umfassenden Einheit widerspiegelt. Der türkischen Eroberung, die schon gegen Ende des 14. Jahrhunderts begonnen hatte, war die Islamisierung der Mehrheit der Albaner gefolgt. Aber das Erwachen eines Unabhängigkeitsgefühls, das bereits auf dem Berliner Kongreß (1878) zutage getreten war, führte schließlich zur Ablehnung der islamischen Schulen, in denen die Grundsprachen des eurasischen Islam – Türkisch, Arabisch und Persisch – gelehrt wurden, und zur Eröffnung der ersten albanischen Schule im Jahre 1887. Allerdings gibt es zwei Varianten der albanischen Sprache: Im Norden spricht man das Gegische, ebenso in Makedonien und im Kosovo – einem Gebiet, das zu Serbien gehört, dessen Bevölkerung aber zum größten Teil aus Albanern besteht, die den Anschluß an das benachbarte Albanien fordern; ihre Hauptstadt Tristina ist mit der Universität ein glanzvolles Zentrum albanischer Kultur –, eine andere Variante, das Toskische, wird im Süden gesprochen, ebenso wie in den Emigrantenkreisen in Italien (in den Abruzzen, in Kalabrien, Apulien und Sizilien) und in Griechenland (vor allem in Attika, Epirus, Euböa und auf der Peloponnes).

Aber obwohl die Albanischsprechenden des Nordens in der Mehrzahl sind und obwohl das Gegische schon zur Zeit der Unabhängigkeit – die 1912 von Istanbul erlangt wurde – der literarischen Sprache zugrunde lag, wurde 1944 nach dem Abzug der deutschen Truppen das Toskische zur offiziellen Sprache erhoben. Der Kongreß von 1972 bestätigte diese Wahl und dehnte sie auf die Orthographie aus. Er dokumentierte damit einen eindrucksvollen sprachlichen Willensakt von seiten der Intellektuellen dieses Landes, dessen wirtschaftliche und soziale Situation so unsicher ist. Ihre Entscheidung spiegelt den Wunsch wider, den gesamten albanischen Kulturkreis einschließlich seiner auswärtigen Elemente zu vereinigen (vgl. Drettas 1989). Im Bereich der zeitgenössischen Sprache sind die kreativen Leistungen, die auf einheimische Wurzeln zurückgehen, bemerkenswert. Bezüglich der lexikalischen Entlehnungen zeigt das Albanische die Tendenz, an die Stelle der traditionellen Quellen des Türkischen und Griechischen das Italienische und vor allem das Französische zu setzen. Wie dem auch sei, der Hilferuf an die einen ebenso wie der Rückgriff auf die anderen Vorbilder bestätigen den europäischen Charakter dieser Sprache, die man gelegentlich auf das Illyrische oder auf das Thrakische zurückführt, die beide seit langem ausgestorben sind.

Aber noch weitere Verbindungen des Albanischen bezeugen den europäischen Zusammenhang, der in der Geschichte dieser Sprache wirksam geworden ist. Seit der Mitte des 19. Jahrhunderts hat man in den Sprachen des Balkans ausreichend gemeinsame Merkmale erkannt, um aus diesem Gebiet, nicht ohne eine gewisse Systematisierung, eine eigene Disziplin sowohl innerhalb der Philologie als auch der vergleichenden Sprachwissenschaft zu schaffen. So ist beispielsweise der Infinitiv im Neugriechischen fast verschwunden, er kommt im Toskischen nur selten vor und wird auch im gesprochenen Rumänisch wenig gebraucht; ein Futur II findet man im Griechischen, im Toskischen, im Rumänischen, im Bulgarischen, im Makedonischen und im Serbokroatischen; es ist im Griechischen, Albanischen, Rumänischen sehr viel üblicher, auf ein Akkusativobjekt durch ein vorhergehendes Personalpronomen hinzuweisen, als etwa im Französischen, wo wir ebenfalls Wendungen finden wie *je l'ai vu, l'enfant*. Alle diese grammatikalischen Eigentümlichkeiten finden sich nicht in der Sprache jener politischen Macht, die mehrere Jahrhunderte lang den Balkan beherrscht hat, nämlich im Türkischen, dessen sicherlich wichtiger Einfluß sich auf das Vokabular beschränkt hat.

Auf der anderen Seite ist man der Ansicht, daß die Balkanvölker, deren Kulturen mit den byzantinischen Traditionen verbunden sind – die durch die mehr als tausendjährige Präsenz der griechisch-orthodoxen Kirche bis zur Ankunft der Ottomanen verankert wurden –, in gleicher Weise in ihren Sprachen Merkmale bewahrt haben, die auf das Griechische zurückgehen, das ja auch bis zum Beginn des Mittelalters eine Quelle lexikalischer Entlehnungen für das Kirchenslawische und die slawischen Sprachen des Balkans war, vor allem für das Bulgarische und das Makedonische. Was die grammatikalischen Züge betrifft, so haben sich diese über alle Balkansprachen verbreitet, wobei das Serbokroatische am wenigsten betroffen ist. Auf diese Weise tragen das Albanische und seine Nachbarsprachen die Spuren eines gemeinsamen Schicksals in der Antike, das den Balkan zu einer faszinierenden Region im Europa der Sprachen macht.

Die Sprache eines fahrenden Volkes

Das Romani, die Sprache der Zigeuner, ist der einzige europäische Vertreter aus der indoarischen Untergruppe der indoeuropäischen Sprachen und zählt zur gleichen Sprachfamilie wie das Hindi und die anderen Sprachen im Norden Indiens. Die Nomaden, die von diesem Land, in dem die Vorfahren der Zigeuner Hindi sprachen, ihren Ausgang nahmen und gen Westen zogen, bereicherten auf ihrem Weg die Sprache mit einer Menge persischer Wörter. Der französische Name *gitan*, der für die westlichen Gruppen gebraucht wird, kommt von dem Wort Ägypten, ebenso wie das spanische *gitano* und das englische *gypsy*, und erinnert daran, daß sich diese Gruppen lange im Land des Nils aufhielten. Andere kamen aus Böhmen nach Frankreich, daher der Name *bohémiens*. Das Romani ist nicht lediglich eine gesprochene Sprache. Seit mehr als hundert Jahren verfügen wir über Fibeln, Bibelfragmente, politische Texte – vor allem aus der Sowjetunion und Jugoslawien – sowie über literarische Essays, die in Romani verfaßt sind (vgl. Courthiade 1989). Die Formen der schriftlichen Fixierung variieren stark entsprechend dem Aufenthaltsort und bringen damit die Zerstreuung der Roma in zahlreiche Länder zum Ausdruck. Meistens werden die Roma in ihren Gastländern nicht als Volksgruppe anerkannt. Würde dies geschehen, so ginge, wenn man einem ungarischen Erlaß aus dem Jahre 1961 Glauben schenken darf, ihre soziale Integration leichter vonstatten. Das Fehlen eines eigenen Staates, in dem sich unter diesen weitgehend seßhaft gewordenen Bevölkerungsteilen ein nationales Bürgertum hätte ausbilden können, ist einer der Gründe für das Auseinanderbröckeln der Sprachgebräuche, die stark durch die lokalen Sprachen beeinflußt werden, welche alle Roma auf Grund ihrer ausgeprägten Zweisprachigkeit beherrschen. Sie verteilen sich auf eine der folgenden Sprachzonen: serbokroatisch, albanisch, bulgarisch, rumänisch, ungarisch, slowenisch, tschechisch, slowakisch, deutsch, polnisch, baltisch, russisch und ukrainisch; dazu kommen noch die Randsprachen: Ibero-Romani oder Calo in Portugal, das als einziges Land die Roma als Volksgruppe anerkennt, und in Spanien oder auch in anderen Ländern, wo wir das Anglo-Romani, Finno-Romani oder Armeno-Romani vorfinden. Nichtsdestoweniger sind neuerdings Bemühungen unternommen worden, um eine einheitliche Form der Sprache zu schaffen, die der dialektischen Vielgestaltigkeit und ihren negativen Folgen für die Verständigung zwischen fremdstämmigen Gruppen entgegenwirken könnte. Man versucht in gleicher Weise, sich wieder auf den indischen Ursprung zu besinnen, indem man Anleihen beim Sanskrit und beim Hindi macht. Indien, das dieses Anliegen unterstützt, hat die Hilfe der UNESCO erbeten und die Aufmerksamkeit auf die Notwendigkeit einer gemeinsamen Sprache gelenkt, in der sich eines Tages alle Roma wiederfinden könnten. Diese Auseinandersetzungen um eine Sprache, die sich den widersprüchlichen Aufrufen zur Einheit und zur Vielgestaltigkeit ausgesetzt sieht, veranschaulicht treffend die Bedeutung des Beitrags der Roma zum sprachlichen Reichtum Europas.

Das Sprachengebirge

Das von kleinen Hochebenen durchsetzte Bergmassiv, welches das Schwarze vom Kaspischen Meer trennt, verteilt sich auf die vier Republiken Rußland, Georgien, Aserbaidschan und Armenien, von denen die ersten drei solche Territorien umschließen, die noch in jüngster Vergangenheit Autonome Republiken oder Autonome Regionen genannt wurden. Diese Einheiten sind im wesentlichen unter kulturellen, das heißt im großen und ganzen unter sprachlichen Gesichtspunkten geschaffen worden. Die Zerstückelung dieser Region mit ihrer stark zerklüfteten Oberflächengestaltung hat wahrscheinlich auch ihren Anteil an der Sprachenvielfalt, die dem Kaukasus von seiten der arabischen Geographen des 10. Jahrhunderts den Namen »Sprachengebirge« eingetragen hat und die ihn zu einer der Regionen der Erde macht, wo viele Sprachen auf engem Raum vereinigt sind. Zur indoeuropäischen Sprachfamilie gehören davon nur das Armenische und zwei iranische Sprachen, das Tatische und das Ossetische (vgl. S. 215). Das Georgische und das Armenische, deren schriftliche Zeugnisse ins 6. bzw. ins 10. Jahrhundert zurückreichen, sind alte Kultursprachen; das Armenische ist auf Grund einer langen Nachbarschaft durch das Persische, das Türkische und das Georgische beeinflußt worden. Das Georgische wiederum, von dem eine Variante unter den Moslems der Adscharischen Autonomen Republik gesprochen wird, hat ebenso wie seine kaukasischen Nachbarn, das Mingrelische, das Lasische und – in geringerem Maße – das Swanische, indoeuropäische und semitische Einflüsse erfahren. Vom Armenischen gibt es eine östliche und eine westliche Variante, die erste wird in der Republik Armenien, die zweite in den Emigrantengemeinschaften von Istanbul bis Marseille, über Griechenland, Bulgarien und Rumänien gesprochen; außerdem ist es in der Autonomen Region Bergkarabach beheimatet, einer armenischen Enklave in der Republik Aserbaidschan. Die Liebe zur eigenen Sprache spielt eine gewisse Rolle in dem blutigen Konflikt, den die Bewohner dieser Region mit den sie umgebenden Aseris austragen, die dem Islam anhängen und deren Sprache den anderen Turksprachen Südosteuropas eng verwandt ist, vor allem denen des Kaukasus und dem Türkeitürkischen Ostthrakiens. Im Gegenzug bildet das Gebiet von Nachitschewan, wo Aseri gesprochen wird, eine Enklave innerhalb Armeniens.

Im Nordwestkaukasus lebten früher die Ubycher. Als sie in der zweiten Hälfte des 19. Jahrhunderts von den Russen vertrieben wurden, flüchteten sie sich in die Türkei, wo die ubychische Sprache wohl mit den letzten Greisen sterben wird, die sie noch beherrschen. Weiterleben werden im Kaukasus dagegen – in den Republiken und Regionen, die zu Georgien oder Rußland gehören – zunächst das Abchasische, das noch hinreichend in der Presse und im Verlagswesen repräsentiert ist, und die Dialekte der Gruppe Tscherkessisch-Kabardinisch-Adygeisch. Der Rest des Kaukasus umfaßt einerseits das Land der Tschetschenen-Inguschen, das im Jahre 1991 einseitig seine Unabhängigkeit erklärt hat und in dem die Sprachen gleichen Namens gesprochen werden, die eng miteinander verwandt sind; andererseits die Republik Dagestan, die zu Rußland gehört. Die Sprachen, die in dieser wild zerklüfteten Bergregion beheimatet sind, werden von Bevölkerungsgruppen gesprochen, deren Einwohnerzahl von einigen hundert bis zu einigen hunderttausend variiert und deren Namen in unseren Ohren exotisch klingen: Awaren, Batsen, Darginen, Chinalugen, Lakken, Rutulen, Tabassaranen etc. Der Islam, der weit verbreitet ist, hat den Sprachen zahlreiche arabisch-persische und türkische Wörter gebracht. Das administrative und politische Vokabular hingegen weist vor allem Entlehnungen aus dem Russischen auf.

Damit endet dieser schnelle Durchgang durch die Sprachlandschaften eines Kontinents. Die sehr unterschiedlichen Sprachen spiegeln Kulturen wider, deren Verschiedenartigkeit der Einheit keinen Abbruch tut. Darin liegt zweifellos einer der wesentlichen Beiträge Europas zur universalen Kulturgeschichte. Es ist verständlich, daß die Sprachfreunde angesichts dieser Mannigfaltigkeit Sorge tragen, alle diese wertvollen Kulturgüter zu erhalten.

Die Symbolik der Doppelnamen

Die Länder wechseln oft ihre Herren; sie wechseln aber auch die Namen. Die Doppel- oder Mehrfachnamen sind eine allgemeine Erscheinung der Geschichte der Geographie. Europa, dessen lange Geschichte so viele Erschütterungen kennt, bietet dafür vielleicht mehr Beispiele als Afrika oder Amerika. Das venezianische Ragusa, das ursprünglich unter byzantinischer Herrschaft stand, gehört seit dem Ersten Weltkrieg unter dem Namen Dubrovnik zu Kroatien. Dem kühnen Handstreich des Dichters Gabriele D'Annunzio im Jahre 1919 ist es zu verdanken, daß das venezianische Fiume noch eine Zeitlang italienisch blieb, aber nachdem es 1947 zu Jugoslawien

(Kroatien) kam, erhielt es den Namen Rijeka, ohne daß diese Namensänderung einen Bedeutungswechsel herbeigeführt hätte (beide Namen bedeuten »Fluß«). Das slowakische Bratislava, das unter dem Namen Poizony lange zu Ungarn gehört hatte, heißt bei den Deutschen Preßburg. Wien, das im 9. Jahrhundert gleichzeitig mit der Mark Bayern den Ungarn entrissen wurde, heißt auf Ungarisch Bécs und auf Slowenisch Dunaj (Stadt an der Donau). Der Nordwesten Rumäniens ist das Urbild jener Territorien Zentraleuropas, die seit Jahrhunderten heftig umkämpft sind von Nationen, deren jede davon überzeugt ist, als einzige einen rechtmäßigen Anspruch auf sie erheben zu können. Es handelt sich um das Transylvanien, Transilvania oder Ardeal der Rumänen, Erdély der Ungarn, Siebenbürgen der Deutschen; seine Hauptstadt, das Cluj-Napoca der Rumänen, heißt Koloszvár bei den Ungarn und Klausenburg bei den Nachkommen der deutschen Siedler. Mehrere Städte dieses Landstrichs haben zwei Namen, einen rumänischen und einen deutschen, und einige fügen noch einen ungarischen Namen hinzu: Sibiu/Hermannstadt/Nagyszeben; Sighişoara/Schassburg/Segesvár; Braşov/Kronstadt (Homonym der russischen Hafenstadt in der Nähe von St. Petersburg); diese doppelten Benennungen sagen viel über die Bedeutung und die lange Geschichte des sächsischen Bevölkerungsteils dieser Provinz. Weiter im Westen, im Banat, heißt das Timişoara der Rumänen Temesvár im Ungarischen.

Die Namen der größten Stadt Galiziens sagen ebenfalls viel über ihr wechselhaftes Schicksal: Das Lviv der Ukrainer wurde im 14. Jahrhundert von den Polen besetzt, die es Lwów nannten, dann im Jahre 1772 den Österreichern zuerkannt, die ihm den Namen Lemberg gaben. Die Russen nahmen Lvov im Jahre 1914 ein, verloren es jedoch bereits wieder im darauffolgenden Jahr. Nachdem die Sowjets es 1939 von den Polen zurückerobert hatten, wurde es 1941 von den Deutschen besetzt und schließlich 1944 endgültig von der Roten Armee erobert; aber seit der Unabhängigkeit der Ukraine im Jahre 1991 ist es wieder rein ukrainisch und nicht mehr sowjetisch. Nach mehr als sechshundert Jahren deutscher Herrschaft ist Breslau, die Hauptstadt Schlesiens, unter dem Namen Wrocław wieder polnisch geworden. Die Vertreibung der deutschen Bevölkerung aus diesem Gebiet geschah im Zuge der ungeheuren Menschenverschiebungen nach dem Zweiten Weltkrieg, die das Antlitz Europas durcheinander gebracht haben und die ihrerseits eine Antwort auf die nationalsozialistischen Deportationen darstellen; ein anderes Beispiel sind die Massentransporte in die stalinistischen Lager. Königsberg, das schon im 13. Jahrhundert von den Deutschen kolonisiert worden und die Heimat von Immanuel Kant gewesen war, wurde im Jahre 1945 von der Roten Armee eingenommen und erhielt den Namen Kaliningrad. Es liegt heute in einer Republik, die zu Rußland gehört, dessen Territorium in dieser Region unzusammenhängend geworden ist, denn seit der Unabhängigkeit Litauens im Jahre 1991 kann man Kaliningrad von Rußland aus nur über dieses Land erreichen. Memel an der Ostsee wurde 1919 von Deutschland abgetrennt und erhielt 1923 im Gefolge der litauischen Besetzung den Namen Klaipėda, den es bei Kriegsende zurückbekam, nachdem es im Verlauf zahlreicher Kämpfe während der Jahre 1939–1945 abwechselnd beide Namen getragen hat. Die finnische Stadt Turku trägt auch den schwedischen Namen Åbo.

Es scheint nicht nötig, diese Liste zu verlängern, auch wenn man sie mit Leichtigkeit fortsetzen könnte. Die Doppel- oder Mehrfachnamen verraten mit Hilfe der Onomastik viel über das Schicksal Europas. Die Ergebnisse können als Hinführung zur Betrachtung der tiefgehenden Interferenzen der Kulturen unter dem Aspekt der Sprachen dienen.

Die gegenseitige Durchdringung

Die Verflechtung der Sprachen ist keine rein europäische Erscheinung, ebensowenig wie die manchmal gewaltsamen Auseinandersetzungen, die damit einhergehen. Aber die Enge des Kontinents macht diese Erscheinung offensichtlicher. Die Sprachen Europas sind stark miteinander vermischt, nicht nur weil häufig mehrere Sprachen auf engem Raum nebeneinander existieren, sondern auch, weil bei vielen von ihnen die einzelnen Sprachschichten, die den verschiedenen Abschnitten ihrer Geschichte entsprechen, sich gegenseitig durchdringen. Für die erste Ursache gibt es zahlreiche Beispiele. Für den Westen möchte ich nur an Italien erinnern. Man trifft dort Frankophone in den Hochtälern von Aosta, der Dora Rivaria und des waadtländischen Piemont, Deutschsprachige im Tal von Gressoney, der Sesia und anderen Tälern, Slowenen auf den Höhen der Karnischen Alpen, Niederlassungen der Albaner im Süden, wo man aber auch serbische und griechische findet, schließlich Katalanen auf Sardinien.

Weiter im Osten stoßen wir auf ein ehemaliges Gebiet der Donaumonarchie, die Wojwodina, die seit der Verfassung vom September 1990 zu Serbien gehört, nachdem sie zuvor eine Autonome Provinz gewesen ist (das

Kosovo befindet sich in der gleichen Lage). Die Wojwodina, die 1918 dem Königreich der Serben, Kroaten und Slowenen eingegliedert worden war, zählt neben 57 Prozent Serben bedeutende Minderheiten: Kroaten, Ungarn und Rumänen, alle aus den angrenzenden Ländern, aber auch Montenegriner und Slowaken. Dieser Völkerreichtum eines Durchgangslandes, der für Mitteleuropa typisch ist, beruht teilweise auf der Politik Österreichs, das nach der Eroberung dieses Landes aus der Hand der Türken die fruchtbare Donauebene besiedeln und kolonisieren wollte. Unlängst haben die genannten Minderheiten von Belgrad einen mehr föderativen Status gefordert, der vor allem auch ihre sprachlichen Rechte im Wege einer entsprechenden Unterrichtsgestaltung in den Schulen sichern soll. Die Antwort Belgrads besteht in der massenhaften Vertreibung der Minderheiten, die die Wojwodina möglicherweise von Kroaten und Ungarn »säubern« und zu einem rein serbischen Gebiet machen wird. In diesem Falle würde sie aufhören, der Ort fruchtbarer gegenseitiger Durchdringungen zu sein, wie sie es seit dem 18. Jahrhundert gewesen ist.

Ein weiteres Beispiel für das Ineinandergreifen von Sprachen ist die subkarpatische Ukraine, früher Ruthenien genannt, die 1945 von der Slowakei abgetrennt und zur Ukraine geschlagen wurde. In dieser eng begrenzten Region findet man unentwirrbar verflochten ukrainische, slowakische, ungarische, polnische und rumänische Bevölkerungsteile. Die Gebildetsten unter ihnen sprechen die meisten dieser Sprachen, wozu vor 1939 noch das Deutsche kam. Weit von dieser Region entfernt stoßen wir auf das Beispiel einer einzigen Stadt, das besonders aussagekräftig ist, weil es in aller Schärfe die Anhäufung mehrerer Sprachen demonstriert. Es handelt sich um Białystok, eine polnische Stadt nordöstlich von Warschau. In der zweiten Hälfte des 19. Jahrhunderts bildete Białystok das Zentrum eines unterdrückten und heftig umkämpften Gebiets: der baltischen Provinz Litauen, die seit 1807 zum Zarenreich gehörte, nachdem sie als Folge der Dritten Polnischen Teilung zwölf Jahre lang von Preußen beherrscht worden war. Die Bevölkerung von Białystok setzte sich also um 1850 aus dem polnischen Grundstock, aus russischen Beamten, preußischen Siedlern und schließlich aus jüdischen Händlern und Angestellten zusammen. Wenn dieser historische Zeitpunkt im Zusammenhang unserer Darstellung von Interesse ist, dann deshalb, weil im Jahre 1859 in Białystok der Mann geboren wird, den das Aufeinandertreffen der verschiedenen Sprachen zur Erfindung des Esperanto veranlaßte: der Arzt Ludwig Lazarus Zamenhof. Die folgenden Auszüge aus seiner Korrespondenz führen uns seine Beweggründe vor Augen:

»Dieser Ort meiner Geburt und meiner frühen Jugend gab all meinen späteren Ideen ihre erste Richtung. In Białystok setzt sich die Bevölkerung aus vier verschiedenen Bestandteilen zusammen: Russen, Polen, Deutschen und Juden; jeder von ihnen spricht seine eigene Sprache und ist den anderen feindselig gesonnen; [...] auf der Straße, in den Häusern, bei jedem Schritt gab mir alles das Gefühl, daß die Menschheit nicht existiere; es existierten nur Russen, Polen, Deutsche, Juden etc. [...] Niemand kann die Notwendigkeit einer menschlich neutralen und übernationalen Sprache so stark empfinden wie ein Jude, der zu Gott in einer seit langem toten Sprache beten muß, der seine Bildung und sein Wissen in der Sprache eines Volkes empfängt, das ihn ablehnt, und der überall auf der Welt Leidensgenossen hat, mit denen er sich nicht verständigen kann.« (Briefe an Borovko (1895) und an Michaux (1905), zit. bei Janton 1973, S. 29f.)

Die zweite Ursache für die starke Vermischung der europäischen Sprachen ist innersprachlicher Natur und besteht in der Interferenz der historisch konstitutiven Schichten einer jeden Sprache. Sie führt zu einer Bereicherung des Wortschatzes durch Anleihen bei den verschiedenen Ursprungsorten, je nach historischer Epoche. Besonders das Russische hat davon seit dem 17. Jahrhundert häufig Gebrauch gemacht. Die Übertreibung dieses Verfahrens im Rahmen des bevorzugten Stils, der noch zu Anfang des 20. Jahrhunderts die Halbbildung eines Teils der Literaten kennzeichnete, ärgerte viele bedeutende Persönlichkeiten. Vor allem Lenin verspottet mit einigem Humor diesen Sprachgebrauch in seiner Schrift *Die Reinigung der russischen Sprache* (zit. bei Vinokur 1947, S. 139), in der er sich für eine einfachere, volkstümlichere und weniger mit Entlehnungen überfrachtete Sprache einsetzt, so wie dies später für eine ganz andere Sprache, aber unter den gleichen politischen Vorzeichen, durch einen weiteren berühmten Staatsmann geschehen sollte: Mao Zedong. Aber abgesehen von den Übertreibungen hat das Russische zu verschiedenen Epochen und aus verschiedenen Sprachen zahlreiche Entlehnungen vorgenommen, die heute zum integralen Bestandteil seines Wortschatzes geworden sind. So führt die gegenseitige Durchdringung der Einflüsse auf der Ebene der Einzelsprachen zu einer beachtlichen Polyphonie.

Die große Nachbildung

Der Reichtum an Entlehnungen schafft in den europäischen Sprachen lange Listen von Tautologien. Das gleiche gilt übrigens auch für die Sprachen der übrigen Kontinente. Zwar nehmen diese, um ihr Vokabular zu bereichern, Zuflucht zu den klassischen Quellen, aus denen sie seit jeher geschöpft haben: Sanskrit und Pali für das Hindi, das Thai, das Birmanische und andere Sprachen Südostasiens, Altchinesisch und Chinesisch-Japanisch für das Japanische, Alttürkisch und Altmongolisch für die türkischen und mongolischen Sprachen etc. Aber alle stützen sich, um dem Bedürfnis nach Schaffung von Fachwörtern gerecht werden zu können, ebenfalls auf das Englische, welches wiederum eine beträchtliche Zahl seiner technischen Spezialausdrücke aus griechischen und lateinischen Wurzeln bildet. Daraus resultiert eine weitverbreitete Ähnlichkeit der Fachsprachen, selbst wenn viele Sprachen Europas nicht zum griechisch-lateinischen Sprachzweig gehören. Wenn diese Gleichartigkeit auch das Erlernen oder zumindest das passive Verstehen der Sprachen erleichtert, hat sie aber gleichzeitig nicht auch – wie Meillet betont (1928, S. 241) – zur Folge, daß die Sprachen untereinander zu großen und getreuen Reproduktionen werden? Wenn die Wörter jeder Sprache nicht länger die lebendigen, verschiedenartigen Stützen heterogener Kulturen sind, welche die Übersetzungsarbeit gelegentlich zu einer reizvollen Aporie werden lassen, sondern Stereotype, in denen die gemeinsamen Begriffe und Gegenstände aller Kulturen unverändert zum Ausdruck kommen, dann wäre der Nutzen solcher Wörter vor allem praktischer Natur, ihre Legitimation wäre ökonomisch fundiert und der Erwerb einer neuen Sprache würde nicht mehr zu einer geistigen Bereicherung führen. In Wirklichkeit betrifft die umfangreiche Nachbildung innerhalb der Sprachen Europas jedoch nur gewisse Teilbereiche ihres Wortschatzes, vor allem diejenigen technischer Natur.

Der Rest bleibt weitgehend ursprünglich, besonders die idiomatischen Ausdrücke, obwohl es auch auf diesem Gebiet Angleichungen gibt. Vor allem die grammatischen Strukturen, die das Wesen einer Sprache ausmachen, behalten ihre Eigenart. Von daher bedeutet die Vermehrung der Sprachen nicht bloß einen Zuwachs an wirkungslosen und austauschbaren Werkzeugen. Die Tendenz zur Vereinheitlichung des Fachwortschatzes steht nicht im Gegensatz zu dieser Fülle, sondern bildet deren legitime Begrenzung.

Die Vermittler des Universellen

Europa macht keine Ausnahme von dem folgenden Grundsatz der Sprachsoziologie: Die Vervielfältigung der Beziehungen zwischen den Sprechern verschiedener Sprachen – sei es nun innerhalb eines mehrsprachigen Landes oder sei es zwischen zwei Ländern mit verschiedener Sprache – bringt notwendigerweise Individuen hervor, die mehr als eine Sprache beherrschen. Die Mehrsprachigkeit in Europa ist nicht nur – wie in vielen Gemeinschaften Afrikas oder Asiens, die entweder ländlichen Charakters sind oder eine Nachbildung dörflicher Strukturen in den neubesiedelten Stadtvierteln darstellen – ein Produkt nachbarschaftlicher Nähe, wirtschaftlicher Beziehungen oder ehelicher Verbindungen zwischen den Mitgliedern einzelner Stämme. Sie ist vielmehr häufig das Ergebnis von Wanderbewegungen, von Territorialtausch oder Territorialerwerb als Folge von Verträgen oder von Kriegen, welche die Völker von einem Zufluchtsort zum nächsten treiben. In anderen Fällen resultiert sie aus der Suche nach Arbeit oder aus einem freien Entschluß, der durch die Neugier auf fremde Kulturen angeregt wurde. Mehrsprachige Menschen finden sich häufiger in den Ländern Mittel- und Osteuropas – deren intellektuelles Profil bis 1939 von ihnen geprägt wurde – als in den Ländern des Westens, vor allem in Frankreich, Großbritannien, Deutschland, Spanien und Portugal, wo es verhältnismäßig wenig mehrsprachige Regionen gibt. Auf Grund der demographischen Bedeutung dieser westeuropäischen Länder beträgt die Zahl einsprachiger Menschen in Europa mehr als 80 Prozent, wenn man sie als diejenigen Sprachbenutzer definiert, deren Muttersprache mit ihrer Staatssprache zusammenfällt. Diese Situation erklärt sich ferner durch die Tatsache, daß in den mehrsprachigen Staaten die Staatsbürger, die die beiden oben genannten Sprachraster – Volkssprache und Staatssprache – beherrschen, kaum eine Veranlassung haben, die Sprachen der Minderheiten zu erlernen, und daß es umgekehrt bei den Minderheiten neben den Bilingualen auch Einsprachige gibt, deren Muttersprache nicht diejenige ihrer Volksgruppe ist, sondern die offizielle Staatssprache. So ist es zum Beispiel in Rußland, wo der lange Zeitraum der Verankerung des Russischen dieser Sprache eine Vorzugsstellung verschafft hat: 82 Prozent der Juden, 67 Prozent der Polen, 33 Prozent der Baschkiren, 22 Prozent der Mordwinen, 20 Prozent der Weißrussen, 15 Prozent der Ukrainer, 13 Prozent der Tschuwaschen, 11 Prozent der Tataren (Zahlen nach Haarmann 1975, S. 31) sprechen das Russische als Muttersprache. Andererseits wird das Russische im allgemeinen recht gut von den nichtrussischen Minderheiten gesprochen, die es als Zweitsprache benutzen. In Serbien können die Serben, die ja die vorherrschende Sprache als Muttersprache sprechen, im Hinblick auf das Ungarische und das Albanische nicht dieselbe Notwendigkeit verspüren, welche die Ungarn der Wojwodina hinsichtlich des Serbischen empfinden, selbst wenn in jedem dieser beiden Territorien die Sprachen dieser Minderheiten den Status offizieller Regionalsprachen haben.

In Westeuropa darf die Zwei- oder Mehrsprachigkeit gewisser Staaten nicht zu der illusorischen Vorstellung verführen, daß sie die generelle Mehrsprachigkeit aller Staatsbürger zur Folge hätte: Die Frankophonen der französischen Schweiz sprechen ebenso oft nicht Deutsch wie die belgischen Wallonen nicht Flämisch; und andererseits hat die belgische Zweisprachigkeit – im Gegensatz zu derjenigen in Rußland und in den anderen ehemaligen Sowjetrepubliken – territorialen Charakter und gleicht insofern der finnischen: Nur Brüssel ist offiziell zweisprachig (allerdings mit einer frankophonen Mehrheit), während Französisch die einzige offizielle Sprache in Wallonien ist, so wie es das Flämische im übrigen Land ist; in Finnland sind etwa 40 Kommunen bilingual (finnisch/schwedisch), in noch einmal ungefähr 40 wird Schwedisch gesprochen und in allen anderen, das heißt in 433 Gemeinden (Zahlen nach Haarmann 1975, S. 109) spricht man Finnisch. Daraus folgt, daß in Westeuropa und in den Teilen des Kontinents, die man auf Grund ihrer kulturellen Bindungen zum Westen zählen muß, die Einsprachigkeit in den großen Staaten statistisch vorherrschend ist, ebenso übrigens wie in den ganz kleinen, in San Marino und im Vatikan, wo Italienisch gesprochen wird, im frankophonen Monaco und im deutschsprachigen Liechtenstein. Mehrsprachigkeit findet man nur in vereinzelten Fällen. Dreisprachige Gemeinschaften gibt es vor allem in Graubünden und in Südtirol, wo die Einwohner eine der rätoromanischen Sprachen als Muttersprache haben, das Deutsche als Zweitsprache und das Italienische als Drittsprache; Dreisprachigkeit findet man desweiteren in den deutschsprachigen Kantonen Südostbelgiens, wo zusätzlich das Französische und das Flämische gesprochen werden; bei den Türken im Kosovo, die neben dem Türkischen auch das Albanische und das Serbokroatische beherrschen; und bei den Ungarn in der Südslowakei, die außer dem Ungarischen auch das Tschechische und das Slowakische sprechen. Vor 1939 fand man in den jüdischen Vierteln der mittel- und osteuropäischen Städte sogar viersprachig aufgewachsene Persönlichkeiten, von denen einige die literarische Laufbahn einschlugen, die nicht unbeeinflußt geblieben sind von Reflexionen über die

Sprachenvielfalt, welche sie am eigenen Leibe erfahren hatten. In Europa findet man Mehrsprachigkeit ebenso wie anderswo vor allem in den gebildeten Kreisen, zumindest wenn die Sprachbeherrschung ebenso in die Tiefe wie in die Breite geht.

Diese mehrsprachig Gebildeten, die in Europa in der Minderheit sind und zudem in der Gegenwart nicht mehr so zahlreich vorhanden sind wie in der Vergangenheit, sind oft Menschen, die viel umherziehen, entweder freiwillig oder notgedrungen. Der gebildete Mensch hat in bestimmten Fällen mehrmals im Leben die Sprache gewechselt, nicht ohne bei jeder Veränderung den Gebrauch seiner früheren Sprachen zu bewahren. Die Mehrsprachigkeit, wenn sie tief genug verankert ist, um über den hastigen Erwerb rudimentär gebrauchter Arbeitssprachen hinauszugehen, kann das Denkvermögen des Geistes schulen, indem sie ihn vor dem Trug der Wörter bewahrt. Denn diese erscheinen manchmal als die bloß zufälligen Hüllen der Vorstellungen. Derjenige, der daran gewöhnt ist, jedem Inhalt mehr als nur eine Form zu geben, konzentriert sich leichter auf das, was sich kaum verändert, das heißt auf diesen Inhalt. Die Veränderung ist zwar nicht unbedeutend, denn für viele Gegenstandsbezeichnungen und selbstverständlich auch für viele abstrakte Begriffe ist die Homologie der Bedeutungen von einer Sprache zur nächsten viel zu stark den kulturellen Unterschieden ausgesetzt, als daß sie reine Identität sein könnte. Aber gerade der zweisprachige Mensch, der einen gewissen Grad der Sprachbeherrschung erreicht hat, kann die feinen Differenzen zwischen der Bedeutung von Wörtern erkennen, die verschiedenen Sprachen angehören und sich als Übersetzung der jeweils anderen ausgeben; andererseits erkennt der Zweisprachige ziemlich genau, was das Gemeinsame ihrer Bedeutungen ist, und er läßt sich nicht durch die Unterschiede ihrer Form verwirren. Auf Grund dieser zweifachen Fähigkeit erscheinen die Mehrsprachigen, indem sie die vernetzten Codes entwirren, als die Vermittler des Universellen.

Dritter Teil

Die Sprachen Europas und die nationalistische Herausforderung

»Ein Staat für jede Nationalität, die gesamte Nationalität in diesen Staat.« Wenn das Nationalitätsprinzip in dieser Form am Ende des 19. Jahrhunderts in den Vielvölkerstaaten Europas (Österreich, Ungarn, Türkei, Rußland) als ein furchterregendes Revolutionselement verstanden wurde, dann deshalb, weil es offen eine der Grundlagen in Frage stellte, auf der diese Reiche beruhten: Die politische Herrschaft über ein einheitliches Territorium, auf dem man eine offizielle Sprache, eine Amtssprache, durchsetzt. Damit bezeichnet man die Sprache der Volksmehrheit, die häufig mit derjenigen der politischen Machthaber zusammenfällt. Diese Amtssprache, die im allgemeinen schriftlich fixiert wird, ist die Sprache der Verwaltung, des Unterrichtswesens, der Gerichte, der öffentlichen Versorgungsbetriebe und der Armee: Wie die Schule, so gilt auch die Armee als ein wirksames Mittel sprachlicher Integration, da von jedem Rekruten erwartet werden muß, daß er die Befehle seiner Vorgesetzten versteht, ob sie nun in seiner Muttersprache erteilt werden oder nicht. In den einsprachigen Staaten, die von einer homogenen Bevölkerung gebildet werden, fallen Amtssprache und Nationalsprache zusammen. Aber in den Ländern, wo das nicht der Fall ist, ist die Amtssprache nur eine unter verschiedenen Nationalsprachen, so daß die Sprecher der anderen Sprachen, wenn sie an ihrer Muttersprache hängen, sich leicht als Opfer einer permanenten Unterdrückung betrachten können und deshalb oft der Versuchung erliegen, den Gebrauch dieser Muttersprache auf die verschiedenste Weise zu verteidigen, notfalls sogar mit Gewalt.

Die Sprachen als Identitätsmerkmal der Völker haben in Europa sehr häufig eine wichtige Rolle in den nationalen Unabhängigkeitskämpfen gespielt. Wir haben vorstehend einige einzelne Beispiele für dieses Phänomen kennengelernt, das nun eingehender behandelt werden soll. Das Kapitel 7 wird die Beziehungen zwischen Sprache und Nation aufzeigen; das Kapitel 8 wird einige Fälle von linguistischem Nationalismus vorstellen und interpretieren.

Kapitel 7
Der Ruf der Sprache

Der menschliche Eingriff in das Schicksal der Sprachen: Staatliche und private Vorgehensweisen

Wer eine Sprache liebt und in den Wörtern die Ausdrucksformen seiner Identität sieht, fühlt sich oft veranlaßt, direkt auf das Leben des Gegenstandes seiner Zuneigung einzuwirken. In allen Sprachen Europas sind in verschiedenen Augenblicken ihrer Geschichte die Ausdrucksmittel erneuert worden, um den Bedürfnissen gerecht werden zu können, die durch neue Techniken, Begriffe oder Praktiken hervorgerufen wurden. Dieses gewaltige Unternehmen erfolgt oft spontan, oft wird es Experten anvertraut, ohne daß diese beiden Modalitäten sich notwendigerweise gegenseitig ausschließen. Diejenigen, die sich spontan des Schicksals ihrer Sprache annehmen, sind Schriftsteller, Philologen, Volkskundler; Menschen, die sich an der dialektalen Vielfalt erfreuen oder einfach Patrioten ohne berufliche Qualifikation, die keinen anderen Beweggrund haben als die Zuneigung zu ihrer Muttersprache. Diejenigen, die der Staat offiziell mit der Sorge für die Sprache betraut, sind Fachleute: Linguisten, Grammatiker oder Vertreter verschiedener Disziplinen, deren Terminologien sich ständig neuen Anforderungen anpassen. Sie treten in Expertenkommissionen zusammen, und ihre Entscheidungen haben Gesetzeskraft, wobei allerdings die Empfehlungen nicht staatlich beauftragter einzelner, wenn sie qualifiziert und überzeugungsstark sind, durchaus die gleiche Tragweite haben können. Dieses Vorgehen auf staatlichem oder auf privatem Wege deckt viele Bereiche ab:

Normierung, das heißt Wahl eines Dialekts, der zur offiziellen Norm erhoben wird, in den zahlreichen Fällen, in denen mehrere Dialekte nebeneinander bestehen; Festlegung einer Schriftform, die in den meisten Fällen dieser supradialektalen Norm entspricht; Neuschöpfung von Wörtern, das heißt Auswahl und Übernahme neuer Begriffe aus den verschiedensten Bereichen (Naturwissenschaften, Industrie, Rechtswesen, Medizin, Politik und Wirtschaft etc.); Gesetzgebung zur Zwei- oder gegebenenfalls Mehrsprachigkeit; Unterrichtsrichtlinien, Reform oder bei Bedarf Schaffung einer Schrift. In diesem Zusammenhang ist bemerkenswert, daß Europa, wo man seit langem und in vielen Ländern der Rechtschreibung große Beachtung geschenkt hat, der einzige Kontinent ist, auf dem alle Sprachen über eine eigene Schrift verfügen, oder zumindest über eine solche verfügt haben, wenn man diejenigen mit einbezieht, die heute nur noch eine mündliche Dichtung hervorbringen (zu diesen Punkten und den folgenden findet man nähere Einzelheiten in einer anderen Veröffentlichung von mir: vgl. Hagège 1983).

Von all diesen Bereichen ist für unseren Zusammenhang derjenige der Wortschöpfung am interessantesten. Um neue *Ausdrücke* zu schaffen, die dann zu *Wörtern* werden, wenn der Sprachgebrauch sie akzeptiert, ist die Entlehnung der häufigste Weg. Wie im vorhergehenden dargestellt, haben die Sprachen unseres Kontinents alle direkt oder indirekt aus dem griechisch-lateinischen Fundus geschöpft, dem Nährboden der europäischen Kultur und dem wichtigsten Faktor ihres Zusammenhalts. Selbst das Lettische, das zur baltischen Welt gehört und damit ziemlich weit vom romanischen Kulturkreis entfernt ist, integriert internationale Ausdrücke, die aus lateinischen Wurzeln abgeleitet sind. Diese Entlehnung bedeutet entweder das unveränderte Einführen des betreffenden Begriffs oder seine Anpassung an die Phonetik der aufnehmenden Sprache. Häufig stößt man auf eine nationalistische Abneigung gegen Entlehnungen: Die Sprachreformer ziehen es dann vor, auf einheimische Wurzeln zurückzugreifen oder auf Verbindungen aus diesen Wurzeln in Form zusammengesetzter Wörter, die für die Mehrzahl der Benutzer unmittelbar einsichtig sind. So stehen sich die weltoffene Fremdartigkeit der importierten Wörter und die nationalistische Vertrautheit der einheimischen gegenüber: Ein Beispiel für letztere ist das deutsche Wort *Fernsprecher*, das gegenüber den beiden griechischen Wurzeln des Wortes *Telephon*, die genau den gleichen Sinn ergeben, bevorzugt wird. Die nationalistische Lösung erscheint vorteilhaft, da sie verständliche Ausdrücke bietet.

Dennoch liegt ihre Schwäche auf der Hand: Ein Ausdruck, den man ohne weiteres mit bekannten Wurzeln in Verbindung bringt, kann Assoziationen wecken, die den erforderlichen Sinn verändern, während ein undurchsichtiger, internationaler Ausdruck, gerade weil er nicht mit diesen vertrauten Anklängen belastet ist, sich als angemessenes Instrument erweisen kann; distanziert kann er auf einen bestimmten Gegenstand oder eine festumrissene Vorstellung angewandt werden. Allerdings erscheint die nationalistische Lösung als demokratischer, da sie den neuen Ausdruck auch für diejenigen verständlich macht, die weder das Lateinische noch das Griechische oder Englische beherrschen. Auch sind es in bestimmten Fällen die Eigenheiten der aufnehmenden Sprache, die stärker noch als chauvinistische Beweggründe die nationalistische Variante rechtfertigen: Das Isländische und das Finnische etwa weisen auf jeweils unterschiedliche Weise eine Silbenstruktur und ein phonetisches System auf, welche etwaige Fremdwörter im Falle der Übernahme entstellen würden.

Aber selbst wenn solche Zwänge nicht gegeben sind, nehmen die Reformer zahlreicher Sprachen oft eine nationalistische Haltung ein und begrenzen die Zahl der Entlehnungen, indem sie den Rückgriff auf einheimische Wurzeln vorziehen. Das gilt etwa für das Tschechische, das Ungarische, das Litauische, das Lettische oder das moderne Griechisch. Manchmal führt eine puristische Denkweise sogar dazu, Entlehnungen wieder zu eliminieren, die sich auf Grund besonderer Umstände angesammelt haben. Vor diesem Hintergrund ist die offizielle Entscheidung in den Balkanstaaten wie auch in vielen anderen Ländern, von Slowenien bis Lettland über Böhmen, die Slowakei und Schweden, zu sehen, in denen das Deutsche seit dem Mittelalter die Sprache durchdrungen und im Gefolge seines weitläufigen Eroberungszuges auch die herrschenden Schichten der Gesellschaft geprägt hat.

Die Entlehnung ist nicht die einzige Art der Wortschöpfung, so wichtig sie auch sein mag. Man kann sich ebenso der Nachbildung bedienen, ferner der sprachimmanenten Verfahren, indem man zusammengesetzte oder abgeleitete Wörter bildet, oder auch der Sinnerweiterung, die man an einem schon vorhandenen muttersprachlichen Wort vornimmt. Von diesen alternativen Vorgehensweisen wollen wir hier die erste als ein Beispiel für die unterschiedlichen Arten festhalten, in denen sich die Beziehung zur Sprache manifestieren kann. Bei der Nachbildung wird ein fremdsprachiges Wort in seine konstitutiven Elemente zerlegt, diese werden dann in die Muttersprache übersetzt und in gleicher Weise zusammengefügt wie bei dem Fremdwort, das heißt die Struktur wird importiert, aber das Material ist muttersprachlich.

Schon im Zeitalter der Klassik hat die Übersetzung französischer, deutscher und englischer Werke – die selbst viele dem Lateinischen oder Griechischen nachgebildete Wörter enthielten – in die russische Sprache neben direkten Entlehnungen (*amfiteatr*, *atmosfera*, *formula*, *instrument* etc.) zahlreiche Nachbildungen eingeführt, die das Russische zu einer verwestlichten slawischen Sprache machten. Man findet zum Beispiel *pred-rassudok*, *so-deržat'*, die jeweils die Wörter *pré-jugé* und *con-tenir* zum Vorbild hatten, die einer Zeit der Frankreichbegeisterung entstammen, welche um die Mitte des 18. Jahrhunderts ein wenig durch die Empfehlungen des berühmten Dichters und Grammatikers Michail Wassiljewitsch Lomonossow abgeschwächt wurde. Als um die Mitte des 19. Jahrhunderts der Deutsche Idealismus die gebildeten Schichten in Rußland zu interessieren begann, tauchten vor allem im gelehrten Wortschatz neue Nachbildungen auf, wie zum Beispiel *miro-voz-zrenie* von *Welt-an-schauung*. Alle skizzierten Erscheinungen machen deutlich, daß der Rückgriff auf die Nachbildungen, soweit er in Konkurrenz zu den Entlehnungen erfolgt, ein deutlicher Hinweis auf den nationalistischen Enthusiasmus der Sprecher für ihre Muttersprache ist.

Die Sprache als Schöpferin der Nation

Revolutionen und Sprache im Europa des 19. Jahrhunderts

Was ist natürlicher als die Liebe eines Menschen zu der Sprache, die er von seinen Eltern gelernt hat und die er an seine Nachkommen weitergeben wird. Selbst die wahrhaft zweisprachigen Menschen haben eine dominante Sprache, zumindest für bestimmte Lebensbereiche, und sie fühlen sich ihr verbunden. Diese Anhänglichkeit kann natürlich die sprachliche Vielfalt nur vermehren und befestigen. Was sich in Europa in der Vielzahl der Sprachen widerspiegelt, ist häufig die immer wieder erneuerte Selbstbehauptung der nationalen Identitäten. Antoine Meillet formulierte im Jahre 1918 eine Art Paradoxon mit folgenden Worten: »Die Welt tendiert zu einer Einheitskultur, aber die Kultursprachen in ihr vervielfältigen sich.« (S. 10) Es liegt vielleicht eine gewisse Übertreibung in der Behauptung einer Tendenz zur Vereinheitlichung der Kulturen, aber die Schnelligkeit der Transportmittel sowie der Übertragung von Bildern und Wörtern bewirkt, daß die Unterschiede heute noch stärker eingeebnet sind, als sie es 1918 waren. Dennoch lieben es die Menschen zu allen Zeiten, ihre Verschiedenartigkeit mit Hilfe ihrer Sprachen zu kultivieren.

Die Revolution von 1848 erschütterte Europa mit den Klangwellen der wiedergefundenen alten Sprachen, deren Laute der Absolutismus hatte unterdrücken wollen. Für die Sprachen der Minderheiten in Mittel- und Osteuropa war das ein seltener und erhabener Augenblick, dessen Intensität ihn nur mit einer anderen Epoche vergleichen läßt, nämlich mit der Reformation. In beiden Fällen erlangten bescheidene Werkzeuge eine tragende Bedeutung, sei es indem sie die Würde von Schriftsprachen erwarben, sei es indem sie als Stütze und Ausdruck nationaler Identitäten anerkannt wurden. In Europa bemühten sich um die Mitte des 19. Jahrhunderts die praktischen Reformer und Philologen, diese Sprachen auf den Status von Schriftsprachen zu bringen, den das Französische, das Italienische, das Englische, das Deutsche und das Spanische dank der ausdauernden Anstrengungen der Schriftkundigen und der mittelalterlichen Autoren schon seit langem erworben hatten. Die Vorgehensweisen, die dabei zur Anwendung kamen, werden deutlich, wenn man eine bestimmte Region ins Auge faßt, zum Beispiel den Balkan. Die türkische Eroberung hatte keine Aristokratie übriggelassen, das heißt – angesichts der sozialen Strukturen der damaligen Zeit – keine Klasse, die in der Lage gewesen wäre, eine Schriftsprache zu schaffen. Die Haltung der Sprachfreunde variierte hier je nach den Regionen. Diejenigen aus den slawischen Ländern, vor allem Karadžić für das Serbische, nahmen einfach nach dem Vorbild der russischen Grammatiker vom Ende des 18. Jahrhunderts den mündlichen Sprachgebrauch als Ausgangspunkt und säkularisierten die Rolle des Kirchenslawischen, indem sie dessen Schrift an die Umgangssprache anpaßten. In einem Punkt jedoch lief das nationalistische Bestreben darauf hinaus, den üblichen Sprachgebrauch zu unterbinden: Die türkischen Wörter, ebenso wie die türkischen Entlehnungen aus dem Arabischen und Persischen, die durch eine jahrhundertelange Fremdherrschaft in die Alltagssprache übergegangen waren, wurden am Ende des 19. und zu Beginn des 20. Jahrhunderts in einem Maße bekämpft, daß sie heute – vor allem im Bulgarischen und Serbokroatischen – nur noch in sehr geringer Zahl anzutreffen sind.

Im Gegensatz zu den slawischen Ländern entschloß sich der Balkanstaat Griechenland, als er im Jahre 1827 vom Osmanischen Reich unabhängig wurde, nicht die Umgangssprache zu fördern, sondern ein kulturelles Modell, das man der Fremdherrschaft stolz entgegengesetzt hatte: eine Form des klassischen Griechisch, aus der man – wie auch anderswo – sorgfältig alle Spuren des türkischen Einflusses beseitigte, die sich im Laufe der Jahrhunderte angesammelt hatten. Die Befürworter dieses anspruchsvollen Modells haben sich bemüht, es für alle Griechen verbindlich zu machen. Sie sollten dabei später von den Landsleuten unterstützt werden, die gemäß dem Vertrag von Lausanne mit der Türkei (1923) im Zuge eines Transfers, der eine jahrtausendealte Tradition zunichte machte, aus den Regionen Kleinasiens, wo sich ihre Vorfahren dreitausend Jahre zuvor niedergelassen hatten, nach Europa übersiedeln mußten. In diesen kleinasiatischen Gemeinschaften hatte sich die Sprache nämlich langsamer weiterentwickelt als im Mutterland.

So stehen noch heute in Griechenland zwei verschiedene Sprachformen nebeneinander: einerseits die *katharéwusa* (»reine Sprache«), eine Form, die vom mündlichen Gebrauch weit entfernt ist (so wie es im Westen die von den Gelehrten des Mittelalters geschaffene Sprache war) und die man im Bemühen um Rehellenisierung und Altertümlichkeit in teilweise gekünstelter Art dem klassischen Griechisch anzunähern versucht; andererseits das Neuhellenische oder Neugriechische, das auch *dimotikí* (»Sprache des Volkes«) genannt wird, das heißt das moderne Griechisch. Dieses ist aus der natürlichen Entwicklung des Altgriechischen hervorgegangen und unterscheidet sich in vielen Punkten von jenem. In dieser Lage, die man als Diglossie bezeichnet, ist die literarische Form der gesprochenen Form entgegengesetzt, wobei letztere keineswegs von der Literatur verschmäht wird: Die Verteidiger der *dimotikí* haben Unterstützung von Dichtern, Essayisten und Schriftstellern erhalten, die diese Form in ihren Werken verwenden; in erster Linie ist hier Jannis Psycharis zu nennen, dessen Buch *Meine Reise* aus dem Jahre 1888 eines der ersten war, das ihren Gebrauch empfahl. Auf der anderen Seite ist der Kult einer klassischen Form offensichtlich an die starke Verehrung der Antike gebunden, auf die manche Griechen von heute im Hinblick auf die kulturellen Werte, die sie Europa und der Welt gebracht hat, stolz sind. Noch zu Beginn dieses Jahrhunderts hat die Übersetzung der Heiligen Schrift ins Neugriechische scharfe Proteste gegen die »Vulgarisierer« hervorgerufen. Der Konflikt erstreckte sich bis in die Politik hinein: Die autoritärsten Regierungen in der jüngeren Geschichte Griechenlands waren gleichzeitig diejenigen, die die größten Anstrengungen unternommen haben, um den Gebrauch der *katharéwusa* in Schule, Verwaltung, Kirche und Armee durchzusetzen.

Diese Situation scheint zwar den Gegensatz zwischen der slawischen Welt einerseits und dem Westen Europas andererseits zu unterstreichen, zu dem auch Griechenland gezählt werden muß, das zwar seiner geographischen Lage nach ein östliches Land ist, die Wurzeln seiner Kultur aber im Westen hat. Die Förderung einer Sprache, die sowohl dem mündlichen Gebrauch nahestehen, als auch dem literarischen Bereich angehören kann, ist jedoch überall in gleicher Weise Ausdruck des nationalen Selbstbewußtseins.

In Mitteleuropa haben die staatlichen Gewalten sich nicht immer solchen sprachpolitischen Forderungen widersetzt, sofern sie dem Willen von Minderheiten entsprachen, zwischen denen man die Gegensätze lebendig erhalten konnte, indem man den Irredentismus förderte. So hat zum Beispiel die österreichische Regierung vor dem Ersten Weltkrieg die slowenische Schriftsprache als eigene südslawische Sprache anerkannt und die Gründung von Schulen sowie die Veröffentlichung von Lehrbüchern gefördert. Dies alles geschah trotz der bedeutenden Stellung, die das Deutsche in der Hauptstadt Laibach innehatte, welche im 19. Jahrhundert unter dem wiederentdeckten Namen Ljubljana zum Zentrum der nationalen Bestrebungen der Slowenen geworden war, die sich schon im 6. Jahrhundert in der Stadt angesiedelt hatten. Diese Kulturpolitik hat Früchte getragen. Zwar stimmten die Slowenen aus Kärnten anläßlich der Volksabstimmung vom Oktober 1920 für die südslawische Union, das spätere Jugoslawien. Aber im Rahmen dieser Union lebte der slowenische Partikularismus fort, der im Jahre 1991 schließlich in die Abtrennung und Unabhängigkeit Sloweniens münden sollte. Die sprachliche Begründung dieses Partikularismus entbehrt nicht der Stichhaltigkeit. Zwar sind viele Slowenen zweisprachig, da sie das Serbokroatische genausogut sprechen wie ihre Muttersprache. Aber das Slowenische nimmt eine Sonderstellung unter den slawischen Sprachen ein, auch wenn es erst seit dem 15. Jahrhundert in schriftlicher Form existiert. Es hat sich vermutlich schon im 7. Jahrhundert vom Serbokroatischen abgespalten und bewahrt archaische Züge (so ist das Slowenische neben dem Sorbischen die einzige Sprache aus dieser Familie, die in Konjugation und Deklination den Dual bewahrt hat, der bei zwei Personen oder Gegenständen angewendet wird und sich formal sowohl vom Singular als auch vom Plural unterscheidet).

Die Politik der herrschenden Mächte, die eine Annäherung sprachlich verwandter Nationen verhindern sollte, führte nicht immer zu einer Strategie der Teilung unter dem Deckmantel der Unterstützung. Die ungarische

Regierung widersetzte sich beispielsweise nach der Einigung mit Österreich im Jahre 1867 dem Streben des slowakischen Volkes nach eigenen Schulen und Publikationen, das durch die magyarische Eroberung zu Beginn des 11. Jahrhunderts fast tausend Jahre lang von den Tschechen getrennt worden war. Die nationalistischen Auseinandersetzungen wegen der Sprachen in Europa um die Mitte des 19. Jahrhunderts sind sehr komplex, und man sieht Interessen auseinanderlaufen, die durch gleichartige Autonomieforderungen eigentlich hätten übereinstimmen sollen: Der Widerstand Budapests gegen die Forderungen der Slowaken war die Antwort darauf, daß diese 1848 Österreich unterstützt hatten, was wiederum eine Folge davon war, daß die Ungarn der Slowakei die sprachliche Autonomie verweigerten.

Eine Konstante der Sprachgeschichte Europas und vor allem des krisengeschüttelten Balkans ist das Einwirken der Politik nicht nur auf die – akzeptierte oder abgelehnte – Funktion der Sprachen, die von den nach Unabhängigkeit strebenden Völkern als Banner geführt werden, sondern auch auf die rein internen Debatten über das Wesen dieser Sprachen. Das Makedonische ist in dieser Hinsicht ein aufschlußreiches Beispiel. Makedonien, das die Erbschaft des stolzen Königreichs trägt, das einst unter Alexander dem Großen zur Eroberung Asiens schritt, hatte zunächst die Vormacht in Griechenland inne, wurde dann von Rom unterworfen, im 6. und 7. Jahrhundert von den Slawen besetzt und im 9. Jahrhundert dem bulgarischen Herrschaftsbereich eingegliedert. Aber um die Mitte des 14. Jahrhunderts gehörte Makedonien zu Serbien, bevor es am Ende desselben Jahrhunderts ein Vasallenstaat der Ottomanen wurde. Diese Geschichte, die hier nur in groben Zügen skizziert werden kann, verdeutlicht, warum sowohl Griechenland, Bulgarien als auch Serbien immer wieder Ansprüche auf Makedonien erhoben haben, von deren Rechtmäßigkeit die jeweiligen Regierungen stets überzeugt waren. Bulgarien hatte durch den Vertrag von Neuilly (1919) den schmalen Zugang zum Ägäischen Meer verloren, der ihm 1913 im Friedensvertrag von Bukarest belassen worden war. Dieser Friedensvertrag hatte seine Niederlage im zweiten Balkankrieg gegen Griechenland und Serbien besiegelt, zwischen denen Makedonien damals aufgeteilt wurde. Der Griechenland zuerkannte Teil wurde später durch die oben erwähnte Umsiedlung der griechischen Kolonien Kleinasiens bevölkert. Der Teil, der Serbien zugesprochen wurde, sollte später – bis zum Jahre 1991 – die südlichste der sechs jugoslawischen Republiken bilden. Die Regierungen Bulgariens wiederum, die dem mit Stalin zerstrittenen Tito ablehnend gegenüberstanden und den Zugang zum Ägäischen Meer zurückgewinnen wollten, hörten nicht auf, Serbien anzufeinden und Makedonien zurückzufordern.

Eines der Hauptargumente auf beiden Seiten ist linguistischer Natur oder gibt zumindest vor, es zu sein. Nach der offiziellen Lesart aus Sofia ist das Makedonische lediglich ein bulgarischer Dialekt. Die Belgrader Regierung ihrerseits hat das Makedonische schließlich als Amtssprache des Bundesstaates Makedonien anerkannt, nachdem sie lange eine Politik der kulturellen Absorption verfolgt hatte, die das Makedonische als einen Dialekt des Serbokroatischen ansah und vor allem das Erlernen des letzteren förderte. Die linguistische Realität wird weder dem einen noch dem anderen politischen Argument gerecht. Zwar steht das Makedonische dem Bulgarischen näher als dem Serbokroatischen, aber es ist im Grunde von beiden verschieden (Es hat ebenso die slawischen Deklinationsformen verloren wie das Bulgarische, aber es unterscheidet sich von diesem wenigstens in drei Punkten: Der bestimmte Artikel hat drei verschiedene Formen, je nachdem ob er sich auf ein räumliches Verhältnis der Nähe, der Ferne, oder einer mittleren Distanz bezieht; er hat keine besondere Form für ein maskulines Adjektiv im Singular, das einem Objekt voransteht; es existiert eine Perfektform, die sich aus dem Hilfszeitwort »haben« und dem Partizip Perfekt Passiv zusammensetzt und an die entsprechende Form im Neugriechischen erinnert, die ein Relikt des klassischen Aorist darstellt.). Heute wird sowohl der Name dieser slawischen Sprache als auch derjenige der Republik von der öffentlichen Meinung und der Regierung in Griechenland aufs heftigste bekämpft. Es ist bekannt, daß die Anerkennung dieser unabhängigen Republik durch die Länder Westeuropas zu Beginn des Jahres 1992 auf seiten der Griechen vom Verzicht auf den Namen Makedonien abhängig gemacht wurde. Die Loslösung dieses Staates von Jugoslawien hatte sich zwar ohne die gewaltsamen Auseinandersetzungen vollzogen, die in den letzten Jahren Kroatien und Bosnien-Herzegowina in ein Meer von Blut stürzten; für Athen jedoch ist der Name Makedonien nicht nur die Bezeichnung für einen berühmten Teil des antiken Griechenland, mit dem in seinen Augen die slawischen Eindringlinge nicht das geringste gemein haben, sondern er erscheint darüber hinaus als äußerst gefährlich für die Griechen. Er könnte nämlich Skopje als Banner dienen, unter dem es einen »Befreiungskrieg« aller makedonischen »Brüder« führen und so ein Groß-Makedonien mit Zugang zum Meer schaffen könnte. Die Makedonier ihrerseits bestreiten, solche Pläne zu hegen, und berufen sich auf ihre Friedensliebe und die Schwäche ihres

Kleinstaats. Wie auch immer die Entwicklung verlaufen wird, dieses Beispiel macht deutlich, wie sich die nationalistischen Bestrebungen bis in die Namen der Sprachen und Länder hinein bekämpfen.

Die slawische Welt – ein Ort linguistischer Brandherde

Wenn die Blüte einer Volkswirtschaft nicht immer ausreicht, um auch diejenige der Sprache sicherzustellen, so ist es doch wahr, daß der linguistische Anspruch, wenn er stark und traditionsreich ist, eine wertvolle Unterstützung durch eine neuerworbene und wirkungsvoll vertretene wirtschaftliche Unabhängigkeit erhält. Daraus erklärt es sich, daß zu Beginn des 20. Jahrhunderts in der untergehenden Donaumonarchie das Deutsche, das über lange Zeit durch die Bürokratie und die Aristokratie eine Vormachtstellung innegehabt hatte, nicht mehr ohne weiteres den slawischen Völkern aufgezwungen werden konnte. Bei diesen war nämlich die wirtschaftliche Not einem wachsenden materiellen Wohlstand gewichen, der zur Folge hatte, daß sie sich nun auch um die Pflege ihrer Kultur kümmerten und danach strebten, den Gebrauch und das Erlernen ihrer Muttersprachen zu fördern und das Joch einer fremden Sprache abzuschütteln. Im Jahre 1916 verkündeten die slawischen Abgeordneten des Reichstags, der erstmals seit Kriegsbeginn wieder zusammengetreten war, lautstark ihr Recht, sich in ihren jeweiligen Landessprachen ausdrücken zu dürfen. Die Existenz von Provinzparlamenten neben dem Reichstag war offensichtlich den Sprachen der von Wien abhängigen slawischen Völker zugute gekommen: dem Tschechischen, dem Slowenischen, dem galizischen Polnisch, dem Ruthenischen. Ebenso verhielt es sich im ungarischen Teil der Doppelmonarchie. Kroatien war mit Ungarn seit 1102 durch eine Personalunion verbunden, die trotz aller Ungleichheiten eine der beständigsten der europäischen Geschichte war und die es den Kroaten im Gegensatz zu den Serben später ermöglichen sollte, sich der türkischen Herrschaft weitgehend zu entziehen. Wie die Slowaken, deren Abhängigkeit von den Ungarn noch älteren Datums war, haben die Kroaten während der ungarischen Revolution von 1848 Wien unterstützt.

Als im Jahre 1867 die österreichisch-ungarische Doppelmonarchie errichtet wurde, antwortete Budapest auf dieselbe Weise wie bei den Slowaken: Der Gebrauch des Kroatischen wurde zwar toleriert, aber seine Entwicklung behindert. Es lohnt sich, über die Folgen der anti-slowakischen und anti-kroatischen Pressionen nachzudenken, weil sie aufschlußreich sind für die widersprüchlichen Spannungen, die die Sprachgeschichte in diesem Teil der slawischen Welt bestimmen. Der Widerstand gegen die Magyarisierung der Armee und der Verwaltung verstärkte den Wunsch nach Unabhängigkeit und nach Wiederherstellung der alten slawischen Solidaritäten in einem Maße, daß er anfänglich in den Staaten, die 1918 auf den Trümmern der k.u.k. Monarchie errichtet wurden, die wichtigen Gegensätze überdeckte, welche die Geschichte in den langen Zeiträumen der Trennung aufgeworfen hatte. Diese Gegensätze treten erst heute wieder in Erscheinung und lösen die föderativen Strukturen auf (vgl. S. 116–119 und 163–165).

Doch die Gegensätze können die frühere Einheit nicht vergessen lassen. Und gerade die Sprachen sind die lebenden Zeugen dieser Einheit. Trotz ihrer jahrhundertelangen Eigenentwicklungen bewahrten die slawischen Sprachen gemeinsame Züge, die sie zu einer eigenständigen Gruppe innerhalb Europas machen. Eines der auffälligsten Merkmale betrifft die Konjugation der Verben, die nicht auf einem abstrakten Begriff von der Zeit beruht, der ein rein physikalisches Phänomen isoliert und vereinfacht, sondern auf einem Begriff von der Erscheinung, der zugleich konkreter und schwerer zu fassen ist und an die subjektive Einschätzung vom Entwicklungsstand der Handlung gebunden bleibt. Auf Grund gewisser archaischer Züge ihrer Struktur scheinen die slawischen Sprachen dem alten Typus der indoeuropäischen Sprachen weniger untreu geworden zu sein als die übrigen europäischen Idiome. Man kann das besonders gut sehen, wenn man die westlichen Sprachen betrachtet: Selbst das Deutsche wirkt ziemlich abgeschliffen, die romanischen Sprachen sind es noch stärker, und beim Englischen ist diese Entwicklung an ihren Endpunkt gelangt. Was die slawische Lexik betrifft, so ist sie zwar durch zahlreiche Entwicklungen verwestlicht, aber der Grundbestand des slowakischen oder kroatischen Vokabulars mutet einen Spanier oder Engländer doch recht fremdartig an. Selbst das Polnische, das durch die Römisch-Katholische Kirche so viele westliche Wörter aufgenommen hat, hat für Auge und Ohr des Westeuropäers einen exotischen Charakter.

Dasselbe kann man vom modernen Tschechischen sagen. Die tschechischsprachigen Gebiete haben glänzende historische Epochen erlebt: Es war der Fürst von Mähren, der in der zweiten Hälfte des 9. Jahrhunderts den byzantinischen Kaiser um die Entsendung der Missionare Kyrillos und Methodos bat, über deren Wirken für die slawischen Sprachen und Kirchen wir schon gesprochen haben; im 14. Jahrhundert, unter der Herrschaft

Karls IV. koexistierte die deutsche Sprache, die schon seit langem in den großen Städten Mitteleuropas verbreitet war, in harmonischer Symbiose mit dem Tschechischen, das selber gerade ein goldenes Zeitalter durchlebte. Die Gründung der Universität Prag im Jahre 1348 gab dem Deutschen als Schriftsprache einen starken Auftrieb. Aber die Verbreitung des Tschechischen, einer bedeutenden Sprache, die schon im 13. Jahrhundert ihre schriftliche Fixierung erhalten hatte und in einem der glanzvollsten Staaten Mitteleuropas gesprochen wurde, kam unvermittelt zum Stillstand, als die Habsburger im Kampf gegen die Reformation den böhmischen Adel in der Schlacht am Weißen Berg (1620) vernichteten und zu einer gewaltsamen Gegenreformation übergingen, die zu einem tiefen Riß in der politischen und sprachlichen Geschichte des Landes führte. Das Tschechische fiel damals gewissermaßen für zweihundert Jahre dem Vergessen anheim. Dennoch entging es dem Schicksal der slawischen Sprachen an der Elbe und im Baltikum, die, wie wir gesehen haben, unter dem Ansturm des Deutschen völlig verschwunden sind (vgl. S. 51ff.). Sein Überleben verdankte das Tschechische dem nationalen und sprachlichen Selbstbehauptungswillen der städtischen Schichten, die zu den mächtigsten Europas zählten, sowie der hartnäckigen Unterstützung durch die Landbevölkerung, die von den Ideen des Jan Hus vom Anfang des 15. Jahrhunderts begeistert war. Die Patrioten hörten niemals auf, gegen die Germanisierung zu kämpfen, deren Höhepunkt im Jahre 1770 die allgemeine Einführung der deutschen Sprache war. Sie stützten sich vor allem auf die Arbeiten der Philologen Josef Dobrovský und Josef Jungmann: Der erste schlug im Jahre 1809 als Kodifikationsvorbild eine Sprache vor, die eng mit derjenigen aus dem 16. Jahrhundert verwandt ist; der andere veröffentlichte in den Jahren 1835–1839 sein monumentales tschechisch-deutsches Wörterbuch, in welchem er so weit wie möglich auch auf die anderen slawischen Sprachen zurückgriff, vor allem auf das Polnische.

Tatsächlich verfügte die polnische Sprache im Unterschied zur tschechischen über eine alte und ununterbrochene Tradition literarischer Kultur. Diese bewahrte ein lebendiges Gefühl der Einheit und trug damit stark zur Wiederherstellung der polnischen Kultur bei, als man nach dem Ersten Weltkrieg versuchte, die Folgen der Teilungen – vor allem die von 1793 und 1795 – zu beseitigen, ebenso wie die Folgen des Wiener Kongresses (1815) und der anti-russischen Revolution von 1830. Da der Gebrauch des Polnischen kontinuierlich beibehalten worden war, wo immer die Möglichkeit dazu bestanden hatte – wenn es sein mußte, auch hinter vorgehaltener Hand –, konnte man diese Sprache sofort wieder an der Universität von

Warschau einführen, die damals gänzlich russisch ausgerichtet war, sowie an der Universität Posens, die von den Preußen völlig germanisiert worden war; Galizien war ohnehin relativ verschont geblieben, da die österreichische Regierung Krakau seine Rolle als Zentrum des kulturellen Lebens belassen hatte.

Die Tschechen, die nicht wie die Polen den Vorteil historischer Kontinuität geltend machen konnten, nahmen intensiv an den Bewegungen des Jahres 1848 teil. Die bereits erwähnten philologischen Abhandlungen hatten die Wiederherstellung des Tschechischen vorbereitet. Das politische Erwachen wurde weitgehend durch das sprachliche Erwachen unterstützt. Die tschechische Geschichtsschreibung bezeichnet als »Erwecker« eben diejenigen Förderer der nationalen Renaissance, die sich alle mehr oder weniger für die Sprache interessierten und den Wissenschaftsbetrieb ihres Landes auf das Tschechische umstellen wollten (vgl. Millet 1983). Aber erst 1882 wurde die deutsche Universität von Prag wieder tschechisch. Einer der vorherrschenden Züge dieses Normalisierungsprozesses wurde die Ausmerzung der Germanismen. Sicherlich sind Wörter deutschen Ursprungs verblieben, die dem Tschechischen unter den slawischen Sprachen eine besondere Physiognomie verleihen. Aber es ist den tschechischen Philologen gelungen, eine Sprache zu schaffen, die wenig mit der von Wiener Einflüssen durchdrungenen gemein hat, die im Jahre 1800 selbst unter der Landbevölkerung verbreitet war, in einem Land, in dem die Aristokratie sich des Deutschen bediente und in dem Dobrovský die Vorzüge des Tschechischen in deutscher Sprache feierte. Man führte im Gegenzug alte slawische Wörter wieder ein, die von Russen und Polen nicht immer wiedererkannt werden können, wie *divadlo*, um den Gegenstand zu bezeichnen, den die anderen slawischen Sprachen ebenso wie die westeuropäischen *teatr* nennen. Jedenfalls war das Vorgehen der Reformer, selbst um den Preis einer größeren lexikalischen Komplexität und einer gewissen grammatischen Unklarheit, von Erfolg gekrönt: Das Tschechische, in dem man die politische und kulturelle Identität verkörpert sah, fand wieder seinen Platz in der Reihe der slawischen Sprachen, wo es ein Element der starken Gruppenhomogenität geworden ist.

Die junge tschechoslowakische Demokratie, die im Oktober 1918 durch die Vereinigung zweier slawischer Völker begründet wurde, sah sich ihrerseits mit den sprachlichen Forderungen ihrer Minderheiten konfrontiert: Ungarn aus der Slowakei (noch heute 10 Prozent der Bevölkerung), Ukrainer aus Ruthenien, und seit 1920 Polen aus Schlesien, und zwar aus Teschen.

Außerdem prangerten die Slowaken schon im Jahre 1918 den tschechischen Zentralismus an. Sie selbst sind relativ arm und werden vom katholischen Klerus beherrscht, während Böhmen über Reichtümer verfügt; zwar mehrheitlich dem Katholizismus anhängt, aber auch eine starke Minderheit von Lutheranern und Freidenkern hat. Das Slowakische konnte sich seit dem Beginn seiner Geschichte nie auf einen eigenen Staat stützen und hat seine Unabhängigkeit nur dank eines außergewöhnlichen Umstandes bewahrt: Es befand sich auf vorteilhafte Weise eingerahmt vom Ungarischen, vor dem es durch die slawische Sprachverwandtschaft mit dem Tschechischen geschützt wurde, und vom Tschechischen selbst, von dem es durch eine sehr lange Periode ungarischen Einflusses entfremdet worden war. Bratislava, die slowakische Metropole, war während der türkischen Besetzung des größten Teils von Ungarn und selbst später noch, das heißt insgesamt von 1541 bis 1784, die Hauptstadt Ungarns. Viele slowakische Adelige zählen sich von Staatsangehörigkeit und Kultur her zu Ungarn, und laut Gynla Décsy (1973, S. 95) sollen berühmte Ungarn wie Sándor Alexander Petöfi und Lajos Kossuth slowakischen Ursprungs gewesen sein. Das slowakische Landvolk wurde lange als Reservoir für die Besiedlung der ungarischen Landstriche benutzt, die durch die Türkenkriege entvölkert worden waren; die neuen Siedler wurden dabei einer systematischen Magyarisierung unterzogen.

Aber im 19. Jahrhundert fand das slowakische Nationalbewußtsein ein Ferment in der Sprache, die durch die Aktivitäten des niederen Klerus auf dem Lande lebendig geblieben war. Schon am Ende des 18. Jahrhunderts hatte der Philologe Anton Bernolák eine schriftliche Norm fixiert, mit der er das Slowakische vom Tschechischen loslösen wollte, aber dieses *bernolácina* (»Sprache des Bernolák«) wurde nur von den Katholiken gebraucht und griff die Tradition der Gegenreformation wieder auf, die dem Tschechischen das Westslowakische entgegengestellt hatte. In den dreißiger Jahren des 19. Jahrhunderts belebten dann die Protestanten erneut den Widerstand gegen das Tschechische unter Führung des Philologen L'udorít Štúr, der die Dialekte aus der Zentralslowakei zugrunde legte, die weiter vom Tschechischen entfernt sind als die der Westslowakei. Die *štúrovcina* (»Sprache des Štúr«) wurde auf dem Kongreß von Bratislava im Jahre 1851 sowohl von den katholischen wie auch von den protestantischen Slowaken angenommen. Die Tschechoslowakei, die 1989 wieder zu einer Demokratie westlicher Prägung wurde, löste sich 1993 in zwei unabhängige Staaten auf. Man muß in diesem Zusammenhang daran erinnern, daß sich das Slowakische trotz seiner Ähnlichkeit deutlich vom Tschechischen unterscheidet. (Zwei Beispiele der grammatischen Eigenheiten sollen hier anstelle einer detaillierten Abhandlung genügen: Wie im Russischen – und im Unterschied zum Tschechischen – haben der slowakische Akkusativ und der Genitiv Plural bei den maskulinen Nomina, die sich auf menschliche Wesen beziehen, dieselbe Form; andererseits setzt man das Objekt eines verneinten Verbes nicht in den Genitiv, während dieser Gebrauch im literarischen Tschechisch zwar im Rückgang begriffen, aber durchaus noch üblich ist.)

Nach dem Zweiten Weltkrieg sah sich die tschechische Regierung mit einem anderen Minderheitenproblem konfrontiert, das die nationale Identität zu bedrohen schien. Sie löste es, indem sie 2 900 000 Sudetendeutsche vertrieb, die seit langer Zeit in Böhmen lebten, wo sie das Bergmassiv gleichen Namens im Nordwesten besiedelt hatten. Der Freundschaftsvertrag, der im Februar 1992 zwischen Prag und Bonn unterzeichnet wurde, gestattet ihren Nachkommen die Übernahme ihres Familienbesitzes nur dann, wenn sie endgültig nach Böhmen zurückkehren und die tschechische Staatsbürgerschaft und Sprache annehmen.

Sprachen und nationale Identitäten im Baltikum

Die Völker des Baltikums liefern auf kleinstem Raum ein Beispiel für die Härte der Kämpfe, die von vielen europäischen Nationen ausgefochten wurden, um ihre in Frage gestellte nationale Identität zu behaupten, wobei sie ihre Sprachen wie eine Art Zahlungsbefehl vor sich herschwenkten. Die vielen Entlehnungen, die die westfinnischen Sprachen (Finnisch, Estnisch etc.) und selbst diejenigen des Wolgabeckens bei den Vorläufern des Litauischen und Lettischen machten, weisen darauf hin, daß die baltischen Völker eine Kultur begründet hatten, die weit über ihr eigenes Territorium hinausstrahlte, bevor sie von zwei rivalisierenden, imperialistischen Kulturen – der deutschen und der russischen - bedroht wurde. Das Baltikum stellt ein Sammelbecken sehr verschiedener Sprachen und Völker dar; denn zahlreiche Stämme haben seit alters her versucht, sich an den Küsten der Ostsee niederzulassen. Wenn es auch stimmt, daß die dänischen Meerengen die Durchfahrt der modernen, großen Handelsschiffe nicht begünstigen, so gilt doch, daß die Ostsee, die mehr als die Hälfte des Jahres eisfrei ist, der einzige Seeweg nach Westen ist, zu dem die Bewohner der großen Ebenen Mittel- und Osteuropas Zugang haben. Diese Lage hat die Völker des Baltikums schon sehr früh den unterschiedlichsten Ansprüchen anderer Völker ausgesetzt.

Wir haben keine Schriftzeugnisse in litauischer, lettischer und estnischer Sprache, die über die Mitte des 16. Jahrhunderts hinaus zurückreichen. Damals wurden Übersetzungen deutscher Katechismen veröffentlicht, und zwar sowohl protestantische als auch katholische, so daß die Auseinandersetzungen zwischen Reformation und Gegenreformation zumindest dazu beitrugen, die Aufmerksamkeit auf Sprachen zu lenken, die ein widriges Geschick scheinbar in Vergessenheit geraten ließ. Die baltischen Völker hatten zuvor ruhmreiche Zeiten gekannt. So waren die Litauer im 13. und 14. Jahrhundert ein siegreiches Kriegervolk, und ihr Großherzogtum war eine europäische Großmacht, die ihre Herrschaft bis Kiew ausdehnte und zu gleicher Zeit den russischen Fürsten, den Tataren und dem deutschen Ansturm Widerstand leistete. Im Jahre 1386 wurde Litauen durch Personalunion mit Polen verbunden, mit dem es später – im Jahre 1569 – durch die Union von Lublin einen gemeinsamen Staat bildete, der zweihundert Jahre Bestand hatte. Die Vereinigung mit Polen ermöglichte den Litauern zwar, sich am Ende des 14. und während des 15. Jahrhunderts dem Zugriff der Deutschen zu entziehen, aber der litauische Adel wurde polnisch, und die Sprache hielt sich nur auf dem Lande, nicht ohne starke Anleihen beim Polnischen zu machen.

Das Lettische seinerseits herrschte auf einem Territorium, wo die verschiedensten baltischen Sprachen zusammentrafen: Kurisch, Lettgallisch, Semgallisch, Selisch etc. Im 13. Jahrhundert wurden Livland und Kurland, die Hauptprovinzen Lettlands, von den Deutschen erobert, die dort eine Schicht von Landbesitzern ansiedelten, die man als die baltischen Barone zu bezeichnen pflegt. Am Ende des 16. Jahrhunderts kamen diese Provinzen unter polnische Oberhoheit, dann – am Ende des 18. Jahrhunderts – fielen sie in die Hände der Zaren. Die Diskontinuität linguistischer Einflüsse – bald westlicher, bald östlicher Art – wurde zu einem der Faktoren, dank denen sich das Lettische behaupten konnte, ungeachtet des jahrhundertelangen, starken Drucks des Deutschen und – in geringerem Maße – des Russischen. Ein weiteres Element, das sich auf den Erhalt des Lettischen günstig auswirkte, war der enge Zusammenhang zwischen der Volkszugehörigkeit, die sich in der Sprache ausdrückte, und dem sozialen Status: Der Landadel und der hohe Klerus wurden ausschließlich von Deutschen gebildet, während die Bauern und die Handwerker der Städte durchweg Letten waren. Man muß wohl hinzufügen, daß selbst die Zeit der russischen Besetzung bis zum Jahre 1918 indirekt den einheimischen Sprachen diente: Die Abschaffung der Leibeigenschaft begünstigte die Entwicklung eines gebildeten und effizienten lettischen Bürgertums, das nicht nur Lettland zu einer Provinz des Russischen Reiches machte, in der das Bildungsniveau am höchsten war, sondern das sich auch eine moderne Schriftsprache gab; dabei kam ihm ein anderer Umstand zugute, nämlich die relative Großzügigkeit der zaristischen Bürokratie gegenüber den nationalen Bewegungen der zweiten Hälfte des 19. Jahrhunderts. Diese Großzügigkeit resultierte aus dem Wunsch der Behörden, vor allem den Einfluß der großen konkurrierenden Sprachen – des Deutschen und des Polnischen – einzuschränken.

So konnten sich das Lettische und das Litauische gegen das Deutsche bzw. gegen das Polnische durchsetzen. Die nationale Bewegung der Jungen Letten hatte in der ersten Hälfte des 19. Jahrhunderts empfohlen, tausendjährige Bindungen zu verstärken, indem man bevorzugt Wörter aus dem Litauischen (vgl. Rūķe-Draviņa 1990) sowie aus den archaischen baltischen Dialekten entlehnte, um die deutschen Wörter zu ersetzen, die jetzt ausgeschieden wurden. Die Reformer des Lettischen waren jedoch weit davon entfernt, die internationalen Termini zu verwerfen, und die Sprache sollte später, in den sechziger Jahren des 20. Jahrhunderts, vorwiegend über das Russische einen massiven Zustrom anglo-amerikanischer Wörter aufnehmen. Auf jeden Fall hatten sich die Philologen des 20. Jahrhunderts mit großem Erfolg bemüht, ein modernes Instrument zu entwickeln, das in der Lage war, die schwierigsten Werke der Weltliteratur adäquat zu übersetzen. Die Befreiungsversuche des Litauischen wurden vorübergehend behindert, als die russischen Behörden in den Jahren zwischen 1860 und 1904 versuchten, den Gebrauch der kyrillischen Schrift durchzusetzen. Das löste eine patriotische Gegenreaktion bei Schriftstellern und Journalisten aus und verlieh indirekt den unablässigen Bemühungen des Reformers Jonas Jablonskis noch weiterreichendes Gehör. Seine *Grammatik* (1901) nahm die westlitauischen Dialekte als Grundlage, um auf dieser Basis eine moderne Form des Litauischen zu schaffen, das ursprünglich eine sehr archaische Sprache war, die durch den Gebrauch der Landbevölkerung in einer überwiegend bäuerlich strukturierten Gesellschaft geprägt wurde. Jablonskis' *Grammatik* eliminierte ohne übertriebenen Purismus die zahlreichen Lehnwörter, vor allem aus dem Polnischen, und schöpfte aus einheimischen Quellen, um das Bedürfnis nach Bildung neuer Wörter zu befriedigen. Damit waren die Voraussetzungen geschaffen, um aus den baltischen Sprachen anwendbare Kommunikationsmittel zu machen, als Litauen und Lettland nach dem Ersten Weltkrieg unabhängig wurden (vgl. Rinholm 1990).

Obwohl es nicht zur Gruppe der baltischen Sprachen gehört, sondern zur selben Untergruppe wie das Finnische, fügt sich das Estnische, wenn man das rein genetische Unterscheidungsmerkmal um historische und kulturelle Kriterien erweitert, recht problemlos in den baltischen Zusammenhang ein. Estland, das schon zu Beginn des 13. Jahrhunderts zwischen Dänen und Deutschen aufgeteilt war, fiel im 14. Jahrhundert gänzlich an die Deutschen und wurde von ihnen ebenso unterdrückt wie Lettland. Das Estnische aus dieser Zeit kennen wir nur auf Grund einiger verstreuter Beschreibungen, die in deutscher Sprache verfaßt sind, wie sie damals von der teilweise germanisierten Stadtbevölkerung gesprochen wurde. Im 17. Jahrhundert beherrschten die Schweden das Land, deren König Gustav II. Adolf, der Begründer der Universität Dorpat (Tartu auf Estnisch), die estnischen Bauern beschützte, während er sich gleichzeitig bemühte, sie zum Luthertum zu bekehren. Im Jahre 1721 geriet Estland jedoch unter russische Herrschaft, und trotz liberaler Maßnahmen und der Abschaffung der Leibeigenschaft im Jahre 1816 durch Alexander I. provozierte die Politik der Russifizierung, welche diejenige der Germanisierung ablöste, in der zweiten Hälfte des 19. Jahrhunderts ein Aufwallen nationalistischer Gefühle. Im Gefolge der Bewegung der Jungen Esten, die anläßlich der ersten russischen Revolution im Jahre 1905 nach dem Vorbild der Jungen Letten gegründet worden war, öffneten verschiedene Sprachreformer den Weg für Johannes Aavik, der als der Schöpfer des modernen Estnisch gilt (vgl. Tauli 1983–1984). Diesem gelang es, das Unternehmen einer praxisgerechten Sprachkonstruktion zu popularisieren, indem er es als ein dringendes nationales Anliegen darstellte, das um so notwendiger sei, als es über die Zukunft einer Nation entscheide, die allzu lange im Interesse fremder Herrscher ihrer eigenen Kultur beraubt worden sei. Aavik beseitigte die bisherige Wortstellung im Satz, die sich am deutschen Vorbild orientiert hatte, er belebte aufs neue Wortstämme und Endungen (vor allem für den Plural der Nomina), die in Vergessenheit geraten waren, machte verstärkte Anleihen bei der finnischen Schwestersprache und wandte selbst ein Verfahren an, das man bei Sprachreformern im allgemeinen nur selten antrifft: die Erfindung von Kunstwörtern, die dergestalt beschaffen sind, daß ihr Klang gewissermaßen ihre Bedeutung evoziert.

Einige dieser Wörter wurden so gut aufgenommen, daß sie noch heute im täglichen Sprachgebrauch zu finden sind und gleichberechtigt in die Wörterbücher Eingang gefunden haben. Diese geglückte sprachschöpferische Tätigkeit kann allenfalls mit derjenigen der türkischen oder ungarischen Sprachreformer verglichen werden oder auch mit derjenigen eines

Ben Jehuda, der den hebräischen Wortschatz erheblich bereicherte, weil die klassische Form der Sprache der Bibel den Anforderungen des modernen Lebens im Staate Israel nicht gerecht werden konnte. Aavik machte es sich zum Grundsatz, daß die Sprache in erster Linie ein Werkzeug sei. Für diejenigen, die dieser ein wenig engen Konzeption beipflichten, ergibt sich als logische Folge: Ein Werkzeug kann verbessert werden, wenn es unvollkommen ist. Die Unvollkommenheit des Estnischen stammte nach Aaviks Auffassung von einem Bruch in der natürlichen Beziehung zwischen Sprache und Kultur: Wenn ein Volk unter seinen eigenen Gesetzen lebt, wird seine Sprache für alle Äußerungen seiner Belange gebraucht und steht infolgedessen in enger Beziehung zu seiner Kultur, was umgekehrt nicht der Fall ist, wenn eine fremde Macht dieses Volk unterdrückt und es einer ständigen sprachlichen Entfremdung aussetzt, wie das in den drei baltischen Staaten über mehrere Jahrhunderte der Fall war.

Es gibt im Baltikum vier Sprachen, die zur selben Familie gehören wie das Estnische, deren Schicksal sich aber anders gestaltet hat. Ihr Niedergang zeigt, was aus einer Sprache wird, die fast keine Unterstützung erfährt. Das Wepsische wird östlich von St. Petersburg gesprochen, in einem Gebiet, das vom Weißen Meer, vom Ladoga- und vom Onegasee begrenzt wird. Es war die Sprache von Kaufleuten zu einer Zeit, die noch vor der Gründung von Nowgorod im Jahre 859 und der nachfolgenden fast tausendjährigen Russifizierung lag. Das Unglück für diese Sprache bestand darin, in einer Grenzmark gesprochen zu werden, was aus naheliegenden politischen und ideologischen Gründen zu ihrer Absorption durch die großen Reiche führen mußte. Zwar gab es unter der kommunistischen Herrschaft bis zu der brutalen Unterbrechung in den dreißiger Jahren den Versuch, eine Schriftsprache und Lehrbücher zu schaffen. Aber bis heute wird diese Sprache, die auf Grund ihres Alters für die Finnougristen interessant ist, weder unterrichtet noch von den audiovisuellen Medien verwendet. Sie wird nur noch von einigen Greisen gesprochen, mit deren Tod sie wahrscheinlich aussterben wird.

Die Situation ist kaum aussichtsreicher für das Wotische, das noch von einigen Hundert Menschen westlich von St. Petersburg entlang der Narva und in der Stadt gleichen Namens gesprochen wird. Zwar wurde das Wotische durch den Sieg Alexander Newskis am Peipussee im Jahre 1242 dem Zugriff des Schwertbrüderordens entrissen, der es andernfalls längst ausgelöscht hätte; aber es wurde von da an einer so intensiven Russifizierung unterzogen, daß heute von den wenigen Woten, die noch als solche identifiziert werden können, sich viele als Russen bezeichnen, auch wenn sie den Gebrauch ihrer Sprache noch nicht völlig abgelegt haben.

Von den 1 100 Ingern, die im Jahre 1959 gezählt wurden (vgl. Haarmann 1975, S. 414), sprachen noch 382 ihre Muttersprache. Sie siedeln an der Küste zwischen den Flüssen Luga und Newa, in einem Gebiet, das zum Bezirk Leningrad gehört. Das Ingrische, das noch dem Proto-Finnischen nahesteht, ist in verschiedene Dialekte aufgespalten und unterliegt ebenfalls seit langer Zeit einer intensiven Russifizierung; es ist kurz vor dem Aussterben, wenn es nicht überhaupt schon erloschen ist. Die Livländer schließlich, deren Name in der lettischen Provinz Livland, die östlich von Riga gelegen ist, weiterlebt, waren ein sehr unternehmungsfreudiges finnisches Volk, das durch seine Handelstätigkeit an der gesamten östlichen Ostseeküste während des ersten christlichen Jahrtausends die anderen finnischen Völker beherrschte, vor allem die Esten und Woten, aber auch einige autochthone baltische Völker, darunter die Kurländer. Mit ihnen vermischten sich die Livländer, indem sie in deren Ursprungsland siedelten, das heißt in der Provinz Kurland, die sich am Westufer des Rigaischen Meerbusens erstreckt. Aber die Vernichtung des livländischen Adels anläßlich der deutschen Eroberung im 13. Jahrhundert beschleunigte die Absorption des Restes dieser Nation durch die baltischen Völker. Die deutschen Eroberer blieben bei diesem Vorgang unbeteiligte Zuschauer, denn Konflikte zwischen unterworfenen Völkern waren ihnen ziemlich gleichgültig. Der Gebrauch des Livischen endete in Livland um die Mitte des 19. Jahrhunderts, und die Sprache wurde in den siebziger Jahren des 20. Jahrhunderts in Verbindung mit dem Lettischen nur noch von einem guten Hundert zweisprachiger Fischer in zwölf Dörfern im Norden der Halbinsel Kurland gesprochen. Um dieselbe Zeit scheint man Versuche unternommen zu haben, um vom Livischen zu retten, was noch zu retten ist (vgl. Décsy 1973, S. 279, Anm. 16).

Das Finnische und das Ungarische: Die Sprache als Gegenstand der Liebe

Das Finnische gehört zur ostsee-finnischen Untergruppe der finnischen Sprachen, während das Ungarische zur ugrischen Gruppe gehört, die zusammen mit den finnischen Sprachen den finnisch-ugrischen Zweig der uralischen Sprachfamilie bildet. Bisher war von diesen beiden Sprachen trotz der engen Verwandtschaft des Finnischen und des Estnischen nicht die Rede, denn auf Grund ihres Profils und ihrer Geschichte sind sie ziemlich weit von der Gruppe der baltischen Staaten entfernt. Andererseits sind sowohl das Finnische als auch das Ungarische jahrhundertelang mit größter Sorgfalt von Philologen gepflegt worden, die mit Leidenschaft an ihrer Sprache hingen, in der sie die Lebensquelle ihres Volkes erblickten.

Das Finnische und seine drei Ausformungen

Die Vorfahren der Finnen stammen ebenso wie die übrigen Völker der finnischen Sprachen aus den Tälern am oberen und mittleren Wolgalauf. Auf ihrem Weg nach Westen stießen sie spätestens um 500 n.Chr. an der Ostseeküste auf die baltischen Völker, die sich dort angesiedelt hatten. Von dieser Begegnung legt das Finnische ausgiebig Zeugnis ab in Form verschiedenster Lehnwörter, die sich in seinem Vokabular finden: Wörter, die sich auf Seefahrt und Ackerbau, auf die Tier- und Pflanzenwelt beziehen, und von denen einige auf dem Weg über das Finnische selbst ins Lappische Eingang gefunden haben. Aber das Finnische hat auch einen massiven Zustrom germanischer Elemente erfahren, der mindestens bis auf das 2. vorchristliche Jahrhundert zurückgeht, das heißt auf eine Epoche, in der die finnischen Stämme noch auf engem Raum zusammenlebten: Diese historische Datierung wird durch die Form der entlehnten Wörter nahegelegt. Später führte der Kontakt mit der slawischen Welt zur Übernahme slawischer Wörter aus dem Bereich des textilen Schaffens und der Religion (vgl. Sauvageot 1973, S. 42). Aber die Finnen sind nicht lange ein freies Volk geblieben, und die Liebe zu ihrer Sprache nährte sich aus den Widrigkeiten ihrer Geschichte. Tatsächlich ist das Land, das sie besiedelten, – ein Land aus Seen, Wäldern, vereisten Steppen, aber auch aus Meeresküsten – fast 800 Jahre lang von fremden Mächten unterjocht worden. Am Ende des 12. Jahrhunderts brachte die Eroberung durch Schweden eine Kultur und eine Sprache ins Land, die das Finnische grundlegend prägen sollte, denn das Schwedische war nicht nur Quelle zahlreicher lexikalischer und selbst syntaktischer Anleihen, sondern diente auch als Bindeglied für die sprachlichen Einflüsse aus dem Westen, das heißt aus dem Lateinischen, dem Deutschen und dem Französischen. Es ist noch heute die offizielle Zweitsprache, obwohl es seit dem Sprachenkrieg, der 1919 ausbrach, nach und nach durch das Finnische ersetzt worden ist, welches es beinahe vollständig aus der Universität, aus der Verwaltung, aus Handel und Industrie verdrängt hat. Dabei ist allerdings noch hinzuzufügen, daß ein großer Teil der Bevölkerung nicht Schwedisch spricht und auch nie gesprochen hat: Nur ungefähr 400000 der insgesamt 4800000 Finnen sprechen Schwedisch; daneben gibt es übrigens in Schweden eine finnischsprechende Minderheit (240000 Angehörige).

Nach den Schweden kamen die Zaren, welche von der Eroberung des Landes durch Alexander I. im Jahre 1809 bis zum Ende der Herrschaft Alexanders II. 1881 gegenüber dem Finnischen und dem Schwedischen sowie den baltischen Sprachen und ganz allgemein hinsichtlich der Autonomiebestrebungen eine Politik verfolgten, die trotz der Russifizierungsbestrebungen gelegentlich auch relativ liberale Maßnahmen aufwies. Erst Alexander III. unternahm eine umfassende Russifizierung, die lediglich durch die russische Revolution des Jahres 1905 unterbrochen wurde. Doch während die Bolschewisten die Unabhängigkeit Finnlands im Vertrag von Tartu aus dem Jahre 1920 anerkannten, wurde ein Teil der Ostfinnen auf dem Gebiet des russischen Staates in die Karelische Autonome Sowjetrepublik eingegliedert, wo sie ebenso wie die Volksgruppe, die dieser Republik den Namen gegeben hat, in der Minderheit sind. Sie bleiben der russischen Kultur und der orthodoxen Religion verbunden und bezeichnen die protestantischen Finnen häufig als »Schweden«.

Dem finnischen Bischof Mikael Agricola, einer bedeutenden Persönlichkeit der Kulturgeschichte ihres Landes, verdanken die Finnen nicht nur einen der ersten geschriebenen Texte, die *Fibel* (1543), sondern vor allem die Schaffung des literarischen Finnisch durch die Übersetzung des *Neuen Testaments* (1548), die aus dem Schwedischen und dem Deutschen erfolgte, wobei er sich der Dialekte aus Turku bediente, einer Region im Südwesten des Landes, in welcher das Christentum zuerst Fuß gefaßt hatte. Dennoch machen sich auch andere Einflüsse geltend, und die Sprache Agricolas weist starke östliche Elemente auf, so wie später diejenige des großen Nationalepos *Kalevala* (1849), dessen Verfasser Elias Lönnrot die stofflichen Motive in Karelien entdeckt hatte.

Die Geschichte des Finnischen kennt trotz der vorläufigen Festlegung der Sprache durch das Werk Agricolas eine Reihe von Formgebungen, die dazu bestimmt waren, es den wechselnden Erfordernissen jeder Zeit neu anzupassen. Die Entlehnungen aus dem Lateinischen, dem Deutschen und dem Schwedischen waren für den Bischof aus Turku eine pragmatische Lösung, wenn man Ausdrücke erhalten wollte, die westliche Ideen des Renaissancezeitalters wiederzugeben vermochten. Aber die Anleihen mußten sich seiner Meinung nach innerhalb enger Grenzen bewegen. Es ist unbestritten, daß das Finnische der damaligen Zeit streng auf die Einhaltung bestimmter Regeln achtete, die sich dann später gelockert haben (Ersetzung von b, d und g durch p, t und k, Austausch der inneren Konsonanten und der Vokale). Dadurch erreichte man, daß sich die entlehnten Wörter noch stärker veränderten, als dies heute der Fall ist. Aus dem gleichen Grund griff Agricola auch auf Nachbildungen und vor allem auf Ableitungen zurück: Für die letzteren eignet sich das Finnische besonders gut, da es über nicht weniger als 173 Suffixe verfügt, während der zeitgenössische Wortschatz lediglich 12 Prozent Wurzelwörter umfaßt, das heißt Wörter, die nicht weiter in konstitutive Elemente zerlegt werden können. Trotzdem führte die allzu große Zahl sprachlich nicht integrierter Neubildungen weniger als dreihundert Jahre später, zwischen 1820 und 1870, zu einer zweiten Formgebung. Man glaubte damals, wie sich das auch bei anderen Sprachreformen beobachten läßt, daß es gut wäre, dem Finnischen sein altes Aussehen wiederzugeben, indem man aus den ländlichen Dialekten, vor allem denjenigen des Ostens, schöpfte. Man beschloß, die Endungen wieder einzuführen, die durch die Abnutzung der nicht betonten Endsilben verstummt waren, und darüber hinaus wollte man allgemein wieder vollere Formen haben als diejenigen, bei denen sich bestimmte Konsonanten oder Vokale abgeschliffen hatten.

Diese zweite Formgebung des Finnischen entsprach jedoch nicht dem tatsächlichen Gebrauch im Alltag, ganz zu schweigen davon, daß die finnische Sprache, auch wenn sie im Jahre 1883 nach erbitterten Auseinandersetzungen zwischen »Schwedischanhängern« und »Finnischanhängern« Staatssprache geworden war, immer noch mit dem Schwedischen konkurrierte. Deshalb fand am Ende des 19. Jahrhunderts eine dritte Formgebung statt. Sie kam zustande auf Anregung von Grammatikern, die bemüht waren, die geschriebene Sprache näher an die gesprochene heranzuführen, welche aus den konservativen Dialekten mit ihren alten Traditionen gespeist wurde. Man bildete dann Wörter wie »Phonograph«, um den Begriff »Telephon« etc. wiederzugeben, wobei viele dieser Begriffe aus rein finnischen und oft archaischen Wurzeln gebildet wurden, um dem nationalistischen Anliegen der patriotischen Wortschöpfer gerecht zu werden. Die Sprache, die aus diesem dritten Eingriff hervorgegangen ist, unterscheidet sich jedoch von dem allgemeinen Sprachgebrauch, wie er sich in den Städten und vor allem in Helsinki durchgesetzt hat, wo die internationalen Fremdwörter weit verbreitet sind und das Englische einen starken Einfluß ausübt. Wird den extremen Puristen deshalb eines Tages eine vierte Sprachreform notwendig erscheinen?

Das Ungarische oder das Heil in der Sprache

Zu der ugrischen Gruppe der uralischen Sprachen gehören die dem Ungarischen nächstverwandten, das Ostjakische (ungefähr 23 000 Sprecher in den siebziger Jahren) und das Wogulische (ungefähr 5 000). Sie werden von Volksstämmen gesprochen, die über die weiten Ebenen verstreut sind, welche von Tomsk bis zur Mündung des Ob vom Mittel- und Oberlauf dieses Flusses, vom Irtysch und von den östlichen Ausläufern des Ural begrenzt werden. Diese Sprachen gehören also nicht zu Europa, wie ich es in diesem Buch definiert habe. Im Gegensatz zum Ungarischen sind sie nicht zu Staatssprachen geworden. Die Reitervölker, die die Vorfahren der Ungarn waren, verließen um 1500 v.Chr. die Wolgaebenen und zogen bis zum 9. nachchristlichen Jahrhundert als Nomaden in den südrussischen Steppen umher, wo ein langwährender Kontakt mit den Tschuwaschen und Kiptschaken – vom 4. bis zum 9. Jahrhundert – dazu führte, daß viele türkische Wörter Eingang in die Sprache fanden. Die Magyaren erreichten die Karpaten im Jahre 896 und ließen sich zu Beginn des 10. Jahrhunderts in Pannonien nieder, das von den Römern schon am Ausgang des 4. Jahrhunderts verlassen worden war.

Heute muß man zu den 10 Millionen Magyaren, die in Ungarn leben, hinzurechnen: 2 Millionen, die in Rumänien ansässig sind (vor allem in Transsylvanien), 500 000 in der Slowakei, 500 000 in der Wojwodina, einem Grenzland, das zu Serbien gehört, 200 000 in der Ukraine und 8 000 im österreichischen Burgenland, das ebenfalls ein Grenzgebiet ist. Die ersten Schriftzeugnisse in ungarischer Sprache datieren vom Ende des 12. Jahrhunderts, das heißt zweihundert Jahre nach Beginn der Christianisierung um die Wende vom 10. zum 11. Jahrhundert unter der Herrschaft des hl. Stephanus. An dieser Christianisierung beteiligten sich slawische Mönche; daher die bedeutende Anzahl slawischer Wörter, die bereits zu dieser Zeit übernommen wurden und verschiedenen Bereichen des Wortschatzes angehören: Namen der Wochentage, Religion, Geographie, Lebewesen, Landwirtschaft, Handwerksberufe. Aber noch ein dritter Einfluß von außen, nämlich das Lateinische, sollte durch die Bibelübersetzung die Schriftsprache prägen. Die Monatsnamen sind dafür ein Beispiel unter vielen, ebenso die Häufigkeit des Suffixes *-us*. Im Zuge der Gegenreformation, die im 17. Jahrhundert mehr als die Hälfte der Bevölkerung, die vorher protestantisch geworden war, zum Katholizismus zurückführte, dehnte sich die Vorherrschaft des Lateinischen im konfessionellen, wissenschaftlichen, politischen und administrativen Vokabular noch weiter aus. Damals war es sogar üblich, sich im Parlament, bei Versammlungen des Adels, in notariellen Verhandlungen oder in wissenschaftlichen Sitzungen nur lateinisch zu äußern oder, wie dies zahlreiche Dokumente bezeugen, ein Ungarisch zu benutzen, das mit rein lateinischen Wörtern und Redewendungen gespickt war.

Eine vierte Sprache beeinflußte das Ungarische seit dem Mittelalter: das Deutsche, das bis 1918 als Quelle für verschiedene Lehnwörter (manchmal nach Art des Lateinischen umgeformt) aus den Bereichen des Handels, des Militärwesens etc. diente. Die Deutschen waren in den Städten zahlreich vertreten, und vor allem der Norden und der Westen des Landes waren seit 1526 von den Habsburgern abhängig. In diesem Jahr hatte zudem die Niederlage von Mohács, ein schmerzliches Trauma der Nationalgeschichte, die Donauebene und Buda für Suleiman den Prächtigen geöffnet. Die Könige ließen sich von da an in Bratislawa krönen, und das Ungarische konnte sich nur in dem halbautonomen Fürstentum Transsylvanien, das den Magyaren verblieben war, als Nationalsprache halten, bis sich schließlich Österreich nach der Vertreibung der Ottomanen am Ende des 17. Jahrhunderts des gesamten ungarischen Territoriums bemächtigte. Diese Zerrissenheit eines Landes, das außerdem durch ständige Kriege ausgeblutet wurde, führte am Ende des 18. Jahrhunderts zu einem nationalen Aufschwung, der sich bezeichnenderweise hauptsächlich in einem neuen Kult der Sprache äußerte. Das Ungarische, das damals nach einem Wort des modernen Dichters Endre Ady als ein »armes Aschenputtel« im Vergleich zu den großen Sprachen der europäischen Aufklärung erschien, wurde als Symbol der nationalen Erniedrigung betrachtet. Deshalb erforderte die Wiederherstellung des Staates zunächst eine Reform der Sprache.

Unter diesen Umständen nahm die Reform überdimensionale Ausmaße an. Als wollte man auf die Herausforderung Herders antworten, der im Jahre 1791 das baldige Verschwinden des Ungarischen vorhergesagt hatte (vgl. Fodor 1983, S. 58), schuf man unzählige neue Wörter: durch direkte Entlehnungen, Nachbildungen des Deutschen, semantische Neubelebung einheimischer Wurzeln, Wiedereinführung ungebräuchlich oder unproduktiv gewordener Suffixe, Verschmelzung zweier Wörter in eins durch Verkürzung bestimmter Silben etc. Offensichtlich führte dieser schöpferische Elan zu gewissen Übertreibungen, was die Entstehung einer puristischen, konservativen Gegenbewegung gegen diese Flut von Neubildungen auslöste. Dennoch hielt sich die Reformbewegung bis in die zweite Hälfte des 19. Jahrhunderts und gewann selbst einen Teil der ungarischen Aristokratie als Fürsprecher, die damals weitgehend deutschsprachig war. Ihren Höhepunkt erreichte sie zwischen 1848, dem Jahr der ungarischen Revolution gegen die Habsburger, und 1867, als diese trotz verschiedener Versuche, das Ungarische zurückzudrängen und das Deutsche als Amtssprache durchzusetzen, infolge ihrer Niederlage gegen Preußen bei Königgrätz der Schaffung der österreich-ungarischen Doppelmonarchie zustimmen mußten.

Das Jahr 1867 ist von größter Bedeutung für die Geschichte des Ungarischen. Einerseits endete zu diesem Zeitpunkt die Dominanz des Lateinischen im Lande. Zum anderen veränderte sich die Lage Ungarns grundlegend. Bis dahin war das Ungarische durch die Vorherrschaft des Deutschen unterdrückt worden, die sehr viel spürbarer war als diejenige des Lateinischen, weil es sich um die Sprache der Wiener Staatskanzlei handelte. Nun wurde die ungarische Sprache zum offiziellen Kommunikationsmittel eines multinationalen Staates. Die neue Staatsmacht mußte sich deshalb mit den kroatisch-, slowakisch- und rumänischsprechenden Minderheiten ebenso arrangieren wie mit den deutschen Siedlern. So ist denn die folgende Epoche durch zahlreiche und oft lebhafte parlamentarische Debatten zwischen den Vertretern der einzelnen Nationalitäten und der ungarischen Regierung gekennzeichnet. Diese sah in den Angehörigen der jeweiligen Minderheiten ungarische Bürger und erkannte den Besitz und Gebrauch einer Sprache zwar als individuelles Recht der Mitglieder jeder Gemeinschaft an, nicht aber als Rechtsgrundlage für die Gewährung eines besonderen politischen Status oder einer administrativen Bevorzugung. Diese Debatten, in denen sich der Ungar Ferenc Deák besonders hervortat, zählen zu den ungewöhnlichsten Manifestationen des sprachlichen Nationalismus in Europa. Es war zweifellos schwierig für die Ungarn, den Geist eines defensiven Chauvinismus auszutreiben, der durch ihre lange Geschichte der Unterdrückung ebenso genährt worden war wie durch die feindlichen Einstellungen der Vertreter siegreicher Ideologien, sei es des Pangermanismus oder des Panslawismus. Im Gegenzug ließ sich ein Teil der ungarischen Intelligenz durch die Suche nach prestigeträchtigen kulturellen und militärischen Verwandtschaftsverhältnissen mit den Hunnen Attilas oder anderen historischen Größen verführen. Viel Anklang fand dabei vor allem die fragwürdige panturanische Doktrin (man nannte früher die Sprachengruppe »turanisch«, die später als »ural-altaisch« bezeichnet wurde und die die Sprachen der Türken, der Tungusen, der Mongolen und der Uralvölker umfaßte). Auf jeden Fall trug die Sprachenpolitik der ungarischen Regierung, von deren Mitgliedern einige das Magyarische zur Befehlssprache in der Armee der Doppelmonarchie machen wollten, ihr heftige Kritik ein, wie zum Beispiel diejenige Meillets (1928, S. 208):

> »[...] das Ungarische [...] zeigt in seinem Wortschatz die Spuren aller möglichen äußeren Einflüsse; es steckt voller Lehnwörter [...], während es selbst auf seine Nachbarsprachen fast keinerlei dauerhaften Einfluß ausgeübt hat [...]. Es gehört nicht zur selben Sprachfamilie wie die meisten der in Europa gesprochenen Sprachen [...]. Außerhalb Ungarns wird es nirgendwo gesprochen [...]. Deshalb haben die nichtmagyarischen Nationalitäten Ungarns es als einen Akt der Tyrannei empfunden, daß die Magyaren ihnen ihre Sprache als Staatssprache aufgezwungen haben. In der Tat verfügte jede dieser Nationalitäten über eine Sprache, deren Ehrentitel genau so viel oder sogar noch mehr wert war als derjenige des Ungarischen.«

Diese Zeilen, die aus der Feder eines hervorragenden Gelehrten überraschend erscheinen mögen und auf die die Ungarn mit Hochmut durch die Stimme des Dichters Dezsö Kosztolányi antworteten (vgl. Fodor 1983, S. 63), wurden acht Jahre nach dem Vertrag von Trianon geschrieben. Dieser hatte die Machtverhältnisse noch einmal umgekehrt; in strikter Anwendung des Nationalitätenprinzips verlor Ungarn zwei Drittel seines Territoriums, das heißt alle Provinzen, in denen das Ungarische nicht die Sprache der Mehrheit war: Kroatien wurde mit Serbien vereinigt, Transsylvanien wurde Rumänien zugeteilt und die Slowakei zur gleichen Zeit wie das Vorkarpatenland an Böhmen angeschlossen. Dadurch wurden die ungarischsprechenden Gemeinschaften plötzlich zu Minderheiten im späteren Jugoslawien, in Rumänien und in der Tschechoslowakei, so wie es andererseits die deutschsprachige Gemeinschaft von ungefähr 500000 Menschen im restlichen Ungarn war, die 1945 vertrieben werden sollte.

Die Lage der ungarischsprachigen Minderheiten ist noch heute heikel. So hat der Sturz des rumänischen Partei- und Regierungschefs Nicolae Ceauşescu im Dezember 1989 keine liberale Wende der rumänischen Politik gegenüber den Ungarn in Transsylvanien zur Folge gehabt. Diese haben zwar ihre Zeitungen und ihre Schulen, begegnen aber einer allgemeinen Feindseligkeit der mehrheitlich nichtungarischen Bevölkerung. Die Situation ist um so explosiver, als Transsylvanien sowohl von Ungarn als auch von Rumänien lautstark als Eigentum reklamiert wird. Nach Aussage ungarischer Historiker handelt es sich um den geheiligten Zufluchtsort, der im 16. und 17. Jahrhundert, wie wir gesehen haben, eine ungarische Regierung beherbergt hatte, die nicht vollständig von den Türken abhängig war. Die rumänischen Historiker dagegen sind in ihrer Mehrheit Anhänger der Kontinuitätstheorie, die einen ungebrochenen Zusammenhang zwischen römischen Ursprüngen und der dakisch-rumänischen Folgezeit behauptet. Sie versichern, daß Transsylvanien ebenso wie das restliche Dakien, das zu Beginn des 2. Jahrhunderts von Trajan unterworfen worden war, nie aufgehört habe, der Lebensraum eines romanischen Volkes zu sein, welches eine romanische Sprache geschaffen habe; dagegen stütze sich der ungarische Anspruch lediglich auf die späte Eroberung im 10. Jahrhundert. Für die Rumänen ist die ursprünglich antike Latinität Transsylvaniens ein Charakteristikum, das es mit den sehr alten Fürstentümern Walachei und Moldau teilt, die ihre Unabhängigkeit im Jahre 1859 erlangten und zum Staat Rumänien zusammengeschlossen wurden. Die ursprüngliche Latinität der Sprache wurde beständig verstärkt durch ein Bemühen um Relatinisierung, das sich in der jüngsten Vergangenheit vorwiegend des Französischen bediente. Eine Folge davon ist, daß das Rumänische ebenso wie das Englische zu denjenigen europäischen Sprachen gehört, die zahlreiche, beinahe synonyme Wortpaare aufweisen, von denen das eine Wort gelehrten und das andere volkstümlichen Ursprungs ist: Das erste ist eine Neubelebung aus dem Lateinischen, das zweite häufig ein altes slawisches Lehnwort (*amic/prieten* »Freund«, *secol/veac* »Jahrhundert« usw.). Das ausgeprägte Bewußtsein der Latinität nährt, wenn es politisch ausgenutzt wird, die anti-ungarischen Gefühle.

Die Nation als Schöpferin der Sprache: Die Teilung, Förderung, Auferstehung von Sprachen

Die Beziehungen zwischen nationalistischem Wollen und sprachlichem Bewußtsein können sich auch umkehren, so daß ersteres zum Antrieb des letzteren wird. Aber eine Sprache wird nicht aus dem Nichts durch bloßes Identitätsstreben geschaffen. Es handelt sich vielmehr um die Anstrengung, die man unternimmt, um einer Sprache, die lange ein Dasein im Schatten fristete, so gut wie außer Gebrauch geraten war oder aus verstreuten Dialekten bestand, die Würde einer Schriftsprache zu verleihen. Dieser Schritt ist bedeutsam in Europa, einem Kontinent mit langer schriftsprachlicher Tradition, wo jedes Volk, das anerkannt werden wollte, es sich zur Aufgabe machte, eine Schriftsprache zu fixieren. Daher die Vermehrung der nationalen Schriftsprachen, die auf einer Norm basieren, welche ein politisches Identitätsgefühl vermittelt. Einige bezeichnende Beispiele sollen hier vorgestellt werden.

Die norwegische »Schizoglossie«

Die Norweger sind in der unangenehmen Lage, ein Volk mit hohem Lebensstandard zu sein, dem es dennoch nicht gelungen ist, im nationalen Konsens seine Muttersprache festzulegen. Dieser seltsame Widerspruch ist das Ergebnis einer recht ungewöhnlichen historischen Entwicklung. Norwegen war seit dem Ende des 5. Jahrhunderts ein normannisches Königreich, am Ende des 1. Jahrtausends wurde es christianisiert, im Jahre 1028 gelangte es in dänischen Besitz und verblieb darin – nach einer kurzen Unterbrechung – von 1397 (Kalmarische Union) bis 1814, das heißt für 417 Jahre. Seine volle Unabhängigkeit erlangte es erst im Jahre 1914. Das wichtigste Symbol dieser Unabhängigkeit war die Festlegung einer Nationalsprache, die sich vom Dänisch-Norwegischen unterscheiden sollte, das durch die lange Zugehörigkeit zu Dänemark als offizielle Staatssprache und als Umgangssprache in den Städten sanktioniert worden war. Die Ähnlichkeit zwischen dem Dänischen und zahlreichen norwegischen Dialekten hatte diese gegenseitige Durchdringung erleichtert.

Von den anderen Dialekten waren einige ausgestorben, und die alte Kultursprache, die im Mittelalter in Gebrauch war, hatte nur teilweise im entfernten Island überleben können. Ein scharfer Konflikt begann die Norweger zu entzweien, als Schriftsteller und Politiker zu Beginn des 19. Jahrhunderts die Schaffung einer authentischen Sprache forderten, die das Dänisch-Norwegische ablösen sollte. Die national gesinnten Philologen, vor allem Ivar Aasen, dessen *Wörterbuch* 1850 erschien, begannen also in Konkurrenz zum *riksmål* (»Staatssprache«), das seit 1929 *bokmål* (»Buchsprache«) genannt wird, das *landsmål* (»Landessprache«) zu erarbeiten, das später *nynorsk* (»*Neunorwegisch*«) genannt wurde. Dieses basierte auf den westlichen Dialekten, die erhalten geblieben waren, und es war damit für die Mundartsprecher anderer Regionen fast genauso ungewohnt wie für die Benutzer des *riksmål*. Nach langen Auseinandersetzungen, deren Schärfe überraschend ist, wurden schließlich beide Varianten als gleichberechtigte

Unterrichtssprachen anerkannt und erhielten einen normativen Status, der durch verschiedene Rechtschreibreformen zu Beginn des 20. Jahrhunderts weiter verfestigt wurde. Man versuchte, eine einzige, vermittelnde Norm festzulegen, aber dieser Versuch scheiterte. Die norwegische Tradition des staatlichen Eingriffs in die Sprache hat inzwischen auf einigen Spezialgebieten, wie z. B. bei den Zahlwörtern, zu Ergebnissen geführt: Die jüngere Generation bedient sich häufiger als die ältere der Kombination Zehner + Einer, die dem schwedischen oder englischen Typ entspricht (z.B. *trettifem* »dreißig-fünf«) und die durch einen Regierungs- und Parlamentsbeschluß aus dem Jahre 1951 an die Stelle der traditionellen Kombination Einer + Zehner getreten ist, die dem dänischen oder deutschen Typ entspricht (*femog-tredve* »fünf-und-dreißig«). Auf jeden Fall ist das Problem der norwegischen Nationalsprache immer noch nicht gelöst: Obwohl die Emotionen heute nicht mehr so stark sind wie in den dreißiger Jahren dieses Jahrhunderts, als die politischen Parteien ihre Position im Sprachenstreit noch in ihr Parteiprogramm aufnehmen mußten, hat Norwegen immer noch keine einheitlich normierte Sprache. Nach einem Wort von Haugen (1966, S. 280) befindet es sich im Zustand der »Schizoglossie«. Das *nynorsk* wird vor allem im Westen und Süden gesprochen, während im übrigen Land und in den Städten das *bokmål* vorherrscht.

Rückeroberung in Friesland

Das Identitätsstreben einer nationalen Minderheit kann zur Förderung einer Sprache führen, die unter dem Druck einer anderen, weiter verbreiteten zu verschwinden droht. Ein Beispiel dafür bietet das Friesische, das ebenso wie das Englische, mit dem es viele Gemeinsamkeiten aufweist, zum maritimen Zweig des Westgermanischen zählt. Diese sehr alte Sprache gehört zu einem Volk, das schon in den ersten nachchristlichen Jahrhunderten mit dem antiken Rom in Berührung kam, und ihre Sprecher sagten einstmals voller Stolz: »Deus mare, Friso litora fecit.« (Gott schuf das Meer, der Friese die Küsten.) Damit spielten sie auf die Eindeichungs- und Landgewinnungsarbeiten an, die ihren Kampf gegen den Ozean bestimmten. Die friesische Bevölkerung verteilt sich etwa folgendermaßen auf die Niederlande und auf Deutschland: 350 000 Bewohner in den Provinzen Friesland und Groningen; mehrere Zehntausend in Schleswig-Holstein an der Grenze zu Dänemark, in den Gebieten Frieslands und Niedersachsens zwischen der Ems und Wilhelmshafen sowie auf den Inseln, die diesem Küstenstrich vorgelagert sind und deren Dialekte sich stark von denjenigen des Festlands unterscheiden. In allen Gebieten war das Friesische zu Beginn unseres Jahrhunderts im Niedergang begriffen.

Diese Tendenz hatte sich schon um die Mitte des 17. Jahrhunderts angekündigt: Das Friesische hielt sich nur auf dem Lande, während das Niederländische in Verwaltung und Rechtswesen nach und nach an seine Stelle trat. In neuerer Zeit jedoch hat die Existenz der niederländischen Provinz Friesland als einer territorialen Einheit das Erwachen eines Identitätsgefühls gefördert. Schriftsteller haben sich bemüht, der Sprache eine zusammenhängende und einheitliche Orthographie zu geben, wobei sie die Norm aus einem Querschnitt der verschiedenen Dialekte ableiteten. Es gibt heute in den Niederlanden eine friesische Akademie, die über die neuen Wortbildungen wacht. Obwohl es im Schulunterricht und im Rechtswesen noch in den Anfängen steht – seit 1937 ist es Wahlfach an den Schulen und seit 1954 zugelassene Sprache bei den Gerichten –, widersteht das Friesische heute dank einer bewußten Selbstbehauptung dem außerordentlich starken Druck des Niederländischen besser als in früheren Zeiten.

Phönix in Cornwall

Als die Ausbreitung der Sprache im 6. Jahrhundert das Kornische vom Walisischen abschnitt und es im Westen immer weiter bis nach Cornwall zurückdrängte, entfernte sich diese Sprache von ihrem keltischen Bruder ebenso wie sie von ihrem Vetter aus derselben Familie, dem Bretonischen, isoliert wurde. Das Kornische wurde schon im zweiten Drittel des 16. Jahrhunderts ein Opfer der Reformation und verschwand nach einem kontinuierlichen Niedergang schließlich um 1800 gänzlich aus dem alltäglichen Sprachgebrauch. Das außergewöhnlichste Phänomen, das die Geschichte dieser Sprache kennzeichnet, ist ihre Wiederauferstehung im 20. Jahrhundert. Diese Wiederauferstehung ist für ihre Förderer eine natürliche Folge der Bindungen, welche die Bevölkerung von Cornwall zu ihrer Tradition unterhält. Die unwiderlegbare Logik dieser Bindungen kommt in einem schlichten Ausspruch von H. Jenner zum Ausdruck, einem einflußreichen Mitglied der kornisch-keltischen Gesellschaft, die im Jahre 1901 gegründet worden war: »Warum die Bewohner Cornwalls das Kornische lernen müssen? – Nun, weil sie Bewohner Cornwalls sind.« (Vgl. George 1989, S. 360) Trotz der Debatten über die Wahl der historischen Epoche, an die man mit der Wiederherstellung der Sprachform anknüpfen sollte, ist der tägliche Gebrauch dieser vor fast zweihundert Jahren erloschenen Sprache durch eine ständig wachsende Gruppe von begeisterten Anhängern ein äußerst bemerkenswerter Vorgang. Einige haben ihn sogar mit der Wiedergeburt des Hebräischen im Staat Israel verglichen.

Weggabelungen

Eine Gemeinsamkeit läßt sich im Hinblick auf die bisher behandelten Beispiele feststellen: Auch wenn eine Verbindung zwischen der Bedeutung einer Sprache für ihre Sprecher und der Ausstrahlung der Kultur, die sie widerspiegelt, besteht, kann das Erwachen des nationalistischen Bewußtseins zur Förderung einer Sprache führen, die nicht oder nicht mehr Trägerin einer weithin ausstrahlenden Kultur ist. Umgekehrt reicht die bloße Wirtschaftskraft eines Volkes nicht aus, wenn der Wille und die Energie fehlen, der Sprache über die Grenzen ihres Ursprungslandes hinaus Gehör zu verschaffen. Das Japanische kann diesen Sachverhalt erhellen. Ein seltsames – weil atypisches – Zeugnis weist zumindest andeutungsweise auf die Verwirrung hin, der manche Japaner nach Beendigung des Zweiten Weltkriegs anheimgefallen waren: Im April 1946 veröffentlichte der Schriftsteller Shiga Naoya einen Artikel, in dem er unter Hinweis auf die »Unvollkommenheit« des Japanischen und deren verhängnisvolle Folgen für die Entwicklung der Kultur vorschlug, das Französische als Nationalsprache einzuführen, und zwar sowohl wegen seiner Schönheit als auch wegen seiner Bedeutung für die menschliche Zivilisation (vgl. Griolet 1990, S. 534f.). Nun sind zwar die Japaner, die einen der ersten Plätze innerhalb der Völkergemeinschaft einnehmen, heute weit entfernt von derartigen Gedanken. Aber obwohl die Vorstellung, das Japanische eines Tages über sein gegenwärtiges Geltungsgebiet hinaus zu verbreiten, den nationalistischen Kreisen durchaus nicht fremd sein dürfte, gebraucht Japan vorläufig seine Sprache nicht, um die Ausbreitung des Englischen zu verhindern; es fördert dieses eher noch, indem es sich im Handelsverkehr seiner bedient.

Nach allem, was wir gesehen haben, wird uns klar, daß die Verwendung der Sprache als Symbol ihrer Identität für die Staaten und Völker Europas charakteristisch ist, ohne daß diese damit eine Sonderstellung einnähmen.

Wir haben ferner festgestellt, daß diese Funktion der Sprache sowohl Ursache als auch Wirkung und gelegentlich sogar beides gleichzeitig sein kann: die Sprache als Ergebnis oder auch als Ursache des nationalen Erwachens. Es handelt sich dennoch nicht um eine allgemeingültige Gesetzmäßigkeit, wie wir im folgenden sehen werden.

Kapitel 8
Wortzitadellen

Das Russische oder das vereinigte Reich

Wir wollen uns nun mit bestimmten linguistischen Gruppierungen und einzelnen politischen Richtungen befassen, die das Profil der europäischen Nationalismen skizzieren. Als »wehrhafte Zitadellen« mögen sie unser Anliegen verdeutlichen. Es handelt sich um das Russische und um andere Sprachen, um die sich häufig ganz verschiedene Enttäuschungen angesammelt haben.

Es mag überraschend sein, daß wir ausgerechnet zu dem Zeitpunkt von einem vereinigten Reich sprechen, in dem sich vor unseren Augen die sowjetische Welt aufgelöst hat. Es läßt sich jedoch zeigen, daß die russische Sprache sowohl durch ihre Vergangenheit als auch auf Grund ihrer wahrscheinlichen Zukunft durchaus Veranlassung zu einer solchen Formulierung gibt.

Faszinierende Weite des Raumes

Im Dezember 1922 beschlossen die Sowjets der Sozialistischen Sowjetrepubliken Rußland, Ukraine, Weißrußland und Transkaukasien auf einem gemeinsamen Kongreß die Gründung der UdSSR, der später weitere Republiken beitreten sollten, die in anderen Regionen errichtet wurden: Zentralasien, Baltikum und Moldau. Nur 69 Jahre später wurde am 8. Dezember 1991 im Abkommen von Minsk festgelegt: »Die UdSSR hat als Völkerrechtssubjekt und geopolitische Realität aufgehört zu existieren.« Wenn man sich jedoch von der kurzsichtigen Betrachtungsweise des Zeitzeugen löst und die Ereignisse im Rahmen einer langen Geschichte bewertet, erkennt man, daß das Ende eines Zeitraums von neunundsechzig Jahren kein entscheidender Vorgang im Hinblick auf die vielen Jahrhunderte ist, die der russischen Sprache eine beachtliche Bestandskraft verliehen und sie zum Verständigungsmittel bedeutender Völkerschaften gemacht haben.

Von allen slawischen Sprachen ist die russische zum gegenwärtigen Zeitpunkt die eindrucksvollste, und zwar sowohl hinsichtlich der Fläche, über die sie sich erstreckt, als auch hinsichtlich des Ansehens, das ihre Literatur genießt, hinsichtlich der Vielzahl der Völker, die sie unter ihrer Führung vereinigt, und hinsichtlich der Bewegtheit ihrer Geschichte. Von einigen dialektalen Varianten im Norden (Region um Archangelsk) und im Süden (Region um Stawropol) des europäischen Teils abgesehen, sprechen mehr als 113 Millionen Staatsbürger, das heißt 82,6 Prozent der Einwohner der Republik Rußland – nach den Zahlen von 1985 –, in etwa die gleiche Sprache. Dieses Phänomen ist selten genug, um hervorgehoben zu werden, wenn man es mit den außerordentlich starken Unterschieden der Sprechweisen in zahlreichen anderen Regionen Europas vergleicht. Es erklärt sich durch den verhältnismäßig jungen Charakter der russischen Expansion nach Osten sowie durch die große Mobilität einer relativ homogenen Bevölkerung in ausgedehnten geographischen Räumen. Außerdem ist das Russische, das an keine anderen Grenzen stößt als die Gletscher des Altai-Gebirges im Süden und die endlosen Ebenen Sibiriens im Osten, die einzige slawische Sprache, die sich ohne Hindernisse hat ausdehnen können. Für alle anderen war der Aktionsradius begrenzt: für die, die neben dem Russischen dem ostslawischen Sprachzweig angehören (Ukrainisch und Weißrussisch), für die westslawischen Sprachen (Polnisch, Tschechisch, Slowakisch) und für die südslawischen (Bulgarisch, Makedonisch, Slowenisch, Serbokroatisch).

Diese Sprache von so beträchtlicher Expansionskraft wurde schon beim ersten Aufstieg des Fürstentums Moskau im 13. Jahrhundert zum Organ einer Landerwerbspolitik, die mit jenen Territorien begann, die von verschiedenen Eindringlingen – von den Deutschen bis zu den Mongolen – zurückerobert wurden. Gleichzeitig gerieten die Russen mit immer zahlreicheren Sprachen in Berührung. Noch bevor im 19. Jahrhundert die Kaukasus-Regionen erobert wurden, die, wie wir im 6. Kapitel gesehen haben, die Heimat faszinierendster und verschiedenartigster Sprachen sind, beherbergte Rußland als ein riesiges, neues Babylon mehr als achtzig Sprachen, die wenigstens sechs verschiedenen Sprachfamilien – von der indoeuropäischen bis zur tungusischen – angehörten.

Die Zaren hatten sich nicht den Bestrebungen der Missionare widersetzt, von denen viele versuchten, im Rahmen der Evangelisation die Sprachen der Minderheiten zu fördern. Einige Monarchen hatten sogar eine gewisse Fürsorge für diesen unschätzbaren sprachlichen Reichtum der russifizierten Länder erkennen lassen. So wurde das *Vokabular (Linguarum totius orbis vocabularia comparativa, 1786–1789)*, das wir Peter Simon Pallas, einem eingebürgerten Berliner französischer Herkunft, verdanken, bei diesem von Katharina II. in Auftrag gegeben. Sie liebte die Sprachen und interessierte sich für ihre Verschiedenartigkeit, hatte aber nicht die Zeit gefunden, ein Verzeichnis, das sie selbst angelegt hatte, zu Ende zu führen; deshalb beauftragte sie Pallas, möglichst viele Sprachen ihres riesigen Reiches zu inventarisieren. Auch verfolgte sie im Umland der großen russischen Städte eine Politik, die die kulturellen Minderheiten respektierte. Beispielsweise nahm sie Abstand von den Bekehrungsversuchen gegenüber den muslimischen Völkern, die bei diesen nur auf hochmütige Ablehnung gestoßen waren, und regte statt dessen die Gründung von Koranschulen an, stärkte die Stellung der Muftis in den tatarischen und baschkirischen Städten Simferopol und Ufa und machte letztere im Jahre 1788 sogar zum geistigen Zentrum der russischen Muslime. Katharina förderte ebenfalls die orientalischen Studien an der Kaiserlichen Akademie der Wissenschaften in St. Petersburg.

Die Bolschewisten und die Förderung der Sprachen

Trotz dieser Maßnahmen, die isoliert blieben, kann man sagen, daß es unter der Zarenherrschaft keine wirkliche Kulturpolitik, vor allem keine Schulpolitik gegeben hat, die darauf abzielte, den Gebrauch der verschiedenen Volkssprachen des Russischen Reiches zu fördern. Dagegen begann nach der Machtergreifung der Bolschewisten für diese Sprachen zunächst eine Blütezeit. Die neuen politischen Kräfte hatten sich selbst in dieser Hinsicht als Vertreter einer Befreiungsbewegung gegenüber der kulturellen Unterdrückung präsentiert, die in der Zeit der Autokratie vorgeherrscht hatte. Das Interesse für die Minderheiten und ihre Sprachen schlug sich in einer Vielzahl von Wörterbüchern und deskriptiven Grammatiken nieder, die alle Sprachräume abdeckten, vom Ural und der Wolga bis zum Kaukasus, von den Steppen Eurasiens bis zu den mongolischen Hochebenen und von der

Halbinsel Kamtschatka bis zu den Gebieten der türkischen Stämme. Schon zu dieser Zeit war ein von sowjetischen Spezialisten häufig behandeltes Thema die Bedeutung der Sprache für die Festlegung der Volkszugehörigkeit (vgl. Carrère d'Encausse 1979 [dt. Ausg.], S. 289 ff.).

Vielleicht hatten die Bolschewisten, die auf Grund ihrer marxistischen Denkweise die Nation für ein überholtes und reaktionäres Konzept hielten, sich dieser Debatte mehr aus Notwendigkeit als aus Neigung gestellt: Vor 1917 hatten die russischen Minderheiten, vor allem die zur turkischsprachigen Gruppe gehörenden, die Frage als schulpolitische Forderung aufgeworfen (vgl. Imart 1983); außerdem fühlten sich die Machthaber zu einigen Konzessionen verpflichtet, weil die Minderheiten – nicht ohne Hoffnung auf Gegenleistungen – der Roten Armee im Bürgerkrieg wertvolle Hilfe geleistet hatten. Vor allem aber entsprach das Engagement für die verschiedensten Sprachen dem Anliegen, die neue Ideologie möglichst weit und wirksam zu verbreiten – wie wir es bei den westeuropäischen Sprachen im Zusammenhang mit der Reformation angetroffen haben. Schließlich ermöglichten die Anerkennung einer großen Anzahl von Volkssprachen und die Zuweisung von besonderen Verwaltungseinheiten an die Angehörigen dieser Sprachgemeinschaften, im Wege der Zersplitterung umfangreichere Einigungsbestrebungen zu verhindern. Anstatt eine einzige Schriftsprache für alle Turkvölker der UdSSR – deren Idiome eng miteinander verwandt sind – zu entwickeln, schuf man auf der Grundlage von angeblich unterschiedlichen Sprachen fünf verschiedene Sowjetrepubliken, davon vier in Zentralasien (Kasachstan, Kirgisien, Usbekistan, Tadschikistan, Turkmenistan) und eine im Kaukasus (Aserbaidschan), sowie vier Autonome Republiken im Rahmen der Russischen Föderation, davon eine in Sibirien (die der Jakuten) und drei im europäischen Teil Rußlands, von denen noch die Rede sein wird. Ob nun diese Zerstückelung dem Wunsch entsprungen ist, eine leichtere Beherrschung der entsprechenden Völker zu gewährleisten oder nicht, eins steht fest: Die Beachtung der Sprache als Kennzeichen der nationalen Identität und die politische Aufteilung anhand weitgehend linguistischer Kriterien sind Bestandteil einer einzigartigen Politik - die der chinesischen ähnelt –, aber in den anderen Vielvölkerstaaten Europas kaum eine Entsprechung findet. Um die Minderheiten im Gebrauch ihrer Sprachen zu bestärken, wurde bis in die kleinsten Volksgruppen hinein ein engmaschiges Netz von Unterrichtsstätten geschaffen.

Die Vorherrschaft des Russischen

Bereits Ende der zwanziger Jahre zeigte sich jedoch, daß eine der Folgen dieser Politik die Verbreitung der Zweisprachigkeit war und damit in Zusammenhang die Förderung des von der offiziellen Terminologie als »gemeinsame Sprache«, als »internationale Sprache« oder sogar als »zweite Muttersprache« bezeichneten Russischen. Seit den dreißiger Jahren begünstigte das Schulsystem immer weniger die Sprachen der Minderheiten, und der Russischunterricht erfuhr überall einen starken Aufschwung. Die Kommunikationsmittel, der lange Militärdienst, Radio und Fernsehen stellten sich zusätzlich in den Dienst dieser Förderung und lieferten ihren Beitrag zu den Vereinheitlichungsbestrebungen, die im Wortschatz aller Volkssprachen der UdSSR die Etablierung russischer Fachausdrücke vervielfachten, um damit zahlreichen Aspekten des Lebens in der sowjetischen Welt in adäquater Weise Ausdruck zu verleihen. Die Wichtigkeit, die im Rahmen einer festumrissenen Ideologie der korrekten Bezeichnung beigemessen wird, selbst wenn die Bürokratensprache den Sinn der Wörter verbiegt und dieser erst entschlüsselt werden muß, entspringt einer alten russischen Tradition, die vielleicht im Oströmischen Reich entstanden ist (vgl. Imart 1983, S. 231). Sie entspricht in gewisser Weise der konfuzianischen Tradition des großen Nachbarlandes China, das ebenfalls ein Vielvölkerstaat ist (vgl. Hagège 1975, S. 35).

So folgte in der UdSSR auf die Drittwelt-Mentalität der ursprünglichen Absichten der Jakobinismus der späteren Orientierungen. Die Politik der Förderung des Russischen richtete sich sowohl an die Einwohner der größten Republiken der Union, wie Ukraine, Weißrußland und Kasachstan, als auch an diejenigen der baltischen Länder und der Moldauischen Republik. Die Zahl der zweisprachigen Staatsbürger nahm in all diesen Regionen bedeutend zu. Die Beherrschung des Russischen wurde zur unabdingbaren Voraussetzung für jede berufliche Karriere, die über den rein lokalen Rahmen hinausging, und für jeden wirklichen sozialen Aufstieg. In diesem Zusammenhang muß man allerdings festhalten, daß die Sprachpolitik der Sowjetunion weit davon entfernt war, für alle zu einer Entwurzelung zu führen, auch wenn die uneigennützige Verteidigung der Sprachen der Minderheiten für die Machthaber nicht gerade ein wichtiges Anliegen war. Der soziale Aufstieg, der mit einer Tätigkeit in der Industrie verbunden war, bedingte ebenfalls die Beherrschung des Russischen als der Sprache des wissenschaftlichen und wirtschaftlichen Fortschritts. Diese Notwendigkeit einer zumindest teilweisen Russifizierung störte zwar die stark nationalistisch eingestellten Kreise, aber sie wurde nicht allgemein als unerträglich empfunden. Trotzdem konnte die offizielle Zweisprachigkeit nur dem Russischen zugute kommen, wie sich auch an den Folgen der Unterrichtsreform von 1958 zeigte, wobei diese in einer ihrer Bestimmungen die Wahl der Unterrichtssprache sogar den Eltern überlassen hatte.

So ähnelt diese Politik, auch wenn es manchmal anders erscheinen mag, derjenigen der Zaren, die bei den Volksgruppen auf einen gewissen, sich im Rahmen der Möglichkeiten haltenden Widerstand gestoßen war, der sich jedoch in der zweiten Hälfte des 19. Jahrhunderts verstärkte, als die Ausläufer der Revolution von 1848 die Balten, Ukrainer, Armenier und Georgier erreicht hatten. Diese nationalistische Welle erfaßte erst später die verstreuten türkischen, uralischen und kaukasischen Völkerschaften, die – im Gegensatz zu den alten Gemeinschaften mit ihrem traditionellen Nationalbewußtsein – eng in den russischen Herrschaftsbereich eingebunden waren.

Die Auseinandersetzung um die verschiedenen Alphabete ließ die Kräfteverhältnisse deutlich zutage treten. Mehrere Dutzend Sprachen existierten nur in mündlicher Form, und es stellte sich die Frage, in welcher Schrift man sie aufzeichnen sollte. Während eines kurzen Zeitraums empfahl man die lateinische Schrift. So wurde sie von den Aserbaidschanern auf dem Kongreß für Turkologie in Baku im Jahre 1926 gewählt, und herausragende Linguisten wie Lew Iwanovitsch Polivanov unterstützten diese Entscheidung. In der Anfangsphase widersetzte sich die sowjetische Regierung nicht offen dieser Initiative, die außerhalb ihres Einflußbereichs entstanden war und die sie nicht allzu sehr schätzte. Der Grund, so subtil er auch erschien, war dennoch eindeutig: Die lateinische Schrift gibt alle Laute wieder, also auch die Vokale, die in der arabischen Schrift, in der bei den Turkvölkern die religiöse Tradition aufgezeichnet ist, normalerweise nicht notiert werden. Obwohl die Verwandtschaft zwischen den Turksprachen eng ist, so sind es gerade die vokalischen Abweichungen, die ihre Verschiedenartigkeit ausmachen. Wenn man diese Abweichungen mit Hilfe der lateinischen Schrift hervorhob, hatte man ein Mittel gegen die Ideologie der Vereinigung aller Türken, die schon auf dem Kongreß der Orientalischen Völker in Baku im Jahre 1920 (vgl. Imart 1983, S. 224) bedrohliche Formen angenommen hatte. Aber da man andererseits die alphabetische Schrift auf alle bisher nur mündlich gesprochenen Sprachen der UdSSR ausdehnen wollte, erwies es sich bald als zweckmäßig, das als bürgerlich und dekadent diffamierte lateinische Alphabet durch die kyrillische Schrift zu ersetzen. Nach der offiziellen

Ideologie konnten die »erst unlängst zur Schrift gekommenen« Sprachen nur durch dieses Alphabet ihre kulturelle Würde erlangen, weil in ihm auch die russische Sprache, und damit die Sprache der sozialistischen Gesellschaft, aufgezeichnet war. So chauvinistisch diese Gleichung auch erscheinen mag, so muß man doch daran erinnern, daß diese aufgezwungene Entscheidung nicht durchweg verhängnisvoll war: Die allgemeine Anwendung ein und derselben Schrift in einem riesigen Land, das von Trennlinien durchzogen war, erlaubte den Minderheiten, an einer Art gemeinsamer Kultur teilzuhaben und darin eine Rolle zu spielen, wenn sie es verstanden, den schwierigen, aber gangbaren Weg zwischen ihrer Einfügung in das 20. Jahrhundert und dem Festhalten an ihrer ursprünglichen Identität zu finden; außerdem hatte diese Gleichschaltung den Vorzug, die Kommunikation zwischen den einzelnen Elementen dieser Gesamtheit mit ihren starken Kontrasten zu erleichtern und mit Hilfe der gleichen graphischen Zeichen die Übersetzung aus einer Volkssprache in die andere zu ermöglichen. Allerdings wurde die Abwegigkeit dieser Politik seit Mitte der dreißiger Jahre immer deutlicher: Damals begann der enorme Schraubstock der Repression zu arbeiten, dessen Opfer Polivanov und unzählige andere wurden.

Die slawischen Völker des Reiches befinden sich auf Grund ihrer langen politischen und sprachlichen Bindungen an die Russen in einer besonderen Lage. Im 5. Jahrhundert n.Chr. lebten die heutigen slawischen Völker in einem Gebiet, das durch die Pripjat-Sümpfe im Norden, die Karpaten im Süden und Westen und den Mittellauf des Dnjepr im Osten begrenzt war. Unter dem Druck der Awaren und Hunnen begannen die Slawen im 6. nachchristlichen Jahrhundert in verschiedene Richtungen auszuwandern, und sie ließen sich in den Gebieten nieder, in denen sie heute noch anzutreffen sind. Das Reich von Kiew bildete in der zweiten Hälfte des 9. Jahrhunderts den ersten slawischen Staat, von dem man annimmt, daß er gegen Ende des 9. Jahrhunderts von Waräger-(Wikinger-)Fürsten reorganisiert wurde. Er entwickelte sich zum gemeinsamen Vaterland der drei westslawischen Völker: Russen, Ukrainer und Weißrussen. Das Altrussische, die Sprache der Dokumente aus dem Reich von Kiew, ist folglich der gemeinsame Ursprung des Russischen – auch das Großrussische genannt –, des Ukrainischen und des Weiß- oder Belorussischen, so daß die ältesten Hinterlassenschaften der russischen Literatur gemeinsames Erbe aller drei Völker sind. Als Kiew im Jahre 1240 durch die Mongolen zerstört wurde, erhielt eine andere aufsteigende Stadt in Anspielung auf dieses ausgelöschte politische Zentrum den Namen Nowgorod, »Neue Stadt«. Aber noch ein anderes Fürstentum fiel unter die Herrschaft der Goldenen Horde: das von Moskau, dessen Macht jedoch unaufhörlich weiter wuchs, auch wenn es den Khanen, den Herren der Steppen des Südens, tributpflichtig war. Vom 14. Jahrhundert an wurden die Gebiete der Ukraine ebenso wie der Westen Weißrußlands von den Litauern erobert, deren Amtssprache eine archaische Form des Weißrussischen war, das wiederum aus dem Osten des slawischen Teils von Rußland stammte, der unter dem Druck der asiatischen Eroberer verlassen worden war. Später waren das Ukrainische und das Weißrussische als Folge der Union zwischen Litauen und Polen mehrere Jahrhunderte lang dem polnischen Einfluß unterworfen, der ihren Gebrauch als Literatursprachen verhinderte, den Adel für die Katholische Kirche zu gewinnen suchte und nur auf dem Land die gesprochene Sprache duldete. Die Folge war, daß keine klar umrissene, schriftliche Norm existierte, als das Ukrainische begann, eigenständige Züge gegenüber dem Russischen zu entwickeln, dessen Wortschatz viel stärker auf das Kirchenslawische zurückgeht.

Die Bindungen der Ukraine an Rußland blieben eng, wie es auf eindrucksvolle Weise zwei Zeugnisse – ein politisches und ein sprachliches – attestieren. Im Jahre 1654, als er sich gegen die polnische Herrschaft auflehnte, bot Sinowi Bogdan Michailowitsch Chmielnicki, der Hetman der Kosaken, die im Mittelpunkt der ukrainischen Geschichte stehen, dem Zaren Alexis von Moskau die Gefolgschaft der Ukraine an. Obwohl sich die nachfolgenden Hetmane bemühten, ihre Unabhängigkeit sowohl gegenüber den Russen als auch gegenüber den Polen und Türken zu wahren, reicht die Erinnerung an dieses bedeutungsvolle Datum bis in die heutige Zeit, bei der die nationalen Empfindlichkeiten in der Auseinandersetzung über die Aufteilung der Kompetenzen und Territorien zwischen Rußland und der Ukraine heftig aufeinanderstoßen.

Das enge sprachliche Bindung des Ukrainischen an das Russische wird von vielen Linguisten vertreten, vor allem auch vom Begründer der Slawistik, Dobrovský, dem wir schon anläßlich seiner Rolle in der Geschichte des Tschechischen begegnet sind: Bis zu seinem Tode weigerte er sich, im Ukrainischen etwas anderes als einen Dialekt des Russischen zu sehen. Tatsächlich aber müssen sowohl das Ukrainische als auch das Weißrussische trotz der engen Verwandtschaft als selbständige Sprachen gegenüber dem Russischen angesehen werden. Im Unterschied zum Russischen besitzt das Ukrainische ein stark geschlossenes *e*, es spricht die unbetonten *o*-Laute nicht als *a* aus, es bildet den Infinitiv auf *-ti*, und es hat sich einen Vokativ Singular für die maskulinen und femininen Nomina bewahrt; wie das Weißrussische setzt es am Wortanfang vor Vokalen ein *h*-, wo das Russische ein *g*- gebraucht; das Weißrussische wiederum ist die einzige slawische Sprache, in der *dz*, *ts* und *ya* (oder *a*) ausgesprochen werden, während sonst ein mouilliertes *d*, ein mouilliertes *t* und *(y)e* zu finden sind; es ist auch die einzige slawische Sprache, die *-ow* anstelle von *-ov* hat und den Plural der Neutra auf *-i* anstatt auf *-a* bildet.

Aber die offizielle Doktrin, daß das Ukrainische ein Dialekt des Russischen sei, war lange Zeit vorherrschend: Die russische Große Enzyklopädie aus dem Jahre 1806 nennt es immer noch »kleinrussisch«. Es bleibt festzuhalten, daß es bis zum 19. Jahrhundert kein bedeutendes literarisches Werk in ukrainischer Sprache gegeben hat, außer Bibelübersetzungen, satirischen Schriften und Sammlungen alter Rechtstexte. Im 19. Jahrhundert vermachten dann die nationalistischen Dichter Pau'ko Kuliš und vor allem Taras H. Ševčenko der Sprache ihre bedeutendsten Zeugnisse. Aber 1863 wurde das Ukrainische, dessen Entwicklung in den Augen der zaristischen Regierung dem Streben nach Unabhängigkeit diente, durch einen Ukas aus dem Unterrichtswesen verbannt; andere Erlasse des Zaren untersagten jede Publikation in ukrainischer Schrift und ließen nur noch die russische Orthographie zu. Diese Maßnahmen führten zur Auswanderung eines Teils der Intellektuellen nach Galizien, wo das Ukrainische auf dem Lande gesprochen wurde, während in den Städten das Polnische vorherrschte. Lemberg, bei dem das bis dahin der Fall war, wurde wieder zu einem ukrainischen kulturellen Zentrum, was insgesamt die Entwicklung der westlichen Variante des Ukrainischen begünstigte, die ebenfalls in der subkarpatischen Ukraine gesprochen wurde und auch als Ruthenisch bekannt war. Diese Variante, die am weitesten vom Russischen entfernt war, wurde von der österreichischen Regierung gefördert, der daran lag, den Einfluß Moskaus zurückzudrängen.

Die Russische Revolution von 1905 setzte die feindseligen Maßnahmen außer Kraft. Aber erst das sowjetische Regime machte das Ukrainische ebenso wie das Weißrussische zu voll anerkannten Sprachen zweier Sozialistischer Republiken, deren nationale Identität durch diese Sprachen definiert wurde. Diese Republiken wurden mit einer gewissen administrativen und kulturellen Unabhängigkeit ausgestattet; in den Augen der extremen Nationalisten war sie zwar unzureichend, aber keines der beiden Völker hatte im Verlauf seiner Geschichte überhaupt jemals eine solche genossen, nicht einmal in den weit zurückliegenden Zeiten des Großherzogtums Litauen, dessen Amtssprache übrigens nicht mit derjenigen der Bevölkerung identisch gewesen war. Die Akademien der Wissenschaften der Ukraine und Weißrußlands legten für jede Sprache ein Regelwerk und eine Orthographie fest, was durch die Verteilung der Volkszugehörigen auf mehrere benachbarte Staaten erforderlich wurde. In dem nationalistischen Sturm, der zum Ende der Sowjetunion führte, hat Weißrußland eine gewisse Mäßigung an den Tag gelegt. Übrigens hatte schon im April 1978 die letzte Verfassung der damaligen Sozialistischen Sowjetrepublik Weißrußland dem Russischen und dem Weißrussischen eine gleichberechtigte Funktion als Amtssprachen zuerkannt, und sie hatte in ihrer Präambel an die Rolle erinnert, die die russische Arbeiterklasse in dem Kampf gespielt hatte, der zur staatlichen Konstituierung Weißrußlands führte. Im Gegensatz dazu hatte die Ukraine, von der Einwohnerzahl her das zweitgrößte slawische Land nach Rußland und zweifellos eine der nationalistischsten Regionen Europas, ebenso wie die nichtslawischen Republiken alles dazu beigetragen, das Regime zum Einsturz zu bringen, obwohl dieses im Gegensatz zur Zarenherrschaft seine Kultur wiederhergestellt hatte, und zwar vor allem durch die Förderung seiner Sprache. Die sowjetische Regierung hatte auch im Jahre 1945 der Ukraine und Weißrußland alte Gebiete wiederverschafft, die damals Polen abgenommen wurden und in denen seit unvordenklichen Zeiten Ukrainisch und Weißrussisch gesprochen worden war; das gleiche hat die UdSSR übrigens für Litauen und das Litauische getan. Heute nun verstärken diese drei unabhängig gewordenen Republiken trotz der aus den vergangenen polnischen Ambitionen resultierenden Schwierigkeiten ihre Kontakte zu Warschau, als ob sie gegenüber Moskau eine Art Verteidigungsallianz bilden wollten.

Man muß allerdings daran erinnern, daß hier wie bei den anderen Sprachen der Sowjetunion die Wende in den dreißiger Jahren stattgefunden hat. Damals wuchs die Ungeduld Moskaus gegenüber jeglichem unabhängigen Vorgehen. Im Jahre 1933 schickte Stalin die Philologen, die die Sprachnorm für das Weißrussische festgelegt hatten, ins Gefängnis oder ins Exil, da ihre grammatischen Regeln in Moskau als zu stark vom Russischen entfernt und zu eng an jene Sprachvarianten angelehnt empfunden wurden, die die Weißrussen in Polen und Litauen sprechen: Ein Erlaß aus dieser Zeit klagte sie ausdrücklich des bourgeoisen Nationalismus an; während einige Reformen, die durch denselben Erlaß verordnet wurden, auf Vorschläge der Wissenschaftler aus Minsk zurückgingen, hatten andere zum Ziel, die Schreibweisen und Sprachformen zu eliminieren, die das Weißrussische vom Russischen unterscheiden (vgl. Dingley 1989, S. 153–156).

Die Verteidigung gegen das Russische: Die Sprachgesetze

Gegen diese Politik engagierten sich in den verschiedenen Republiken immer wieder zahlreiche Intellektuelle. Als um die Mitte der achtziger Jahre die von Präsident Gorbatschow initiierte *Perestrojka* die Entstehung von Initiativen und die Freiheit der Meinungsäußerung ermöglichte, war eine der für unsere Untersuchung interessantesten Manifestationen dieser neuen Situation die Vielzahl der Sprachgesetze, die in der Zeit zwischen 1988 und 1990 in zahlreichen Republiken der UdSSR erlassen wurden. Die Union war zwar damals schon stark zerrüttet und stand kurz vor ihrer Auflösung, war aber in staatsrechtlicher Hinsicht immer noch ein Bundesstaat und ein Subjekt des Völkerrechts (vgl. Maurais 1991, dem die folgenden Angaben entnommen sind).

Die Gesetze der einzelnen Unionsrepubliken lassen klar die Bedeutung erkennen, die der Sprache für die Definition einer politischen Identität zukommt. Von den Regelungen, um welche die Verfassungstexte ergänzt wurden, will ich hier nur diejenigen diskutieren, die die europäischen Republiken vorgenommen haben, um so mehr als die anderen sich nicht wesentlich von ihnen unterscheiden. Die erste Frage betrifft die gemeinsame Sprache, die in den Texten deutlicher als früher die »Sprache der Beziehungen zwischen den Unionsstaaten« genannt wird, womit das Russische gemeint ist. Seine Anwendung wird für selbstverständlich gehalten, wenn es um die Beziehungen zwischen Moskau und den Republiken oder um die Beziehungen der verschiedenen Republiken untereinander geht, obwohl im letzteren Fall die neuen Gesetze häufig neben dem Russischen eine andere Sprache zulassen, die für beide Beteiligten akzeptabel ist. Im Gegensatz dazu ist die Sprache für die Beziehungen zwischen den einzelnen Volksgruppen innerhalb eines Unionsstaates schwieriger festzulegen: Wenn Staaten wie die Ukraine sich ans Russische halten oder auch »an jede andere Sprache«, so gibt es daneben Unionsrepubliken, die ihre Entscheidungen vom Anteil der einzelnen Volksgruppen an der Gesamtbevölkerung abhängig machen. So ist etwa Kasachstan, obwohl es außerhalb Europas liegt, ein interessantes Beispiel: Da es stärker von Russen als von Kasachen bewohnt wird, wählte es naturgemäß das Russische; die Moldauische Republik dagegen ließ das Russische neben dem Moldauischen erst zu, nachdem Arbeiter, die nur Russisch sprachen, in den Ausstand getreten waren und Gorbatschow persönlich interveniert hatte, um einen Kompromiß zu erreichen.

Die zweite Frage betrifft die Unterrichtssprache. Die Republiken entschieden sich, die Unterrichtsfreiheit beizubehalten, die durch die Reform von 1958 geschaffen worden war. Diese begünstigt zwar das Russische, macht aber das Erlernen der lokalen Sprache überall dort zur Pflicht, wo sie nicht ohnehin Unterrichtssprache ist. In diesem Punkt schaffen die ukrainischen und weißrussischen Gesetze allerdings Ausnahmeregelungen, besonders für diejenigen Schüler, die sich nur vorübergehend in ihrem Geltungsbereich aufhalten; Estland und die Moldauische Republik sehen in den Fällen, in denen die Bevölkerungszusammensetzung es erfordert, die Schaffung zweisprachiger Schulen vor. Drittens ist überall vorgesehen, daß die neuen Gesetze auch auf die Organe der Zentralregierung angewendet werden, wobei einige Republiken Ausnahmen für die Armee, die Bahnbediensteten und die Grenztruppen zulassen. Andererseits garantieren alle Republiken ihren Bürgern das Recht, von den Staatsorganen in ihrer Muttersprache angesprochen zu werden; das lettische Gesetz sieht sogar eine Entschädigung für diejenigen vor, die durch den Gebrauch einer Sprache, die sie nicht verstehen, einen Schaden erlitten haben, was sich wohl aus der Tatsache erklärt, daß Ende der achtziger Jahre die Letten nur 52 Prozent der Bevölkerung Lettlands ausmachten, wovon 68 Prozent zweisprachig waren, während von den 45 Prozent russischen Einwohnern nur 21 Prozent zweisprachig waren.

Schließlich regeln einige Gesetze das Problem der Schriftart. Das moldauische Gesetz etwa setzt die Vorschrift aus dem Jahre 1941 außer Kraft, die das kyrillische Alphabet zur Norm erhoben hatte, das von vielen Intellektuellen der Moldauischen Republik als ein Symbol der Unterdrückung angesehen wurde; die Durchführungsverordnung zu diesem Gesetz legt die Etappen fest, die bis zum Jahre 1995 der vollständigen Wiedereinführung der lateinischen Schrift dienen sollen, und fordert die Herstellung neuer Druckpressen und Schreibmaschinen. Die türkischen Republiken, die dem Islam anhängen, fordern nicht die Wiedereinführung der arabischen Schrift, aber sie gestatten deren Gebrauch zur Aufzeichnung bestimmter religiöser Texte. Das ist eine konservative Kehrtwendung im Vergleich zu der eindrucksvollen Reform Atatürks im Jahre 1928: Damals wurde das lateinische Alphabet in der Türkei eingeführt, nicht so sehr weil es die Vokale besser umschrieb, sondern weil es erlaubte, eine große Zahl von Wörtern persisch-arabischen Ursprungs zu eliminieren, die traditionell in arabischer Schrift aufgezeichnet und von den Jungtürken als Träger einer archaischen Ideologie betrachtet wurden, die der Modernisierung des Landes zum

Opfer fallen mußte. Für den nichtreligiösen Gebrauch stellen die Gesetze Aserbaidschans und der asiatischen moslemischen Republiken die kyrillische Schrift noch nicht in Frage.

Es ist bemerkenswert, daß die sowjetische Zentralgewalt, so geschwächt sie auch sein mochte, im April 1990 eine Verfügung traf, die mit einer speziellen Durchführungsverordnung versehen war und als Rahmengesetz zu den einzelnen Gesetzen der Republiken dienen sollte, wobei ihre Aufgabe vor allem darin bestand, die Rechte der russischsprachigen Bevölkerungsteile zu sichern und den Status des Russischen im Rahmen der Union zu erhalten. Diese »Sprache der Beziehungen zwischen den Volksgruppen«, die bereits durch den Erlaß an sich als unverzichtbar anerkannt wird, wird zum Pflichtfach in allen Schulen erklärt, in denen der Unterricht selbst in einer anderen Sprache abgehalten wird. Außerdem sieht diese Regelung vor, daß das Russische gemeinsam mit der jeweiligen lokalen Sprache bei der Leitung der Unternehmen, Einrichtungen und Organisationen zur Anwendung kommt, die direkt von Moskau abhängig sind, aber in einer der Unionsrepubliken ihren Sitz haben. Schließlich zählt der Text die Zuständigkeiten der Zentralregierung in bezug auf die Sprache im einzelnen auf, was offensichtlich Übergriffe verhindern soll, die durch die Gesetze der Republiken nahegelegt werden könnten. Man kann davon ausgehen, daß die Anwendung dieser Gesetze zu zahlreichen Rechtsstreitigkeiten zwischen der Zentralregierung und den Teilrepubliken geführt hätte, wenn die UdSSR nicht aufgelöst worden wäre.

Diese Regelungen sind ein deutlicher Ausdruck des Zeitgeistes, und wenn sie bald durch andere ersetzt werden sollten, so ist – zumindest kurzfristig – nicht zu erwarten, daß diese zu einer größeren Offenheit gegenüber dem Russischen führen werden. Die gesetzgeberischen Maßnahmen zur Verteidigung der Nationalsprachen sind offensichtlich die Antwort auf die geschickte Strategie der Kommunistischen Partei, der es gelungen war, ein Unternehmen, das zunächst im Interesse aller zu liegen schien, zum Vorteil des Russischen zu wenden, indem sie gerade dieses durch diejenigen Völkerschaften fördern ließ, die eigentlich im Interesse ihrer eigenen Sprachen dafür gewesen waren. Zur äußeren Verteidigung der Nationalsprachen tritt nun ein innerer Vorgang der Entrussifizierung, den die ältesten und von den Sprecherzahlen her stärksten Sprachen – also vor allem diejenigen der westlichen Republiken der Union – schon in den siebziger Jahren begonnen haben, in dessen Verlauf eine wachsende Zahl einheimischer Wörter die Stelle der russischen Ausdrücke einnehmen, die massenhaft in ihren Wortschatz eingedrungen waren.

Die Unentbehrlichkeit des Russischen

Dennoch hat die doppelte Zielrichtung – nach innen und nach außen – des Widerstandes gegen die Politik der Zaren und der Kommunisten nicht verhindern können, daß die russische Sprache fast von alleine zu einem gemeinsamen Verständigungsmittel wurde. Gogol, der nahe bei Poltawa geboren wurde, wählte das Russische als Sprache seines literarischen Schaffens. Und im Jahre 1977 schrieb Viktor Platonowitsch Nekrassow: »Wie kann man sagen, daß man in der Ukraine keine ukrainischen Bücher finde? [...] Aber nein, schlimmer noch! Alle Läden sind voll von Büchern in ukrainischer Sprache. Aber wer kauft sie? Wer liest sie? Der Traum eines jeden ukrainischen Schriftstellers ist nicht, in Kiew publiziert zu werden, sondern in Moskau in russischer Sprache.« (Zit. bei Imart 1983, S. 234) Zwar wurde schon im 12. Jahrhundert – also lange vor den ersten Werken der eigentlich russischen Literatur – das Nationalepos der georgischen Dichtung *Der Recke im Tigerfell* von Schotha Rusthaueli geschrieben. Aber im 20. Jahrhundert war die kulturelle und politische Bedeutung Rußlands derart gewachsen, daß ein anderer Georgier, Stalin, die Befehle einer unbegrenzten und furchtbaren Staatsgewalt in russischer Sprache ergehen lassen konnte. Er war nicht der erste Ausländer, der zu einem mächtigen russischen Nationalisten geworden war: Eine deutsche Fürstentochter war ihm im 18. Jahrhundert vorangegangen, jene Katharina II., die nicht eher ruhte, bis sie das Russische so gründlich erlernt hatte, daß sie es noch besser beherrschte als ihre Muttersprache.

Es ist interessant, im Lichte der heutigen Ereignisse einen Text aus dem Jahre 1918 nachzulesen, in dem Meillet es bedauert, daß die Ukrainer nicht geradewegs das Russische übernehmen: »Die Weißrussen benutzen einfach das Großrussische als Literatursprache [...]; ein kleinrussischer Staatsbürger erleidet keinerlei Nachteil, wenn er das Großrussische als Gemeinschaftssprache benutzt [...]; die Unterschiede betreffen nur Kleinigkeiten.« (Meillet 1928, S. 257 und 261) Meillet beklagt auch die sprachliche Zerrissenheit der Slawen und preist das Russische als Sprache der Einigung:

> »Da es ihnen nicht gelungen ist, eine slawische Solidarität herzustellen und eine Führungsnation aus ihrer Mitte zu wählen und anzuerkennen, haben die slawischsprechenden Völker weder aus ihrer gewaltigen Bevölkerungszahl noch aus ihren beachtlichen sprachlichen Gemeinsamkeiten einen Vorteil ziehen können. Der Schaden ist inzwischen nur noch schwer zu beheben. Anstatt sich fester zusammenzuschließen, ist der slawische Block im Laufe des 19. Jahrhunderts noch weiter auseinandergebrochen. [...] Durch die Vielzahl der Menschen, die

> es sprechen, durch die Einzigartigkeit seiner Literatur, durch die Bedeutung der Werke, die ihm ihre Entstehung verdanken, begann das Russische, sich in der Welt durchzusetzen; man erlernte es; es wurde eine der führenden Sprachen Europas. Wenn sie sich isolieren würden, verlören die Sprecher der kleinrussischen Sprache die Vorteile dieses Fortschritts; und sie würden gleichzeitig [....] denjenigen des Großrussischen verlangsamen. Der Schaden wäre ein doppelter, und kein Slawe hätte einen Nutzen davon. [...] Für die Zukunft der slawischen Sprachen ist die Frage der Einheit der Gemeinschaftssprache von größter Bedeutung. [...] Nur das Russische kann einen Block bilden, der groß genug ist, um das Gewicht des Deutschen auszubalancieren. [...] Das gegenwärtige Unglück Rußlands darf nicht völlig an seiner Zukunft verzweifeln lassen.« (Ebd., S. 257ff. und 316f.)

Man könnte glauben, einen Text aus unseren Tagen zu lesen. Aber das Unglück, von dem hier gesprochen wird, ist nicht der Zusammenbruch der Sowjetunion, sondern – obwohl er mit diesem eine gewisse Ähnlichkeit hat – der des Zarenreichs; und die Isolierung, vor der Meillet die Ukraine warnt, deren Sprache hier noch in althergebrachter Weise als »Kleinrussisch« bezeichnet wird, hatte sie zu Beginn des Jahres, in dem Meillet sein Buch veröffentlichte, dazu geführt, mit den Deutschen in Brest-Litowsk einen Separatfrieden abzuschließen, während gleichzeitig die Regierungsjunta (*rada*) Maßnahmen zur Unterstützung des Ukrainischen ergriff. Nun muß man feststellen, daß die Einheit aller Slawen, deren Fehlen Meillet beklagt, zum ersten Mal in ihrer Geschichte seit dem 6. Jahrhundert durch das kommunistische System für eine gewisse Zeit verwirklicht worden ist, wobei außerdem noch vier nichtslawische Nationen einbezogen waren: die lateinischen Rumänen, ein Teil der germanischen Deutschen, die uralischen Ungarn und die Albaner. Aber diese Einheit beruhte nicht auf einer freien Entscheidung. Die Sowjetherrschaft war aufgezwungen, und die Unterweisung in ihrer Sprache war es ebenfalls.

Zwar wurde schon vor 1939 in einigen Ländern das Russische traditionell als Kultursprache gelehrt. Dies war etwa in Bulgarien der Fall, seit die Armeen des Zaren den bulgarischen Unabhängigkeitskampf gegen die ottomanische Fremdherrschaft unterstützt hatten; aber die Gunst, die dem Russischen im Gefolge dieser Ereignisse zuteil wurde, hinderte das Bulgarische nicht daran, ziemlich schnell den Status einer Literatursprache wiederzugewinnen, den es lange zuvor schon einmal innegehabt hatte, zur Zeit seines größten Ansehens und Einflusses am Ende des 9. und während des 10. Jahrhunderts. In den anderen slawischen Ländern eröffnete die Verbreitung des

Kommunismus dem Russischen ein noch weiteres Feld, als ihm zur Zeit der Zarenherrschaft zur Verfügung gestanden hatte, und darüber hinaus verlieh die wissenschaftliche und technische Entwicklung der UdSSR der Sprache eine gewisse Bedeutung für die Welt der Wissenschaft, die zu ihrer Rolle für die politische Welt hinzutrat. Heute jedoch, nachdem sie den Kommunismus überwunden und ihre Unabhängigkeit wiedererlangt haben, scheinen es die meisten dieser Länder eilig zu haben, das Russische zu verdrängen, das im Unterrichtswesen fast überall zugunsten des Angloamerikanischen im Niedergang begriffen ist. Denn das letztere bewahrt trotz der wirtschaftlichen Schwierigkeiten, trotz des starken Rückganges der Einwohnerzahlen und trotz des Drucks, den die Amerikanisierung auf die eigenständigen Kulturen ausübt, die alten Züge einer freigewählten Sprache, und ihr Land gilt immer noch als Symbol der Freiheit und der Befreiung. Im Gegensatz dazu haftet dem Russischen noch heute in den ost- und mitteleuropäischen Ländern das Image einer Sprache an, die man weder unter dem Kommunismus noch unter dem Zarenregime frei gewählt hatte; aus diesem Grunde blieb seine Schönheit verschleiert und ließ von außen nur das abstoßende Gesicht der Zwangsherrschaft erkennen.

Das Erwachen des russischen Nationalismus und die Zukunft des Russischen

Unter diesen Umständen ist es begreiflich, daß die Auflösung des Sowjetreiches die Pandorabüchse der Nationalismen geöffnet hat. Am interessantesten ist vielleicht das Erwachen des russischen Nationalismus selbst, der plötzlich einem langen Winterschlaf entrissen wurde. Ein Umweg über die politische Geschichte kann uns dabei helfen, die sprachlichen Gegebenheiten zu klären. Der Sowjetmacht war es gelungen, große Teile des russischen Volkes davon zu überzeugen, daß sie an der Spitze des proletarischen Internationalismus die Avantgarde der Menschheit repräsentierten. Die Russen, die auf diese Weise ihres Volkstums und ihrer Geschichte, von der man gezielt verschiedene Aspekte verheimlichte, beraubt worden waren, entdekken diese gegenwärtig wieder aufs neue. Damit endet das Vorherrschen einer überraschenden Zweideutigkeit. Die Sozialistische Föderative Sowjetrepublik Rußland war, unter allgemeinen Gesichtspunkten betrachtet, nur eine von fünfzehn anderen, aber weil ihre Macht erheblich größer war als die der übrigen und weil Moskau eine Rolle als politisches Zentrum spielte, erschien die SFSR, vor allem gegenüber den moslemischen Völkern der zentralasiatischen Republiken und der in Rußland gelegenen Enklaven, als Haupt einer Art Kolonialreich. Wurden in den letzten beiden Jahrhunderten Kolonien zunächst erobert, dann durch ihre Kolonialmächte freigelassen oder diesen mit Waffengewalt entrissen, schöpft Rußland dagegen seine Selbstverwirklichung aus einem Befreiungsprozeß im entgegengesetzten Sinne: Es findet sich wieder, indem es sich von seinen Kolonien freimacht. Die Minderheiten in den Enklaven sind ein besonderer Fall, den wir später behandeln wollen. Aber die lange Geschichte der Beziehungen zwischen Russen und asiatischen Völkern, von denen diese Enklaven Zeugnis ablegen, hat nachhaltig dazu beigetragen, die Physiognomie des Landes zu prägen. Sie ist durch die kollektive Erinnerung in Bildern fixiert worden, die die großen patriotischen Filme in Szene setzten, nämlich *Iwan der Schreckliche* (1942-1946) von Sergej M. Eisenstein und *Andrej Roubljow* (1965-1966) von Andrej Tarkowskij. Dieser Geschichte kann man einen wesentlichen Sachverhalt entnehmen: Die Invasionen der asiatischen Nachbarn haben die ostslawische Welt lange daran gehindert, sich stark und dauerhaft zu organisieren; sie sind einer der Faktoren, die diese Welt dazu gebracht haben, ihr Heil in einem autokratischen Regierungssystem zu suchen.

Daraus erklärt sich, daß die moderne Geschichte Rußlands aus krassen Gegensätzen zu bestehen scheint, daß das Land bis zum Jahre 1992 keine demokratische Regierungsform gefunden hat und daß der Weg, der es an die westliche Staatengemeinschaft heranführen soll, noch immer recht holprig aussieht. Dennoch hat sich Rußland während seiner ganzen Geschichte ebensosehr als europäisch wie als asiatisch verstanden, es hat Moskau als ein drittes Rom angesehen und sich später zur Heimat des Marxismus gemacht, einer Ideologie, die im Westen geboren wurde und in keiner Weise für russische Verhältnisse konzipiert war. Es ist nicht erstaunlich, daß nach 74 Jahren Kommunismus und einer Übergangsphase der *Perestrojka*, in der das Russische einer aufkommenden Fülle freier Meinungen Ausdruck verliehen hat, Rußland heute nationalistische Unruhen erlebt, die nicht notwendigerweise eine wirkliche nationale Selbstfindung darstellen, und daß es gleichzeitig mit seinen Grenzen aus dem 18. Jahrhundert eine Form von Identität wiederentdeckt, die nicht frei von chauvinistischen und fremdenfeindlichen Auswüchsen ist. So scheint sich die russische Sprache gegenwärtig auf das eigentliche Rußland zurückzuziehen, während es in den Zeiten der Revolution von 1917 (Februar) die Ideale der Freiheit der Völker verkündete, die damals durchaus keine leeren Worte waren. Bevor sich zynische Machthaber ihrer bedienten, um sie zu mißbrauchen, sprach die russische Sprache eindringlicher zu den Hoffnungen der Menschen als die karikaturhaften Reklamen der Wirtschaftswelt, die heute in den profitgierigen Ländern des Westens die Freiheit haben, als eine permanente Vergewaltigung der Vorstellungswelt ungehindert den Raum zu besetzen, der durch die weltanschauliche Krise freigemacht worden ist.

Der Niedergang der russischen Welt betrifft auch die Sprache, selbst wenn sie nun nicht länger als ein gewaltsam aufgezwungenes Kommunikationsmittel erscheint. Aber noch bevor sie eines Tages nach Durchschreiten dieser Krise das Ansehen wiederfindet, das ihr als Ausdrucksform einer alten Kultur zukommt, zeigt die russische Sprache schon heute Anzeichen einer Erneuerung, die auf kommende Zeiten hindeutet: Anstelle der erstarrten Formeln, die durch die offizielle kommunistische Phraseologie verbreitet wurden und deren wortgetreue Übersetzung in die Sprachen der ehemaligen Volksdemokratien Europas so verhängnisvolle Auswirkungen hatte, findet man in der heutigen Presse eine auffallende Lebendigkeit des Ausdrucks und eine Art freudiger Kreativität. Die Zukunft wird uns zeigen, ob das derart wiederbelebte Russische nicht eines Tages dazu beitragen wird, anstelle des sinnlosen Gewinnstrebens, das es heute verständlicherweise auch propagiert, wieder hochherzigen – und diesmal wahrhaftigen – Einigungsidealen Ausdruck zu verleihen.

Orte der Enttäuschung

In Nationalstaaten wie Deutschland oder Italien drückt sich die politische Einheit in einer Sprache aus, die über die dialektalen Abweichungen hinaus allen gemeinsam ist. Aber zahlreiche Staaten Europas fallen nicht mit einer Nationalität zusammen. Die fehlende Übereinstimmung ist die Ursache nationalistischer Enttäuschungen, die häufig durch den Minderheitenstatus einzelner Sprachgemeinschaften noch verschärft werden. Im folgenden wollen wir diese Fälle betrachten, zu denen noch diejenigen gehören, die an anderer Stelle in verschiedenen Zusammenhängen erwähnt worden sind. Zahlreiche nationalistische Ausbrüche, die für das sprachliche Leben Europas und seine Auseinandersetzungen charakteristisch sind, gehören der relativ jungen Geschichte der erwachenden Nationalbewegungen im Gefolge der Romantik an. Die Erschütterung, welche damals die mitteleuropäischen Mächte erfaßte, breitete sich nicht nur im Westen, sondern auch im Osten des Kontinents aus und erreichte Völker, die in ihrem kollektiven Gedächtnis noch die verblaßte Erinnerung an frühere Unabhängigkeit und vergangene Größe bewahrten. Der patriotische Kampf um eine Sprache, in der diese Vergangenheit konserviert ist, verstärkt häufig das nationale Aufbegehren.

Es gibt auch Fälle, in denen die betreffende Sprache schließlich einen offiziellen Status erlangt, den sie dann jedoch mit anderen Sprachen teilen muß. Je nach Land und Art dieses Vorgangs kann es dabei zu Konflikten kommen oder auch friedlich verlaufen. Die folgenden Abschnitte verdeutlichen die breite Vielfalt der Möglichkeiten. Die Verbundenheit mit einer Sprache und dem, was sich in ihr symbolisiert, die von Land zu Land mehr oder weniger stark ausgeprägt ist, bildet dabei die gemeinsame Konstante. Es ist nützlich, diese Faktoren zu kennen, wenn man den Gang der Entwicklung vorhersehen will und unter Umständen den Folgen entgegensteuern möchte. Dies soll hier zunächst für den Westen und dann für den Osten Europas gezeigt werden.

Der Westen und die »kleinen« Sprachen

Zuerst wollen wir die Sprachen mit nichtexklusivem offiziellem Status betrachten: das Niederländische in Belgien, das Irische, das Maltesische, das Luxemburgische nebst anderen Sprachen wie das Katalanische, das Galicische, das Sardische, sodann Sprachen, die gegen ihren Niedergang ankämpfen: das Okzitanische, das Bretonische, das Gälische und das Walisische.

Flämischer Kampfgeist

Das Niederländische genießt, nachdem es im Jahre 1898 neben dem Französischen als Amtssprache in Belgien anerkannt worden ist, seit den Gesetzen der Jahre 1932–1935 diesen Status in den nichtfranzösischsprachigen Teilen des Landes, das heißt in den Provinzen Antwerpen, Limburg, Nordbrabant und Ostflandern, ebenso wie im größten Teil Westflanderns und Südbrabants; das betrifft insgesamt 44 Prozent der belgischen Kommunen. Diese Sprechergruppe umfaßt einen Bevölkerungsanteil, der zahlenmäßig stärker ist als derjenige der französischsprachigen Wallonen, nämlich 5 600 000 bei einer Gesamtbevölkerung von etwa 10 000 000 Belgiern (die

Zahlen stammen aus den 70er Jahren und finden sich bei Haarmann 1975, ebenso wie die anderen noch folgenden Zahlenangaben).

Das Niederländische ist damit ein außergewöhnlicher Fall unter den Sprachen, die in diesem Abschnitt behandelt werden, da die meisten von ihnen dort, wo sie gesprochen werden, zu einem Volk in der Minderheit gehören. Diese territorial strukturierte Zweisprachigkeit Belgiens, der außerhalb des Schulwesens eine individuelle Einsprachigkeit in den jeweiligen Teilterritorien entspricht – wenn man einmal von Brüssel absieht –, spiegelt die sprachliche Zerrissenheit des Landes wider, die zum großen Teil auf dem gewachsenen Unwillen der zahlenmäßig überlegenen flämischen Bevölkerung über die uralte Vorherrschaft des Französischen beruht. Schon im 11. Jahrhundert wird das Französische für das Niederländische zur Quelle zahlreicher Entlehnungen, aber die entscheidenden Etappen seiner historischen Überlegenheit sind die Herrschaft der burgundischen Herzöge über Brabant sowie später die Eroberungszüge Napoleons. Diese Ereignisse trugen dazu bei, in den flämischen Landesteilen selbst während der langen Epoche der spanischen Besetzung die wirtschaftliche und politische Vorherrschaft einer zahlenmäßig kleineren französischsprachigen Bourgeoisie über eine Bevölkerung zu befestigen, die den einen oder anderen germanischen Dialekt des Westens oder Nordens sprach.

Die aufgeklärten Teile dieser Bevölkerung kämpften schon unmittelbar nach der Unabhängigkeit Belgiens (1830) für die Anerkennung des Gemeinniederländischen als Amtssprache in ihrer Region. Dieses Modell bot in der Tat einen doppelten Vorteil: Einerseits ermöglichte es gegenüber den verschiedenartigen Dialekten von Brügge, Gent, Antwerpen, Löwen oder Hasselt eine einheitliche Alternative, gewissermaßen als belgisches Pendant zur sprachlichen Einheit Hollands, die dort aus der schon im 17. Jahrhundert erlangten Unabhängigkeit sowie aus der regulierenden Funktion der Städte hervorgegangen war; andererseits würde die Zugehörigkeit zur gleichen Sprache die kulturelle Vereinigung mit dem Norden begünstigen, das heißt mit den protestantischen Niederlanden, von denen der katholische Süden seit dem Ende des 16. Jahrhunderts getrennt war (vgl. Brachin 1983). Man machte sich also daran, im nichtfrankophonen Belgien die gleiche Sprache zu fördern, die in den Niederlanden offiziellen Status erlangt hatte, das ABN (*Algemeen Beschaafd Nederlands*) oder »die gemeine niederländische Hochsprache«. Zu diesem Zweck führte man den Kampf gegen einen zweifachen Gegner: die dialektale Vielfalt einerseits und die Gallizismen andererseits. Der Einsatz war in beiden Fällen beträchtlich. Tatsächlich wurden die Beherrschung des ABN und die Unterdrückung der regionalen Dialekte als Voraussetzung für den sozialen Aufstieg angesehen, und die Verbissenheit, mit der man versuchte, das Französische aus seiner alten Vormachtstellung im öffentlichen Leben zu verdrängen, war eng verbunden mit dem Wunsch, die belgischen Flamen mit der niederländischen Welt zu verbinden, und zwar sowohl auf kulturellem als auch auf wirtschaftlichem Gebiet.

Man kann feststellen, daß diese defensive Solidarität mit der niederländischen Sprache, die eine charakteristische Reaktion der Flamen gegenüber der Frankophonie ist, nicht für das andere Mitglied dieser Sprachfamilie – das Afrikaans – Gültigkeit hat. Dieses zeichnet sich durch das besondere Merkmal aus, als einzige europäische Sprache außerhalb Europas entstanden zu sein, wenn man einmal von den kreolischen Idiomen absieht, deren Wortschatz jeweils auf einer der Sprachen des Alten Kontinents basiert (Englisch, Französisch etc.). Das Afrikaans ist seit 1925 neben dem Englischen Amtssprache der Südafrikanischen Republik. Es ist ein Abkömmling von Dialekten, die im 17. Jahrhundert in Holland gesprochen wurden, und hat viele ihrer Züge bewahrt; aber es hat sich kreolisiert durch den Kontakt mit den Bantusprachen sowie mit den Sprachen der zahlreichen Zuwanderer, die seit dem Ende des 17. Jahrhunderts die Kap-Provinz bevölkerten: Portugiesen, Madagassen, Mauritier, Malaien und Inder, deren mestizisierte Nachkommen überwiegend Afrikaans als Muttersprache sprechen. Das auf Afrika beschränkte Afrikaans hat sich – als Symbol der nationalen Identität der Burenvölker – im 19. und 20. Jahrhundert nach und nach an die Stelle des Niederländischen gesetzt, und zwar in allen Lebensbereichen einschließlich der Verwaltung und der Literatur. Obwohl es noch Berührungspunkte mit dem Niederländischen hat, lebt das Afrikaans zu weit entfernt von den Niederlanden und von Belgien und unter zu verschiedenartigen Verhältnissen, um wie das belgische Niederländisch an den typischen Enttäuschungen so vieler europäischer Sprachgemeinschaften teilzuhaben.

Die Ausweglosigkeit des Irischen

Das Irische ist nur für 10 Prozent der Einwohner Irlands die Muttersprache. Die Sprecher dieser Sprache leben überwiegend in den Grafschaften am westlichen Rande der Insel wie Donegal, Galway oder Kerry. Über eine passive Sprachbeherrschung verfügen 20 Prozent der Iren, das heißt sie verstehen die Sprache beim Zuhören. Dennoch hat das Irische heute den Status einer Amtssprache, gleichberechtigt neben dem Englischen. Diese Situation ist das Ergebnis eines Verteidigungs- und Werbefeldzugs, der trotz größter Intensität nicht erreichen konnte, daß das irische Nationalbewußtsein völlig in der Sprache aufging, so wie es in der Zugehörigkeit zu einem unabhängigen Staat aufgeht. Zumindest ist es diesen Bemühungen gelungen, den völligen Niedergang hinauszuschieben, von dem das Irische wie alle keltischen Sprachen bedroht ist. Dabei hatten diese Sprachen früher eine außergewöhnlich große Verbreitung. Um das 11. Jahrhundert v.Chr. erstreckten sie sich in verschiedenen Gruppen über ein weites Gebiet, das sich vom heutigen Großbritannien bis zur Türkei hinzog, und Frankreich, Spanien, Deutschland, Südpolen, Ungarn, Rumänien und den Balkan umfaßte.

Die ältesten schriftlichen Zeugnisse – in der Oghamschrift in Stein gemeißelt – reichen bis ins 4. nachchristliche Jahrhundert zurück; damit ist das Irische, gefolgt vom Walisischen, die älteste, lebende Schriftsprache Europas. Die Christianisierung Irlands brachte der Sprache vom Ende des 5. Jahrhunderts an viele lateinische Wörter, was in Verbindung mit einer Fülle von künstlerisch bedeutender Literatur zu ihrer Ausstrahlung beigetragen hat. Dann erfolgte die Landung der Normannen, die die englische Herrschaft einleitete (vgl. ÓBaoill/ÓRiagáin 1990). Diese wurde dann, nachdem sie zunächst nur sprachlich zur Wirkung gekommen war, seit Beginn des 18. Jahrhunderts eine totale und trug vor allen Dingen Sorge, den Gebrauch des Irischen auszumerzen. Der Kampf für die Unabhängigkeit, der im 19. und 20. Jahrhundert gegen England geführt wurde, erfolgte in englischer Sprache, obwohl in patriotischen Reden das Irische als Symbol des Zusammenhalts gepriesen wurde. Diese Entwurzelung, zu der um die Mitte des 19. Jahrhunderts die Folgen der großen Hungersnot traten, welche die Überlebenden zur Auswanderung zwang, hatte jedoch nicht nur negative Folgen: Die katholischen Iren, die massenhaft in die Vereinigten Staaten auswanderten, schlossen sich dort den ungefähr 700 000 Landsleuten an, die schon am Ende des 18. Jahrhunderts die Insel verlassen hatten, und sie bilden heute in den USA eine der mächtigsten und geschichtsbewußtesten Gemeinschaften. Das Schicksal ihrer Sprache gestaltete sich hingegen ganz anders. Es war unmöglich, in Irland das Irische am Leben zu erhalten oder in großem Maßstab als gesprochene Sprache wiedereinzuführen, zumindest außerhalb der *gaeltachtai*; mit diesem Ausdruck bezeichnet die Regierung die Regionen, in denen sich der Gebrauch des Irischen als Muttersprache in Verbindung mit traditionellen Lebensweisen innerhalb der Familien erhalten hat, nicht ohne dem Druck der englischsprachigen Verwandten in den Städten ausgesetzt zu sein. Es gelang weder, das Irische als Hauptsprache wiedereinzuführen, noch die literarische Produktion wiederzubeleben, trotz der intensiven Arbeit der Philologen und der aktiven Unterstützung durch den Staat seit der Unabhängigkeit im Jahre 1922. Dabei hatte die Erlangung der Unabhängigkeit zur Folge, daß sich jeder Bewerber um ein öffentliches Amt theoretisch einer Prüfung seiner irischen Sprachkenntnisse unterziehen müßte. Die nationalistischen Parteien beteiligten sich ihrerseits an der gemeinsamen Anstrengung, indem sie die Gälische Liga (1893) gründeten, die später eine Schule des republikanischen Widerstandes werden sollte, was wieder einmal den engen Zusammenhang zwischen Verteidigung der Sprache und politischem Handeln beweist.

Gewiß gibt es große Unterschiede zwischen den Dialekten, die man nur mit Mühe unter eine einheitliche Norm bringen kann, obwohl man es versucht hat, indem man eine Grammatik (1958) schuf, mit der man einige komplexe Strukturelemente des Irischen vereinfachen wollte (Wechsel der Anfangskonsonanten, Deklinationen, Zahlensystem, verschiedene andere Eigenheiten des Irischen). Zweifellos ist es schwierig, die ungeheuren Erwartungen zu erfüllen, denen auf einmal eine Sprache ausgesetzt wird, die mehrere Jahrhunderte lang in Lebensbereichen wie Rechtswesen und Schulunterricht überhaupt nicht mehr gebraucht worden ist. Aber das sind nicht die entscheidenden Ursachen der Vergeblichkeit aller Bemühungen. Diese erklärt sich vielmehr aus dem Zusammenwirken von zwei außerordentlich starken Kräften: Zu dem langwährenden Versuch der Engländer, die einheimische Sprache auszulöschen, tritt die wachsende Bedeutung, die das Englische seit Beginn des 19. Jahrhunderts in der Alten und Neuen Welt erlangt hat.

Das Arabische als Sprache Europas

Malta und die vier kleinen Inseln, die ihm benachbart sind, befinden sich in der ungewöhnlichen Lage, der einzige Staat Europas zu sein, in dem eine der Amtssprachen eine Form des Arabischen ist, was uns veranlaßt, die bedeutende Kultursprache Arabisch, die durch die Geschichte eng mit dem Schicksal Südeuropas verwoben ist, auch als eine europäische Sprache anzusehen. Obwohl das Arabische in keinem anderen Land Europas eine Amtssprache ist, wird es auch hier von bedeutenden Gemeinschaften gesprochen, wie etwa von denjenigen in Frankreich oder den weniger bedeutenden in Belgien. Das Arabische fällt bekanntlich nicht notwendigerweise mit dem Islam zusammen: Außer bei Geistlichen oder Intellektuellen, die es aus einem besonderen Interesse heraus erlernt haben, gibt es praktisch keine Arabischsprachigen unter den nichtarabischen Moslems Europas, das heißt weder bei Bosniern, Albanern, Turkvölkern der Türkei, Griechenlands, Bulgariens (Pomaken), Rußlands, der Ukraine, Aserbaidschans noch unter den türkischen, indischen und pakistanischen Gemeinschaften Deutschlands und Großbritanniens. Umgekehrt entdeckte man in den 70er Jahren ein arabischsprachiges, maronitisches Dorf auf Zypern: Kormatiki (vgl. Roth 1975).

Die andere Amtssprache Maltas – das Englische – hat in dieser Stellung im Jahre 1934 das Italienische abgelöst, also 30 Jahre bevor Malta im Rahmen des Commonwealth unabhängig wurde. Aber die maltesische Kultur bleibt auf Grund der geographischen Nachbarschaft und sehr alter, dauerhafter Beziehungen eng an Italien gebunden. Dennoch war es die arabische Besetzung seit 870, die das linguistische Antlitz des Archipels entscheidend geprägt hat. Weder die karthagische Invasion im 6. Jahrhundert v.Chr. noch die römische Eroberung am Ende des 3. Jahrhunderts noch auch die vandalische und die nachfolgende byzantinische Herrschaft haben so tiefe Spuren hinterlassen. Die Angliederung an das Normannenreich im Jahre 1091 führte nicht zur Vertreibung der Araber, die sich bis 1249 halten konnten, das heißt insgesamt fast vierhundert Jahre, so daß ihr Einfluß auch denjenigen der anderen Herren Siziliens überwiegt, die Malta eroberten, also vor allem denjenigen der Anjou und der Aragonier.

Aus dieser Entwicklung erklärt sich die besondere soziolinguistische Stellung dieser arabischsprachigen, nichtmoslemischen Inseln. Ebenso wie die oben genannten moslemischen, aber nicht arabischsprachigen Gemeinschaften widerlegen sie die häufig anzutreffende Assoziation zwischen Sprache und Religion. Der Fall Maltas wirkt um so erstaunlicher, wenn man sich in Erinnerung ruft, daß die Insel, die schon in den ersten nachchristlichen Jahrhunderten missioniert worden ist, außerdem eine der Hochburgen des Christentums bildete, da dort der Johanniterorden durch Karl V. im Jahre 1530 angesiedelt wurde und sich bis zur Ankunft Napoleons im Jahre 1798 halten konnte. Zwei Jahre später erfolgte die englische Eroberung, die bis zum gegenwärtigen Zeitpunkt dem Englischen eine sehr starke Position verschafft hat. Daneben sicherte die starke Stellung der Römisch-Katholischen Kirche dem Lateinischen lange Zeit den Rang einer Gelehrtensprache, aus der viele Entlehnungen stammen, und außerdem sprechen viele

Malteser recht gut Italienisch. Das Maltesische ist eine maghrebinische Sprache, die eng mit denen Tunesiens und Tripolitaniens verwandt ist und viele semitische Eigenheiten aufweist, vor allem was die Morphologie der Verben betrifft. Aber sie ist auch stark mit italienischen und sizilisch-italienischen Zügen durchsetzt und wird deshalb häufig als eine Mischsprache angesehen. Auf alle Fälle hängen die Malteser sehr an ihrer Sprache, die durch bedeutende Dichter (vgl. Décsy 1973, S. 68) zu Ansehen gekommen ist.

Sprache und Persönlichkeit der Luxemburger

Im Gegensatz zu den drei soeben dargestellten Sprachen haben viele Idiome Europas nicht einmal an der Seite einer anderen den Status einer Amtssprache. In dieser Gruppe nimmt das Luxemburgische einen besonderen Platz ein: Diejenigen, die es sprechen, scheinen zu ihm in einer Beziehung zu stehen, die ein Gegensatz zu dem sonst üblichen Verhältnis ist, denn ihre Benutzer ziehen aus ihr mehr Bereicherung als bittere Kampfbereitschaft. Dieser mitteldeutsche Dialekt aus der Gruppe des Moselfränkischen ist die Muttersprache von mehr als drei Vierteln der Bevölkerung des Großherzogtums (ebenso wie von 3 000 Einwohnern der belgischen Provinz Luxemburg, die mehrheitlich französischsprachig ist). Das Luxemburgische wird innerhalb der Familie gesprochen, aber auch als Geschäfts- und Gerichtssprache verwendet, während das Französische die Amtssprache sowie diejenige des höheren Schulwesens ist und das Deutsche die Sprache der Presse, der Kultur und der Religion (katholisch), wobei es als Reaktion auf die nationalsozialistische Besetzung während des Zweiten Weltkriegs seine alte Stellung als offizielle Sprache nicht wiedererlangt hat.

Man hat 1946 versucht, eine orthographische Norm für das Luxemburgische einzuführen, und in den Jahren 1950–54 bemühte man sich um die Kodifikation des Sprachgebrauchs durch die Herausgabe eines großen Wörterbuches. Daraus wird die tiefe Zuneigung der Luxemburger zu ihrer Muttersprache ersichtlich, die ein wesentlicher Faktor des Zusammenhalts für dieses kleine Land ist, das im 14. Jahrhundert als Herzogtum errichtet wurde und lange Zeit zwischen den Vorherrschaftsansprüchen Deutschlands und der Niederlande hin- und hergerissen wurde. Die Einleitung zu diesem Wörterbuch enthält eine sehr aufschlußreiche Passage. Nachdem die Herausgeber die Dreisprachigkeit der Luxemburger gepriesen haben, die eine notwendige Folge der geographischen Lage des Großherzogtums ist, fügen sie hinzu:

»Jeder Luxemburger, ganz gleich welcher sozialen Schicht er angehört, spricht seinen Dialekt, der für ihn gleichbedeutend mit einer Kultursprache ist, nicht nur im Privatleben, sondern auch im Rahmen zahlreicher öffentlicher Beziehungen. Er sieht in ihm den bevorzugten Ausdruck seiner Persönlichkeit. Nur im Dialekt verfügt er über eine ungezwungene Leichtigkeit, eine Ausdrucksweise voll Frische und Spontaneität, und läßt seiner Sensibilität und seinem Humor freien Lauf. Das Nationalgefühl und die politische Willensbildung der Luxemburger beruhen weitgehend auf dieser gemeinsamen Grundlage. Die Muttersprache wird im täglichen Gebrauch durch keine Schriftsprache zurückgedrängt.« (Bd. I, S. XXXIV)

Das Gleichgewicht, das die Luxemburger gefunden haben, verdanken sie der Tatsache, daß sie einen souveränen Volksstaat bilden, in dessen Schutz sie selbst darauf verzichtet haben, ihrer Muttersprache einen offiziellen Status zu verleihen, obwohl sie dieser Sprache wesentliche Merkmale ihrer persönlichen Identität entnehmen. Für Minderheiten ohne eigenen Staat stellt sich die Situation offenkundig ganz anders dar: Da sie nicht die Möglichkeit der freien Wahl haben, erleben viele ihrer Intellektuellen die Beschränkung ihrer Sprache auf einen Minderheitenstatus als eine vom Staat verfügte Beraubung ihres kulturellen Erbes. Derartige Minderheiten finden sich in zahlreichen Ländern Westeuropas, wie wir noch sehen werden.

Katalanisch, Galicisch, Sardisch: Inseln der Selbstbehauptung

Katalanisch wird in Spanien von 6000000 Staatsbürgern gesprochen, das sind 17 Prozent der Gesamtbevölkerung, in Frankreich von 200000 Einwohnern des Roussillon, auf Sardinien von 20000 Angehörigen der valencianischen Kolonie Alghero und im Tal von Andorra von ungefähr 6300 Menschen. Trotz eines gewissen Einflusses des Okzitanischen, einer angesehenen Literatursprache bis zum Beginn des 13. Jahrhunderts, ging der stärkste Druck auf den Wortschatz und selbst auf die Syntax vom Kastilischen aus. Diese alte Nachbarsprache nahm in der ersten Hälfte des 16. Jahrhunderts die Stelle des Katalanischen als Kanzleisprache ein, nachdem sie schon vorher das Aragonesische abgelöst hatte, und wurde bald sogar einzige Schriftsprache. Erst zu Beginn des 19. Jahrhunderts wurde das Katalanische durch das Erwachen des Nationalgefühls neu belebt und erfuhr eine Blüte literarischer Werke, die sein ehemaliges Ansehen wiederherstellten. Vom Jahre 1932, als man ihm ein politisches Autonomiestatut gewährte, bis zum Jahre 1939, in dem es von jedem offiziellen Gebrauch ausgeschlossen wurde, erlebte das Katalanische eine Glanzzeit, an die es im religiösen, schulischen und wirtschaftlichen Bereich in den fünfziger Jahren teilweise wieder anknüpfen konnte. Die katalanischen Enttäuschungen drücken sich heute in einer Haltung von Verteidigungsbereitschaft gegenüber ihrer Sprache aus, der es durch die weitverbreitete Zweisprachigkeit (das Kastilische ist ebenfalls Amtssprache) nicht erlaubt ist, ungehindert in den Grenzen ihrer Verwaltungshoheit zu agieren. Dennoch dürften die Rückkehr zur Autonomie (1980) und die günstigen Schulgesetze dem Katalanischen eine vielversprechende Zukunft sichern.

Das stark konservative Galicische, das als ein portugiesischer Dialekt angesehen wird, ist ebenso reich an keltischen Wörtern wie an Entlehnungen aus dem Altfranzösischen und dem Altokzitanischen. Der Einfluß des letzteren hat eine Tradition lyrischer Hofdichtung hervorgebracht, deren Blütezeit vom 12. bis zum 14. Jahrhundert reichte. Aber bald darauf wurde das Galicische durch das Kastilische aus dem literarischen Gebrauch verdrängt, und seine Renaissance fiel wie diejenige des Katalanischen mit einer politischen Bewußtwerdung zusammen, die das Werk des aufgeklärten Bürgertums in den historischen Städten der Provinz – La Coruña, Pontevedra, Orense – war. Hier, wie fast überall in Europa, schlug sich die nationalistische philologische Tradition in der großen Anzahl von Grammatiken und Wörterbüchern nieder, die den lebhaften Wunsch zum Ausdruck brachten, dem Galicischen durch Kodifikation einer Norm die Würde zu verleihen, die seiner relativen Bedeutungslosigkeit als Minderheitensprache das Gleichgewicht halten sollte.

Dasselbe Bewußtsein eines Archaismus, der den Anspruch auf Andersartigkeit begründet, hat die Werke der zeitgenössischen sardischen Dichter inspiriert. In Ermangelung einer anerkannten schriftsprachlichen Norm haben sie sich des einen oder anderen Dialekts dieser romanischen Sprache bedient, die noch dem Lateinischen nahe steht, aber gleichermaßen vorlateinische, vor allem karthagische Elemente aufweist, und die später im Laufe einer Geschichte, die so abwechslungsreich ist wie die Insel selbst, durch kastilische und katalanische Elemente bereichert wurde. Zwar gehört Sardinien seit 1861 zu Italien, aber es stellt dennoch eine derart eigene Welt dar, vor allem in sprachlicher Hinsicht, daß ihm 1948 der Status einer Autonomen Region gewährt wurde. Hier, wie auf Sizilien und Korsika, den beiden anderen großen Inseln des westlichen Mittelmeers, auf denen italienische Dialekte gesprochen werden, zeigt die Anhänglichkeit der Inselbewohner – so weit sie zweisprachig geblieben sind – an ihre Muttersprache die Bedeutung, die der einheimischen Sprache als Ursprung der Persönlichkeit beigemessen wird.

Okzitanisch, Baskisch, Bretonisch, Gälisch, Walisisch: Das Erwachen der Randzonen

Die starke dialektale Zersplitterung, die, wie wir gesehen haben, eine Begleiterscheinung des Fehlens einer wirksamen Normierungspolitik ist, wie sie durch einen offiziellen Status ermöglicht würde, ist für viele Minderheitensprachen Westeuropas die Ursache einer ausgeprägten Unsicherheit. In Frankreich hat der Erlaß von Villers-Cotterêts (vgl. S. 91), der allen Gerichten auferlegte, sich künftig »in der französischen Muttersprache und keiner anderen« auszudrücken, nicht nur das Lateinische verbannt, sondern auch die Regionalsprachen, die sich von derjenigen des Monarchen unterschieden. Dennoch entzog sich der Teil des okzitanischen Staatsgebiets dieser Verfügung, wo man die Sprache des Béarn sprach, die auf Grund der Unabhängigkeit des Staates Navarra zur Amtssprache erhoben werden konnte. Diese Sprachpolitik hing auch mit der religiösen Identität zusammen, da Heinrich III. von Navarra, der spätere Heinrich IV., dem Protestantismus anhing.

Im übrigen Gebiet des Okzitanischen hatte sich bis zum 14. Jahrhundert eine Einheitsform durchgesetzt, die die Varianten der einzelnen Sprechweisen transzendierte, wie es die relative, sprachliche Einheitlichkeit des »trobar« (Kunst zu finden, Verse zu erfinden) bezeugt, jener glanzvollen lyrischen Dichtung, die ihren Werken das Okzitanische aus der Gegend um Toulouse zugrunde legte (vgl. Lafont 1983). Aber das Scheitern der Staatsbildungsversuche und der Druck aus dem Norden, der eine Sprache mit Einigungstendenz durchsetzte, führten zum Niedergang des Okzitanischen. Es war bereits viel zu spät, als im Jahre 1854 der Félibrige* versuchte, eine Norm zu etablieren, die zu allem Überfluß auch noch auf dem Provenzalischen des Rhonetals basierte und deshalb im Languedoc nicht akzeptabel war und erst recht nicht in der Gascogne, wo sich eine so eigenwillige Form des Okzitanischen entwickelt hatte, daß sie gelegentlich als eine eigene Sprache angesehen wird.

Die Hindernisse für die Entwicklung des Okzitanischen sind die gleichen wie für das Baskische, das ebenfalls eine Sprache ist, der kein unabhängiger

---

* Literarische Schule in der Provence. (Anm. d. Übers.)

Nationalstaat entspricht. Dennoch ist das baskische Nationalbewußtsein außerordentlich stark ausgeprägt. Es nährt sich aus ruhmvollen Epochen der Vergangenheit, wie dem 16. Jahrhundert, das eine reiche literarische Produktion aufwies und das erste große Wörterbuch hervorbrachte. Im Jahre 1918 wurde eine baskische Akademie gegründet, und man verfolgt heute das Ziel einer Normierung, eines sogenannten *euskara batua* (»geeintes Baskisch«), das in den *ikastolak*, den baskischsprachigen Schulen, unterrichtet wird. Aber die Bevölkerung, die in ihrer Mehrheit zweisprachig ist und neben dem Baskischen das Spanische oder Französische spricht, hängt sehr an ihren jeweiligen regionalen Besonderheiten: Souletinisch und Navarro-Labourdinisch auf der französischen Seite der Pyrenäen und auf der spanischen Seite Obernavarrisch, Guipuzkoanisch und Bizkaisch, zwischen denen es starke phonetische, morphologische und lexikalische Unterschiede gibt. Das soll nicht heißen, daß das geeinte Baskisch keine Zukunft hätte. Wenigstens wird es heute in zahlreichen originalen Werken sowie für die Übersetzung berühmter Schriftsteller, wie Cervantes, Shakespeare, Kafka, Camus (vgl. Rebuschi 1983–1984), verwendet.

Das Irische ist nicht das einzige Beispiel für den Niedergang der keltischen Sprachen, von denen keine andere den Status einer Amtssprache besitzt, wie er dem Irischen wenigstens noch zuteil geworden ist. Die große Mehrzahl der 500000 Bretonen, die ihre angestammte Sprache mehr aus Gewohnheit als aus bewußter Zuneigung sprechen, sind als Folge eines sehr langen Zusammenlebens mit dem Französischen zweisprachig. Das Lateinische hatte schon seit der römischen Eroberung im ersten vorchristlichen Jahrhundert das Bretonische aus vielen Bereichen verdrängt, obwohl die Glossen und die Dichtung in altbretonischer Sprache die Fortdauer einer Kultur bezeugen, die noch im Hochmittelalter in dieser keltischen Sprache lebendig war. Am Ende des 12. Jahrhunderts treten jedoch französischsprachige Dynastien an die Stelle der herrschenden einheimischen Familien, das Herzogtum wird zum Lehen des französischen Königs, und die herzogliche Regierung bedient sich nur noch der lateinischen oder der französischen Sprache. Seit es auf diese Weise seine politische Funktion verloren hat, ist das Bretonische dem Untergang geweiht. Am Ende des 16. Jahrhunderts, das auch die Epoche des Mittelbretonischen abschließt, wenden sich die gebildetsten Kreise – Beamte, Gelehrte, Bischöfe –, die bis dahin noch versifizierte Stücke nach einer gelehrten Metrik verfaßt haben, allmählich von der Sprache ab. Gleichzeitig hat deren Anpassungsfähigkeit und schöpferische Kraft drastisch abgenommen. Da eine literarische Sprache, die nicht mehr die Wirklichkeit des alltäglichen Gebrauchs widerspiegelt, mit der Zeit notgedrungen immer steriler wird, »reicherten« die Gelehrten diese Sprache mit immer häufigeren Entlehnungen aus dem Französischen an und brachten eine Reihe von Rechtschreibreformen auf den Weg, womit sie unfreiwillig zum Niedergang der Sprache beitrugen. Viel später, im Jahre 1950, wird die Aufgabe des Bretonischen in Predigt und Katechismus diesen Niedergang noch weiter beschleunigen. Aber er war bereits am Ende des 18. Jahrhunderts sehr weit fortgeschritten, ungeachtet der Strömung der sogenannten *celtomanes*, die im Bretonischen die Wiege aller Sprachen erblickten. Der starke Zufluß französischer Entlehnungen sowie die Ersetzung durch das Französische in den meisten Anwendungsgebieten sind charakteristisch für Neuzeit und Gegenwart.

Dennoch gibt es einige zaghafte und verstreute Anzeichen einer Wiedergeburt. Zwar hat sich die lexikographische Aktivität der Freunde des Bretonischen im zweiten Drittel des 20. Jahrhunderts mehr auf die wenig nützliche Neuschöpfung von Wörtern gerichtet, die selten ihren Weg zu den Sprechern fanden, anstatt sich um die Erhaltung des Grundwortschatzes zu kümmern, aus dem sich das traditionelle Sprachgut aufbaut (vgl. Fleuriot 1983). Dagegen tritt heute die Aktivität einer entschlossenen Gruppe von ungefähr 20 000 Mitgliedern in den Vordergrund, die, obwohl sie das Bretonische als Zweitsprache erlernt haben, es sprechen und bewußt weitergeben, im Gegensatz zur Masse derjenigen, die lediglich ein passives Verhältnis zu ihrer Muttersprache haben. Der Ausgang dieser Bemühungen läßt sich noch nicht absehen, aber sie dürften nur dann von Erfolg gekrönt sein, wenn sie eine breite Unterstützung durch das Unterrichtswesen und die Verwaltung finden. Jedenfalls legen sie Zeugnis ab für die Tatkraft von Menschen, die davon überzeugt sind, daß man den Niedergang einer Sprache beenden kann, wenn man nur den festen Willen hat, sie am Leben zu erhalten.

Die Situation des Schottisch-Gälischen ist noch heikler als diejenige des Bretonischen. Es gehört zur goidelischen Gruppe der keltischen Sprachen, zu der auch das Irische und die Sprache der Isle-of-Man, das Manx-Gälische, gerechnet werden. Letzteres ist geographisch nicht weit entfernt, gilt aber inzwischen als erloschen. Das Gälische wird heute neben dem Englischen nur noch von 2 Prozent der Bevölkerung gesprochen, wozu noch einige hundert einsprachige Bewohner der westlichen Hebriden treten. Die Nachkommen der Pikten, die im Hochland lebten, wurden zwar weniger schnell anglisiert als die Bewohner der Ebenen, aber die Vereinigung von

Schottland und England im Jahre 1707 beschleunigte den Niedergang des Gälischen. Die Sprache überlebte in der Bardenlyrik, aber seit 1878 ist sie auch in jenen Gebieten, in denen der Gebrauch des Gälischen noch nicht ausgestorben ist, nur noch Wahlfach an den Grundschulen.

Von allen keltischen Sprachen ist das Walisische diejenige, deren Zukunft scheinbar die besten Aussichten hat. Das Bemühen um diese Sprache, deren Schriftform bis ins 6. Jahrhundert zurückreicht, ist noch nicht alt. Nach einer im 19. Jahrhundert in den städtischen Schichten weit verbreiteten Auffassung galt der Gebrauch der walisischen Sprache als ein Zeichen der Rückständigkeit. Im Kampf gegen dieses Vorurteil haben die Nationalpartei, die 1925 gegründet wurde, sowie die Gesellschaft für die Walisische Sprache, die 1962 ins Leben trat, mit Unterstützung der Universität von Wales für das Walisische ein offizielles Regionalstatut erlangt. Sie stützten sich dabei auf die tiefe Verwurzelung dieser alten Sprache in allen Teilen des Territoriums, auf eine beachtliche Anstrengung des Bildungswesens und auf das Vorhandensein einer literarischen Tradition. Tatsächlich haben die Anziehungskraft der englischen Industriegebiete im 19. Jahrhundert sowie der Erste Weltkrieg und die elf Jahre später einsetzende wirtschaftliche Depression zu einer starken Auswanderung der Sprecher der walisischen Sprache geführt. Andererseits haben die Industrialisierung von Wales und die Entwicklung des Tourismus zum Aufbrechen der traditionellen sozialen Strukturen geführt, die den natürlichen Lebensraum der walisischen Sprache bildeten. Heute wird das Englische, das in den meisten Lebensbereichen unverzichtbar geworden ist, trotz der Zweisprachigkeit weitgehend bevorzugt. Das Walisische befindet sich deshalb in einer gefährdeteren Position, als es die Postaufdrucke, die Wahlformulare, die Gerichtsakten, die Geburtsbescheinigungen oder die Verkehrsschilder vermuten lassen würden (vgl. West 1983 – 1984).

Der Osten und das Mosaik der Sprachen

Im Osten Europas gibt es neben den Amtssprachen großer Staaten eine Ansammlung von Minderheitensprachen, die viel zahlreicher sind als im Westen und von sehr viel größeren Bevölkerungsgruppen gesprochen werden. Rußland ist dafür ein bemerkenswertes Beispiel. Es ist von Interesse, dieses Beispiel im Detail zu untersuchen, denn man kann anhand der vielfältigen Aspekte, die dieses riesige Land bietet, eine Menge über die Situation der Minderheitensprachen lernen.

Iraner, Mongolen, Uralvölker und Türken

Wenn man sich auf einige wenige Sprachen beschränkt, die im europäischen Teil gesprochen werden, findet man eine iranische, fünf uralische, eine mongolische und vier türkische Sprachen. Von diesen elf Sprachen werden neun in staatsrechtlichen Gebilden gesprochen, die man bis zum Dezember des Jahres 1991 Autonome Republiken nannte und die ich hier unter Vorwegnahme der künftigen Statuten, die sich gegenwärtig schon abzeichnen, einfach Republiken nennen will.

Eine dieser neun Sprachen wird von einem sehr alten Volk gesprochen: den Osseten. Das Ossetische ist das einzige Überbleibsel des großen iranischen Sprachgebiets im Nordosten, in dem früher die Sprachen der Skythen und Sarmaten dominierten, die – nachdem sie lange dem Römischen Reich Widerstand geleistet hatten – den Süden des heutigen Rußland beherrschten, bis sie durch die Ausbreitung der Slawen von dort verdrängt wurden. Das Ossetische wird daneben auch in einer Autonomen Region der Republik Georgien gesprochen. Eine künstliche politische Grenze durchschneidet demnach das ossetische Gebiet, was in den letzten Jahren zu gefährlichen Spannungen geführt hat, die sich immer wieder in bewaffneten Auseinandersetzungen entladen: Die Südosseten, die dem Druck Georgiens entrinnen wollten, haben im Dezember 1991 einseitig ihre Unabhängigkeit erklärt. Die georgische Armee führte einen regelrechten Krieg gegen sie. Dabei kämpfen die Südosseten für ihren Anschluß an die Republik Rußland, das heißt für die Vereinigung mit den Nordosseten. Tatsächlich ist die Sprache ein wesentliches Einheitssymbol für die gesamte Bevölkerung, die sich mit ihrer Hilfe ihre Identität gegenüber dem Russifizierungsdruck bewahrt hat.

Vier andere Sprachen gehören neben dem Ostsee-Finnischen in andere Untergruppen innerhalb der finnischen Gruppe der uralischen Sprachfamilie: Zur Untergruppe der wolga-finnischen Sprachen gehören das Tscheremissische/Marijische (*mari* in der Landessprache) und das Mordwinische, die beide am Mittellauf der Wolga gesprochen werden, und zwar jeweils auf dem linken Ufer im Nordwesten von Kasan bzw. auf dem rechten Ufer im Gebiet um die Stadt Saransk. Zur permischen Untergruppe gehören zwei andere Sprachen: das Syrjänische/Komische (*komi*) und das Wotjakische/Udmurtische (*udmurt*), die jeweils im Petschora-Becken bzw. westlich des Ural zwischen der Wjatka und der Kama sowie im Gebiet um die Stadt Perm gesprochen werden.

Eine völlig andere Sprache ist das Kalmückische, das ungefähr von der Hälfte der Bewohner der Kalmückischen Republik gesprochen wird, deren Gebiet im Nordosten durch den Unterlauf der Wolga und im Südwesten durch die Küste des Kaspischen Meeres im Mündungsgebiet dieses Flusses begrenzt wird. Das Kalmückische ist zum einen der jüngste linguistische Zuwachs in Europa und zum anderen der einzige Vertreter der mongolischen Sprachfamilie auf diesem Kontinent, und es ist ein Zeugnis für die Wanderzüge nach Westen, zu denen die Kalmücken am Anfang des 17. Jahrhunderts gezwungen wurden.

Sie flohen damals unter dem Druck anderer Mongolen, der Khalkhas und der Kasachen, die sie aus ihrem Heimatgebiet – der Dsungarei – vertrieben hatten. Dieses Gebiet liegt heute im nördlichen Teil Chinesisch-Turkestans, erstreckte sich früher jedoch weiter nach Nordosten. Die Kalmücken, Anhänger des tibetanischen Buddhismus, brachten auch ihre Religion mit nach Rußland. Die bedeutenden Entlehnungen aus dem Tibetischen und dem Sanskrit verleihen dieser Sprache von Halbnomaden eine Einzigartigkeit in Europa, die auch durch das Vordringen des Russischen nicht eingeschränkt werden konnte, obwohl es dramatische Versuche in dieser Richtung gab. Zwei davon wollen wir hier in Erinnerung rufen, um zu zeigen, zu welcher Aufopferung eine Minderheit bereit ist, um ihre Absorption durch große sprachliche und kulturelle Einheiten zu verhindern. Am Ende des 18. Jahrhunderts versuchten 130000 Kalmücken, in ihre asiatischen Ursprungsgebiete zurückzukehren, aber sie wurden durch Hunger und durch die Angriffe russischer und kasachischer Truppen aufgerieben, die man zu ihrer Verfolgung ausgesandt hatte. Im zweiten Versuch schlug sich 1943, während der letzten Tage der Schlacht um Stalingrad, eine militärische Einheit auf die Seite der Deutschen mit dem Ziel, das kalmückische Territorium von der Sowjetherrschaft zu befreien; so kam es zur Beschuldigung des Hochverrats, zur Auflösung der Autonomen Republik, ihrer Aufteilung unter die Oblaste von Astrachan, Stawropol und Stalingrad sowie zur Deportation der Kalmücken nach Sibirien, von denen ein Teil nach einer Amnestie im Rahmen der Entstalinisierung 1958 zurückkehren konnte.

Die letzten drei der neun Sprachen, die in von Rußland umschlossenen Republiken gesprochen werden, gehören zur türkischen Sprachfamilie. Es handelt sich um das Tschuwaschische, das Tatarische und das Baschkirische. Die Tschuwaschen haben sich im Dezember 1990 für unabhängig erklärt, und in der Tatarischen Autonomen Sozialistischen Sowjetrepublik bahnte sich die gleiche Entwicklung an. Diese Völker leben in der Region nördlich von Kubyschew, wo die mittlere Wolga sich zu einem Stausee erweitert, sowie in den bedeutenden Städten dieses Gebietes: in Kasan, dem Zentrum des tatarischen Nationalgefühls, und in Tscheboksary, der tschuwaschischen Hauptstadt östlich von Gorki. Das Wohngebiet der Baschkiren erstreckt sich um Ufa, ihre Hauptstadt an den westlichen Ausläufern des südlichen Ural, sowie in den Regionen um Perm und Orenburg. Das Baschkirische steht dem Tatarischen so nahe, daß einige in ihm nur einen Dialekt dieser Sprache erblicken, von der das Baschkirische zudem stark beeinflußt worden ist.

Die Bildung einer Autonomen Republik bedeutete nicht automatisch die Vorherrschaft der einheimischen Sprache. Vorläufig haben nur das Mordwinische, das Syrjänische, das Tatarische und das Tschuwaschische den Status regionaler Amtssprachen in ihren jeweiligen Republiken. Das Tscheremissische, das Wotjakische und das Baschkirische teilen sich noch heute diesen Status mit dem Russischen, was ein starkes Ungleichgewicht zur Folge hat. Das Kalmükische ist lediglich Unterrichtssprache in seiner Republik, wo die Kalmücken übrigens nur eine Minderheit darstellen (32 Prozent), wie es in den entsprechenden staatsrechtlichen Einheiten auch die Tataren (44 Prozent), die Wotjaken (41 Prozent), die Tscheremissen (41 Prozent), die Mordwinen (33 Prozent) und die Baschkiren (20 Prozent) sind (die Zahlen stammen von Hartmann 1975). So haben sich auf Grund einer komplexen Geschichte und infolge von Entscheidungen, die durch die strategischen Interessen der Machthaber bedingt waren, bestimmte Völkerschaften mit ganz verschiedenen Sprachen gründlich vermischt, und es finden sich Angehörige einer Nation, die nicht innerhalb der Grenzen einer eigenen Republik leben, über mehrere benachbarte Republiken verstreut.

Die beiden letzten Sprachen dieser Elfergruppe gehören zu Minderheiten, die zu unbedeutend oder zu dünn gesät sind, als daß man ihnen Autonome Republiken zugestanden hätte. Eine von ihnen ist eine Turksprache und gehört wie das Tatarische, das Baschkirische und das Tschuwaschische zur nordwestlichen Gruppe, die man auch die kiptschakische Gruppe nennt, das heißt zu dem Zweig der Sprachfamilie, den die Geschichte in Nordeuropa am weitesten hat vordringen lassen. Die Rede ist vom Karaimischen, das um 1960 nur noch von etwa 1 000 Nachkommen einer ursprünglich persischen Sekte gesprochen wurde, die dem Judaismus anhängt, aber nur das Alte Testament unter Ausschluß des Talmud und der rabbinischen Tradition gelten läßt. Das Karaimische ist reich an persischen, semitischen (arabischen, und vor allem hebräischen), aber auch slawischen Entlehnungen; die hebräische Schrift wird ausschließlich für liturgische Texte verwendet. Die Karaimen, die historisch mit den Khasaren verbunden sind, deren Sprache dem Tschuwaschischen nahesteht, kamen im Zuge ihrer Wanderungen aus Persien in die Türkei, dann auf die Krim und schließlich bis ins Baltikum. Heute findet man sie nur noch in einigen Städten der Ukraine, Rußlands, Litauens und Polens, wo diese zwei- und dreisprachigen Volksangehörigen neben dem Karaimischen die einheimische Sprache und oft auch noch Russisch sprechen.

Bei der letzten Minderheitensprache, der kein besonderer Status gewährt worden ist, handelt es sich um das Jurakische oder Nenzische, eine bedeutende Sprache des samojedischen Zweigs der uralischen Sprachfamilie. Die etwa 20000 jurakischen Samojeden, die diese Sprache mit ihrer komplexen Morphologie sprechen, leben in einem einfachen Nationalen Distrikt, der zum Verwaltungsbezirk von Archangelsk gehört, in dem mehr als 50 Prozent der Einwohner Russen oder Syrjänen sind. Aber die wirtschaftliche Bedeutung der Juraken in dieser endlosen, unwirtlichen Region ist groß, in der das Nomadenleben der Menschen und ihrer Rentierherden sowie ihre Jagd- und Fischereitätigkeit, von der sie leben, wesentlich zum ökologischen Gleichgewicht und zum Erhalt der Natur beitragen.

Nationalbewußtsein und Prägung durch das Russische

Die meisten Völker Rußlands haben ein ausgeprägtes Bewußtsein ihrer Kultur und ihrer Geschichte, die aus ihrer Sicht durch ihre Sprachen verkörpert werden. So sprechen die Tschuwaschen, bei denen es sich um christianisierte Türken handelt, eine Sprache, die im Rahmen der türkischen Sprachfamilie einen besonderen Platz einnimmt (so wie das weit entfernte Jakutische): Sie ist sehr alt, so daß sie als der Grundstein für jede Rekonstruktion des ursprünglichen Altaischen angesehen wird. Die Tschuwaschen sind die Nachkommen einiger türkischer Stämme, die im 9. Jahrhundert das Königreich der Bulgaren an der Wolga und Kama (einem Nebenfluß der Wolga) gründeten, das bis ins 12. Jahrhundert ein blühendes Zentrum des Pelzhandels und einer angesehenen Kultur war, deren Sprache tiefe Spuren in den meisten Nachbarvölker hinterließ, von den Mordwinen bis zu den Karaimen über die Wotjaken und vor allem die Tscheremissen: Im 18. Jahrhundert hielt man das Tschuwaschische sogar gelegentlich für eine finnisch-ugrische Sprache, obwohl zwischen beiden keinerlei genetische Verwandtschaft besteht.

Alle diese Völker und ihre Sprachen wurden von den Tataren beeinflußt.

Herausforderung","Wortzitadellen" Die Goldene Horde, die bedeutendste Organisation halbnomadischer Reiter auf europäischem Boden, wurde zwar wegen der Herkunft ihrer Gründerfürsten als mongolisch bezeichnet, war aber hinsichtlich ihrer ethnischen Zusammensetzung und ihrer späteren Anführer im wesentlichen tatarisch. Die Goldene Horde eroberte um die Mitte des 13. Jahrhunderts die Wolgagebiete und viele andere Territorien und unterstellte sie für mehr als zwei Jahrhunderte den Khanen. Die moslemische Goldene Horde wurde eine europäische Macht, die selbst das Papsttum nicht ignorieren konnte, das erfolglos versuchte, sie zu christianisieren. Die Vernichtungszüge Tamerlans am Ende des 14. Jahrhunderts schwächten die Horde, und am Ende des 15. Jahrhunderts befreite Iwan III. sein Land von der Tatarenherrschaft, wobei der moskowitische Staat nicht alle Khanate auf einmal bezwingen konnte: Iwan IV. eroberte diejenigen von Kasan und Astrachan um die Mitte des 16. Jahrhunderts, das auf der Krim wurde aber erst 1783 annektiert. Die Tataren spielten allerdings weiterhin im Dienst des Zaren und in Verfolgung ihrer eigenen Handelsinteressen eine wichtige Rolle bei der Herstellung immer engerer Beziehungen zu den uralischen und sibirischen Völkern. Ihre Russifizierung vollzog sich gleichzeitig mit dem Aufstieg des moskowitischen Staates.

Ein Beispiel unter vielen anderen sind die oben erwähnten Völker mit wolga-finnischen und permischen Sprachen. Ihre Kontakte mit den Russen reichen bis ins 14. Jahrhundert zurück. In dieser Zeit evangelisierte der hl. Stephan von Perm die Syrjänen. Zwar bemühte er sich ebenso wie andere Missionare, ihre kulturelle Autonomie zu respektieren, und die Syrjänen waren sogar das einzige Volk der Region, das in seiner eigenen Sprache missioniert wurde und nicht in der russischen oder der kirchenslawischen. Aber die Aufrechterhaltung einer eigenen Identität ist im allgemeinen schwierig, und sie war es in noch stärkerem Maße für die Mordwinen, die der Absorption durch die russische Welt um so mehr ausgesetzt waren, da ihr Gebiet weniger als 400 Kilometer von Moskau entfernt war. Zusätzlich erschwerte ein anderes Hindernis die Verteidigung der eigenen Identität: die dialektale Zersplitterung, die für das Tscheremissische charakteristisch ist und mehr noch für das Mordwinische, von dem man zwei Varianten unterscheidet, das Erzanische und das Mokschanische, die sich so stark voneinander unterscheiden, daß sie die Festlegung von zwei selbständigen Schriftsprachen zur Folge hatten. Die sowjetischen Linguisten haben ebenfalls zwei Formen des Syrjänischen unterschieden: das Komi-Syrjänische, dem eine Autonome Republik zugeteilt wurde, und das Komi-Permjakische, das in einem Nationalen Distrikt gesprochen wird. Obwohl einige dieser Sprachen eine alte schriftliche Tradition aufweisen, sind sie erst nach 1917 durch wissenschaftliche Arbeiten gefördert worden, im Rahmen einer Politik, deren Intentionen und Resultate ich vorstehend (vgl. S. 186–193) dargestellt habe.

Es ist interessant, der Frage nachzugehen, in welcher Weise zwei wichtige Elemente dieser Politik, die Festlegung einer linguistischen Norm und die Fixierung einer Schrift, auf verschiedene andere Sprachen angewandt worden sind. Die Literatursprache der Tataren, die voll von kulturellen Anleihen aus dem Arabischen und dem Persischen ist, war seit dem Mittelalter das prestigeträchtige Symbol des türkischen Islam auf russischem Boden. Persönlichkeiten, die das russische Wesen in seiner reinsten Form repräsentieren, tragen tatarische Namen, wie zum Beispiel Nikolai Michailowitsch Karamsin, der berühmte Sprach- und Literaturreformer, der in der Nähe von Simbirsk geboren wurde (von 1924 bis 1991 Uljanowsk, denn es ist die Geburtsstadt Wladimir Iljitsch Uljanows, genannt Lenin, dessen Großmutter väterlicherseits Kalmückin war; der Großvater mütterlicherseits war Deutscher, soviel man weiß). In den Jahren, die auf die Revolution von 1917 folgten, bemühte man sich anstelle arabischer und persischer Wörter russische Wörter als Träger der sozialistischen Kultur einzuführen und dadurch eine lexikalische Norm des Tatarischen zu schaffen, die es vom Türkeitürkischen entfernte, ebenso wie man am Ende der Auseinandersetzungen um die Alphabete (vgl. S. 189f.) die kyrillische Schrift durchsetzte.

Zwei andere Beispiele dieser Politik sollen hier noch erwähnt werden. Das eine ist das der Autonomen Republik Karelien, wo man versuchte, für das Karelische eine Norm zu etablieren, die sich soweit wie möglich vom Finnischen Finnlands unterschied, von welchem das Karelische eine nur wenig verschiedene regionale Variante ist. Das andere Beispiel ist das der Moldau. Ihr umfangreichstes Territorium – Bessarabien – war im Jahre 1812 dem Zarenreich eingegliedert worden. Auf Grund dieser russischen Annexion hatte die Einführung des lateinischen Alphabets in Rumänien im Jahre 1868 keinerlei Auswirkungen auf Bessarabien. Aber auch dort wurde es wieder eingeführt, als Rumänien 1918 infolge des Zusammenbruchs des Zarenreichs das Land zurückgewann. Die alten Verhältnisse wurden dann jedoch durch die Eingliederung in die UdSSR im Jahre 1940 wiederhergestellt, als Bessarabien zusammen mit Transnistrien zur Sozialistischen Sowjetrepublik Moldau wurde. So hat dieses Land in wenigen Jahrzehnten zweimal die Schrift gewechselt. Außerdem hatte das kurze rumänische Zwischenspiel nichts an der starken Russifizierung des bessarabischen Adels und des Bürgertums während der Zugehörigkeit zu Rußland geändert. Die offizielle sowjetische These besagte, daß das Moldauische eine eigene Sprache sei, während es sich in Wirklichkeit doch nur sehr wenig vom Bukarester Daco-Rumänischen unterscheidet. Man beschloß deshalb, im Vergleich zu diesem eine so eigenständige Norm wie möglich zu schaffen, um die sprachliche Autonomie der SSR Moldau zu bekräftigen. Um das Moldauische zu »entrumänisieren«, merzte man die Latinismen aus, huldigte aber andererseits einem Purismus, der zu Wortbildungen auf der Grundlage des Lateinischen führte; diesen letzteren entspricht trotz ihrer Klarheit kein tatsächlicher Sprachgebrauch: So prägte man etwa *căldaro-măsurător* (»Wärme-Messer«) anstelle des gebräuchlichen rumänischen *termometru* (Thermometer) (vgl. Décsy 1973, S. 113). Es stimmt allerdings, daß man in den sechziger Jahren von einigen dieser Übertreibungen wieder abgekommen ist. Wie dem auch sei, das Moldauische ist ein typischer Fall: Es handelt sich nicht darum, eine Sprache zu fördern, in der Patrioten ein nationales Symbol erblicken, sondern man will eine Staatssprache schaffen, die die politischen Verhältnisse bestätigen soll, die zur Gründung dieses Staates geführt haben.

Die Russifizierung des Moldauischen, die man gleichzeitig betrieb, konnte bei den Volksangehörigen nicht auf Gegenliebe stoßen. Aber ein gängiges – wenn auch höchst bedenkliches – Heilmittel gegen die Frustrationen einer Volksgruppe ist es, dieselben Frustrationen an eine andere Minderheit weiterzugeben. Man beobachtet heute die Heftigkeit des Widerstandes gegen den Status einer Amtssprache, der dem Moldauischen in der unabhängig gewordenen Republik Moldau zuerkannt worden ist.

Gegen die Regierung dieses Staates haben die Bewohner des linken Dnjestrufers den bewaffneten Kampf aufgenommen. Es handelt sich dabei um Ukrainer und Russen, die jeweils 28 Prozent bzw. 23 Prozent der Bevölkerung dieser Region ausmachen. Sie sind alle russischsprachig und leiten ihr Gemeinschaftsgefühl bezeichnenderweise eher aus dieser Tatsache als aus ihrer Volkszugehörigkeit ab. Mehr oder weniger offen von Moskau unterstützt – wie auch andere russischsprachige Gruppen des ehemaligen Sowjetreichs –, bilden sie die Mehrheit in Transnistrien, wo sie eine unabhängige Dnjestrrepublik errichten möchten. Aber der Widerstand gegen die Moldauer regt sich auch bei einem kleinen Volk im Süden der Republik. Es handelt sich um die Gagausen, Türken mit orthodoxem Glauben, deren Sprache – die dem osmanischen Türkisch der Türkei nahesteht – ebenfalls stark russifiziert ist. Die überwiegend mehrsprachigen Gagausen beherrschen neben ihrer Muttersprache das Russische, das Rumänische und gelegentlich sogar das Bulgarische. Obwohl es über eine Schriftnorm verfügt, genießt das Gagausische keinen offiziellen Status. Sein Fall verdeutlicht, ebenso wie diejenigen des Tatarischen, des Karelischen, des Moldauischen und aller anderen Sprachen, die ich hier nicht thematisieren konnte, ein wesentliches logisches Band zwischen den Aspekten der kommunistischen Sprachpolitik: Gemäß einer Tendenz, die allen menschlichen Eingriffen in die Sprache gemeinsam ist, begünstigt die Übernahme eines Schriftsystems (hier des kyrillischen Alphabets) die Durchlässigkeit der Wörter, die mit Hilfe dieses Systems geschrieben werden, und erleichtert so die Normierung des Wortschatzes auf der Grundlage von Neuzugängen.

Die geschilderte Politik mußte dazu führen, die nationalen Enttäuschungen zu verschärfen, vor allem bei den Sprechern der Sprachen der Sowjetunion, die auf eine alte literarische Tradition zurückblicken konnten und außerdem auf eine sprachwissenschaftliche Vergangenheit, die nicht nur durch die Arbeiten russischer Spezialisten, sondern auch durch diejenigen einheimischer Gelehrter zu Ansehen gelangt war. Vor allem die Verteidigung und Verklärung der türkischen Sprachen ist ein Aspekt, der Rußland, diesem Schmelztiegel orthodoxer und moslemischer Völkerschaften, eine besondere Physiognomie verleiht, die in scharfem Kontrast zu derjenigen Westeuropas, und vor allem Spaniens steht (vgl. S. 120f.). Als ein typisches Merkmal Osteuropas, wo sie aus einer langen und komplexen Geschichte wechselseitiger Einwirkungen hervorgegangen ist, hat die Vermischung der slawischen Sprachen mit den türkischen, uralischen, mongolischen und iranischen Idiomen zahlreiche Spuren hinterlassen, zu denen so gebräuchliche russische Lehnwörter aus dem Tatarischen zählen wie *den'gi* »Geld«, *utjug* »Bügeleisen«, *xozjajn* »Meister, Herr« usw.

Einsätze des sprachlichen Nationalismus

Das nationalistische Aufbegehren der Gegenwart ist eine Neuauflage der Bestrebungen von 1848, und andererseits können beide Fälle, bei entsprechender Würdigung des laizistischen Konzepts der Nation, als Bilder einer Säkularisation der Debatte betrachtet werden, die in der Frühzeit des Christentums durch die Frage nach der Wahl derjenigen Missionssprache ausgelöst wurde, welche am besten geeignet sei, der Kirche neue Gläubige zuzuführen. Aber die Sprachen verfügen nicht alle über dieselben Verteidigungsmittel. Diejenigen, die weder durch die demographische Bedeutung der Zahl ihrer Sprecher, noch durch eine staatliche Gewalt, noch durch eine schriftliche Tradition geschützt sind, sind besonders stark gefährdet, von großen Gemeinschaften absorbiert zu werden. Selbst diejenigen, deren Sprecher ihre Unzufriedenheit durch die Beschwörung einer glorreichen und unabhängigen Vergangenheit nähren, sehen sich vor die Notwendigkeit gestellt, den Kult der Vergangenheit – als Quelle der Identität, ohne die kein fruchtbares Leben möglich ist – mit der Anbindung an die modernen Konzepte von Wirtschaftskraft und politischer Macht zu versöhnen. Die Wege zu dieser Versöhnung existieren, aber sie sind nicht ohne Risiken. So ist es nicht ausgeschlossen, daß die türkischen Völkerschaften Rußlands, die heute auf verschiedene staatsrechtliche Gebilde verteilt sind, in den kommenden Jahrzehnten auf den einigenden Ruf eines Nationalismus hören, der – ob er nun türkischen oder im weiteren Sinne islamischen Ursprungs, von Ankara oder Teheran ausgesandt wird – auch die sechs moslemischen Republiken in Zentralasien und im Kaukasus erfassen würde.

Dann könnten wieder Konflikte entstehen, wie derjenige, der bis ins 20. Jahrhundert Moskau und das Osmanische Reich in Gegensatz gebracht hat. Im Augenblick steht Ankara, das mit keiner dieser Republiken eine gemeinsame Grenze hat, in scharfer Konkurrenz zu Teheran, dessen Herrschaftsgebiet an Aserbaidschan und vor allem an Turkmenistan grenzt, wo die Iraner ebenso aktiv sind, wie in der einzigen nichttürkischen Republik, Tadschikistan. Dort wird eine Sprache gesprochen, die dem Persischen verwandt ist, und es ist das einzige Land der Region, das beschlossen hat, in naher Zukunft das arabisch-persische Alphabet einzuführen (vgl. *Le Monde* v. 13.6.1992, den Artikel v. S. Shihab, S. 4). Der Niedergang des russischen Einflusses ist allerdings nicht so groß, wie behauptet wird: Das kyrillische Alphabet bleibt sonst überall in Gebrauch, und die Führer der zentralasiatischen Republiken bemühen sich, mit Moskau Verteidigungsabkommen gegen die Gefahren eines Fundamentalismus zu schließen, der die Massen aufwühlen könnte.

Das Beispiel der türkischen Völkerschaften Rußlands erinnert daran, daß die Formen des Nationalismus sehr stark voneinander abweichen können, je nach dem Begriff, den man von ihm hat. Es gibt mindestens zwei verschiedene Formen, die einander entgegengesetzt sind: Für die Machthaber der größten Länder bedeutet Nationalismus Expansion und im Bereich der Sprache Universalismus; für die Minderheiten ist er die Form der Opposition und des Kampfes um die eigene Identität angesichts des imperialistischen Drucks. Der Zusammenbruch des Kommunismus, der die Folgen der Verträge von Versailles und Jalta annulliert hat, führt Europa zurück in die Zerrissenheit des 19. Jahrhunderts. Man hört oft, es handele sich dabei lediglich um Stammesleidenschaften und Identitätswahn. Damit verkennt man aber eine grundlegende Wahrheit: Zahlreichen Völkern Mittel- und Osteuropas hat es die Geschichte nicht gestattet, ihr eigenes nationales Dasein zu führen, wie es den Völkern Westeuropas möglich war. Erst wenn die Völker des Ostens ihren Wunsch nach einem eigenen Leben bis zur völligen Zufriedenheit verwirklicht haben, könnte ein supranationales Ideal für sie vielleicht sinnvoll werden. Ohne diese Voraussetzung kann der ungestillte nationale Hunger nur noch größer werden, und das westliche Modell muß wegen der historischen Zeitverschiebung wirkungslos bleiben. Übrigens haben auch im Westen noch vor den Ereignissen von 1848 bestimmte Nationen, die die gewünschte Anerkennung nicht erlangt hatten, ihre Sprache voller Leidenschaft in den Himmel erhoben. So schrieb Blommaert 1832 im Hinblick auf das Flämische:

> »Nichts ist so eng mit der wesentlichen Grundlage einer Nation verbunden wie die Sprache des Volkes. Die Sprache verbreitet die gleichen Denkweisen in allen Volksschichten, sie gestattet es, die Unterschiede der Völker zu erkennen, und formt folglich den Nationalcharakter. Deshalb ist es die Pflicht jeder nationalen Regierung, mit besonderer Sorgfalt für die Sprache des Volkes zu wirken.« (Zit. bei Brachin 1977, S. 51)

Den gleichen Gedanken enthält ein ungarisches Sprichwort: »Das Volk lebt in seiner Sprache« (zit. bei Fodor/Hagège 1983–1990).

Dennoch ist die Identifikation von Sprache und Nation kein allgemeingültiges Gesetz. Zwar zählte man im ehemaligen Habsburgerreich, wo hinsichtlich der Minderheitensprachen eine relative Toleranz herrschte, ebenso viele Nationen wie Sprachen – entsprechend den Angaben der Bürger zu ihrer Muttersprache bei den Volkszählungen. Aber Europa bietet auch Beispiele für den umgekehrten Fall. So richten sich die Blicke und die Rezeptionswünsche der belgischen Schriftsteller mit niederländischer Sprache und der wallonischen Intellektuellen jeweils auf die Niederlande bzw. auf Frankreich. Die Kulturen Deutschlands, Frankreichs und Italiens üben jeweils eine besondere Anziehungskraft auf die Zürcher, die Waadtländer und die Tessiner aus. Nichtsdestoweniger hat sich Belgien trotz der kulturellen Unterschiede und der daraus resultierenden Konflikte zu einer geeinten Nation entwickeln können; und auf der anderen Seite hat der zugleich anpassungsfähige und solide Charakter der bundesstaatlichen Institutionen der Schweiz wesentlich dazu beigetragen, bei allen Schweizern das gleiche Staatsbewußtsein zu befestigen.

Ebenso fühlen sich die Elsässer der französischen Nation zugehörig, obwohl sie eine alemannische Sprache sprechen. Außerdem sprechen sie fast alle perfekt Französisch. Das bedeutet jedoch nicht, daß die Kenntnis der Sprache eine allgemeingültige Voraussetzung der Volkszugehörigkeit ist. Nur 12 Prozent der Russen Estlands sprechen das Estnische, und dennoch möchte die Mehrheit die estnische Staatsbürgerschaft annehmen; seit dem Februar 1992 sind sie durch ein Gesetz gezwungen, vorher eine Sprachprüfung abzulegen, wogegen sie sich auflehnen, da sie der Meinung sind, daß die Zugehörigkeit zu einer bestimmten Nationalität nicht das Erlernen der entsprechenden Sprache voraussetze. An der deutsch-dänischen Grenze ist die Muttersprache der meisten Deutschen in Nordschleswig (Dänemark) das Dänische und die der Dänen in Südschleswig (Deutschland) das Deutsche oder ein niederdeutscher Dialekt. Das ist das Ergebnis einer Politik der Dänisierung auf der einen und der Germanisierung auf der anderen Seite, das aber nicht verhindern konnte, daß sich die Deutschen in Nordschleswig mehr zu Deutschland und die Dänen in Südschleswig mehr zu Dänemark hingezogen fühlen. So sehen sich diejenigen, die eine bestimmte Sprache sprechen, nicht unbedingt als Angehörige der Nation, zu der diese Sprache gehört.

Außerdem gibt es im Westen wie im Osten auch Gemeinschaften, die, obwohl sie an ihrer Sprache hängen, sich noch stärker an andere Symbole ihrer Identität gebunden fühlen, wie etwa ihre Religion, ihre Gebräuche oder ihre Speisevorschriften. Die Zugehörigkeit zu einer Nation gründet ebensosehr in einem gemeinsamen Willen und einem Identitätsgefühl, wie sie auf einer materiellen Grundlage aufgebaut sein kann. Verschiedene Ursachen können bewirken, daß ein Volk weniger an seiner Sprache hängt als an seiner nationalen Identität. Als Ausnahmen vom Sprachnationalismus kann man die Haltung der Sprecher des Andischen und des Batsischen – zweier Völker aus dem nordöstlichen Kaukasus – anführen, von denen zahlreiche Angehörige jeweils das Awarische und das Georgische angenommen haben und dazu sogar die Namen der Völker, die diese Sprachen sprechen, um der Isolierung zu entgehen, die durch den Gebrauch einer Minderheitensprache hervorgerufen wird, welche den umgebenden Sprachen an Ansehen weit unterlegen ist. Als man sich mit dem Gedanken trug, das Finnische als Unterrichtssprache in den Grundschulen von Norrbotten und

Westerbotten einzuführen – schwedischen Regionen, in denen sehr viele Finnen leben –, lehnte mehr als die Hälfte der Bevölkerung dies mit dem Argument ab, daß das Finnische von keinem Nutzen für die berufliche Zukunft ihrer Kinder sei, die später in ihrem Heimatland Schweden arbeiten würden, und daher müßte man das Schwedische als einzige Unterrichtssprache beibehalten (vgl. Haarmann 1975, S. 124).

Andererseits wird die sprachliche Verschiedenartigkeit besonders betont, wenn sie das einzige Unterscheidungsmerkmal ist: Im ehemaligen Osmanischen Reich unterschieden sich Griechen, Türken, Armenier und Juden radikal voneinander, denn ebenso wie die Sprachen waren die Religionen und die Sitten andersartig. In Mittel- und Westeuropa dagegen spielt die Sprache eine herausragende Rolle in der Bestimmung der Nationalität, zumindest in den Fällen, in denen die Unterschiede in Gebräuchen und Konfessionen nicht ausgeprägt sind.

Schließlich ist die gemeinsame Sprache manchmal nicht ausreichend, um die Völker zusammenzuführen. Während die Sprache gewissermaßen durch die Jahrhunderte dieselbe geblieben ist, hat die unterschiedliche historische Entwicklung in der langen Zeit ihrer Trennung es den Kroaten und Serben nicht erlaubt, in der von ihnen selbst gewünschten Vereinigung die Bedingungen für ein nationales Zusammenleben zu finden, in dem jedes der Völker sich hätte entfalten können; und die Ereignisse seit Anfang der neunziger Jahre zeigen, daß ihre Föderation auf einer Fiktion beruhte, so bedauerlich das sein mag. Schon der Name Jugoslawien (vgl. S. 117) ließ das erahnen, denn er war ebenso wie die Bezeichnung Tschechoslowakei das Spiegelbild einer Wirklichkeit, deren Widersprüche man im Jahre 1918 überdecken wollte. Die 44 Prozent Muslime (islamisierte Slawen), 32 Prozent Serben und die 18,3 Prozent Kroaten in Bosnien-Herzegowina (vgl. *Le Monde* v. 20. 6. 1992, Artikel v. A. Fontaine, S. 4, ebenso Garde 1992) sprechen zwar alle Serbokroatisch, aber dennoch entladen sich heute die nationalistischen Aggressionen in blutigen Auseinandersetzungen. Weder in der Sowjetunion noch in Jugoslawien ist es dem Kommunismus trotz hoffnungsvoller Anfänge gelungen, die aus der Vergangenheit herrührenden nationalen Eigenarten durch das Ideal der Einigkeit zu überwinden. Man kann allerdings darauf hoffen, daß eines Tages die russische oder die serbokroatische Sprachgemeinschaft das freie Streben nach einer erneuerten Konföderation begünstigen wird. Vielleicht liegt in dieser Richtung auch die Zukunft all der anderen Staaten, die unlängst entstanden sind und deren Beständigkeit, auch wenn man sie nicht ausschließen kann, noch nicht endgültig gesichert ist, selbst wenn die internationale Staatengemeinschaft sie alle anerkennen sollte: Weder die Ukraine als solche, noch Weißrußland, noch Slowenien, noch Kroatien, noch Makedonien oder die Aserbaidschanische Republik, die alle von eigenständigen Völkern gebildet werden, haben jemals in ihrer Geschichte als unabhängige Staaten existiert. Alle diese Völker waren Bestandteile größerer staatlicher Gebilde. Wenn die Sprachen auch häufig trennende Funktion haben, so können doch diejenigen, die zu Gemeinschaftssprachen berufen sind, unter bestimmten Voraussetzungen auch zur Einheit führen, wie wir im ersten Teil dieses Buches gezeigt haben. Aber das schließt nicht die Vielfalt aus, die das eigentliche Wesen Europas in sprachlicher Hinsicht begründet.

Schlußwort

Es ist wahrscheinlich, daß im künftigen Europa die Gemeinschaftssprache diejenige der supranationalen Institutionen sein wird, gleichzeitig diejenige der gemeinsamen europäischen Organe, soweit diese zustande kommen: Polizei, Wirtschaftsverwaltungen, Zollbehörden, internationaler Güter- und Personenverkehr, Massenkommunikationsmittel für den gesamten Kontinent, darunter Presse, Radio und Fernsehen, vielleicht auch europäische Universitäten, und vor allem die Streitkräfte: es ist nicht unwahrscheinlich, daß die betreffenden Behörden die Mehrsprachigkeit eines Tages für unvereinbar mit den Erfordernissen der militärischen Befehlsgewalt halten, und daß sie abgeschafft wird, falls die gemeinsame Verteidigungspolitik intensiviert werden sollte. Dennoch ist nicht gesagt, daß eine der Sprachen, die zu Gemeinschaftssprachen berufen sind, alle diese Funktionen gleichzeitig erfüllen sollte. Die unterschiedliche Geschichte der drei hauptsächlichen Gemeinschaftssprachen, die wir in den ersten Kapiteln dargestellt haben, lassen die Verschiedenheit ihrer Bestimmungen deutlich zutage treten.

Vor allem aber bedeutet die Verwendung einer gemeinsamen europäischen Sprache in keiner Weise die Einebnung der Unterschiede und noch weniger das Verschwinden der anderen Sprachen. Die Erfahrung lehrt im Gegenteil, daß eine gemeinsame Sprache wie das Englische von allen anderen Sprachen Einflüsse aufnehmen würde, da sie notwendigerweise in allen europäischen Ländern mit Ausnahme von Großbritannien die zweite Rolle spielen müßte. Die erste Sprache wäre im täglichen Gebrauch und im Privatleben allein vorherrschend. Aber es wäre wichtig, daß sie auch außerhalb der Grenzen ihres Landes bekannt ist. Die einzige Lösung, die dem legitimen Wunsch gerecht wird, daß jeder in seinem Land seine Muttersprache sprechen kann, besteht darin, daß die Ausländer, die sich in das Land begeben, diese Sprache kennen. Mit anderen Worten, es ist notwendig, daß möglichst viele Europäer so viele europäische Sprachen wie möglich erlernen. Diese Forderung mag als reine Utopie erscheinen, wenn man an die Schwierigkeiten eines guten Spracherwerbs denkt und an die Zeit, die er in Anspruch nimmt. Aber man würde die Motivation erheblich steigern, wenn man sich der Massenkommunikationsmittel bediente, vor allem des Fernsehunterrichts, der ausgiebig von den Japanern genutzt wird, die großes Interesse an Fremdsprachen zeigen und ihnen – wenigstens vorläufig – nicht den Rang streitig machen. Vielleicht wird es dem künftigen Europa, wenn es rechtzeitig die notwendigen Entscheidungen trifft, gelingen, einen Sprachunterricht aufzubauen, der die Zahl der wirklich Mehrsprachigen vervielfacht.

Die Zukunftsperspektiven, die man entwickelt, enthalten immer auch Elemente der Vergangenheit. Europa ist im Unterschied zu den Vereinigten Staaten keine Neue Welt, in der Immigranten aus einer Einheitssprache einen Faktor des Zusammenhalts gemacht haben, unabhängig von der Verschiedenartigkeit ihrer Herkunftsländer. Die europäischen Staaten haben seit langem ihre Identitäten auf der Grundlage von kulturellen Eigenarten errichtet, die fest in den Sprachen verankert sind. Die neuen Staaten, die aus der Renaissance der Nationalismen hervorgegangen sind, haben die Anzahl der Amtssprachen in Europa noch erhöht. Ob man diese Vermehrung nun begrüßt oder ablehnt, es handelt sich um eine der bemerkenswertesten Charakteristika dieses Kontinents, der der Welt neben dem freien Warenverkehr und der Währungsunion doch auch einige kulturelle Werte bieten sollte.

Ein vielversprechender Weg ist hier durch den Europarat eröffnet worden, der mit seinem Gründungsjahr 1949 die älteste der zwischenstaatlichen Institutionen ist (zu denen auch die Europäische Wirtschaftsgemeinschaft gehört) und im Hinblick auf die anderen eine Art konstruktiver Rivalität praktiziert. Der Europarat möchte alle ehemals kommunistischen Länder Osteuropas aufnehmen. Er würde so zum Schmelztiegel einer Konföderation, die er problemloser verwirklichen kann als die Europäische Union, da er nur konsultative und keine exekutiven Funktionen wahrnimmt. Ein Punkt erregt dabei vor allem unsere Aufmerksamkeit. Die Konvention der Menschenrechte, deren Annahme eine Voraussetzung für jede neue Mitgliedschaft ist, enthält unter anderem die Forderung der Respektierung sprachlicher Minderheiten. Und eben weil die Rechte der russischsprachigen Bürger der baltischen Staaten (38 Prozent in Estland, 10 Prozent in Litauen; vgl. S. 195 für Lettland) nicht respektiert zu werden scheinen, hat der Rat beschlossen, die Aufnahme dieser Länder vorerst zu vertagen. Dieses Beispiel, auch wenn es eine andere Organisation als die Europäische Union betrifft, macht deutlich, daß die europäische Einheit im Gegensatz zu einer weit verbreiteten Auffassung nicht der Untergang der Minderheitenkulturen ist. Ganz im Gegenteil könnten die Minderheiten sehr wohl einen Vorteil aus einem supranationalen System ziehen, da die Einzelstaaten einen Teil ihrer Befugnisse an dieses abtreten müßten. Europa weist nämlich zur Zeit keine solchen Idealbedingungen auf, wie Luxemburg oder die alemannische Schweiz, wo die Muttersprachen auf Grund einer freien Entscheidung keinen offiziellen Status genießen, aber nichtsdestoweniger durch ihren täglichen Gebrauch für die Bevölkerungen die Quelle ihrer wesentlichen Identität bleiben. In den meisten Fällen hat die staatliche Zentralgewalt die Sprache der größten ethnischen Gruppe bevorzugt. Aus diesem Grunde dürfte ein Machtverlust dieser Zentralgewalt zu einer größeren Autonomie der lokalen Gemeinschaften führen und damit gleichzeitig zu einer Förderung ihrer Sprachen, sofern diese noch genug Lebenskraft besitzen. So könnte ein vereinigtes Europa zur Lösung des beängstigenden Problems der Nationalitäten führen, das lange sein Schicksal belastet hat und das gegenwärtig wieder an Aktualität gewinnt. Die neuen Konflikte erscheinen als Herausforderungen, denen man nur durch die Entscheidung für einen eigenen europäischen Weg begegnen kann: einen Weg, der es dank einer Flexibilisierung der Machtstrukturen durch ein konföderatives System gestatten würde, die Antwort auf die Wünsche der Minderheiten mit einem gewissen, auf Mehrheitsentscheidung gegründeten Gleichgewicht des Staates zu versöhnen.

Demzufolge erscheint die Verteidigung derjenigen Volkssprachen, die in ihrem staatlichen Rahmen keinen offiziellen Status genießen, nicht mehr als ein rückwärtsgewandtes Unternehmen. Darüber hinaus ist sie eine reine Vorsichtsmaßnahme in all den Fällen, in denen die fehlende Chancengleichheit zwischen Minderheitensprache und vorherrschender Sprache den Frieden gefährdet, wie dies in der Moldauischen Republik geschehen ist und wie es nicht nur in den baltischen Staaten einzutreten droht, sondern auch in anderen Regionen der ehemaligen Sowjetunion, in denen russischsprachige Minderheiten leben. Man wird einwenden, daß dieser Teil des Kontinents, da er nicht, oder noch nicht, zur Europäischen Union gehört, schlecht als Beispiel dienen könne. Aber was sich dort ereignet, sollte uns eine Warnung sein.

Wohin würde aber ein Europa führen, das nur das Kriterium der Sprachen oder – wenn diese nicht verschieden sind – das der Kulturen anerkennen wollte? Viele europäische Völker leben zerstreut und an den verschiedenen Orten eng vermischt mit anderen Völkern. Rumänien, Ungarn, die Ukraine, Rußland, Weißrußland, die Moldau kennen viele Orte dieser Art. Man müßte zu einer Neugestaltung der Landkarte schreiten, wenn man – in der Annahme, daß die Völker selbst dies wünschen – politische Gebilde schaffen wollte, die unter ethnischen Gesichtspunkten kohärent wären. Um dieses Ziel zu erreichen, findet heute in Bosnien-Herzegowina, und morgen vielleicht in der Wojwodina und im Kosovo, ein Teil der Serben keinen anderen Weg als den der Gewalt. Tatsächlich ist die Bindung an die nationalen Kulturen um so leidenschaftlicher, als das Leben schwierig und die Freiheit unerreichbar erscheinen. Deshalb ist das Mittel, um die Nationalismen zu entschärfen, die an und für sich ganz natürlich und durch die Geschichte erklärbar sind, die Schaffung eines Europa, in dem die Güter, die Menschen und die Ideen ungehindert zirkulieren können. Dieser Wahrheit sind sich die Regierungen Mitteleuropas zweifellos bewußt, auch wenn es in erster Linie wirtschaftliche Gründe zu sein scheinen, die ihr Drängen auf eine Mitgliedschaft in der Europäischen Union erklären. Das Bemühen, der Freiheit einen Lebensraum zu schaffen, ist sachdienlicher als die Blindheit jener Westeuropäer, die in den nationalen Bestrebungen lediglich einen Ausdruck chauvinistischen Wahnsinns zu erkennen vermögen.

Aus der Verschiedenartigkeit ihrer Sprachen erwächst den Bewohnern Europas die Berufung, die Verschiedenartigkeit der ganzen Welt zu umfassen. Dadurch müßten die Europäer in der Lage sein, den Gefahren der Einsprachigkeit zu entgehen, die eine ernste Bedrohung für die Vereinigten Staaten darstellen, da die ausschließliche Bindung an das Englische leicht zur Unempfindlichkeit für die Bedürfnisse der anderen führen kann. Als Bürger eines vielsprachigen Kontinents müssen die Europäer für die polyphone Botschaft der menschlichen Sprachen aufnahmebereit bleiben. Das Hinhören auf den anderen, der seine eigene Sprache spricht, ist die unabdingbare Voraussetzung, wenn man eine konkrete Solidarität schaffen will, die über bloße Propagandareden hinausgeht. Dieses Hinhören ist nicht nur das Kennzeichen einer natürlichen Besorgnis um das Andersartige. Es dürfte sich auch als heilsam erweisen für eine Welt, in der die unterentwikkelten Länder mit einer stark gewachsenen Bevölkerung und einer verbesserten Rüstung eines Tages auf die Idee kommen könnten, ihren lange mißachteten Wunsch, als gleichberechtigte Partner gehört zu werden, in gewaltsamer Form durchzusetzen.

Literaturverzeichnis

Ayto, J., 1983, »English: failures of language reforms«, in: Fodor/Hagège, Bd. I., S. 85–100

Björn, H., 1989, »Language reforms in the Faroe Islands«, in: Fodor/Hagège, Bd. IV, S. 431–457

Born, J. und Dickgießer, S., 1989, *Deutschsprachige Minderheiten. Ein Überblick über den Stand der Forschung für 27 Länder*, Mannheim (Institut für deutsche Sprache im Auftrag des Auswärtigen Amts)

Bopp, F., 1857, *Vergleichende Grammatik des Sanskrit, der Zendsprache, des Griechischen, des Lateinischen und des Deutschen*, Berlin

Brachin, P., 1977, *La langue néerlandaise*, Brüssel

–, 1983, »Évolution naturelle et codification: l'exemple du néerlandais«, in: Fodor/Hagège, Bd. I, S. 257–280

Brunot, F., *Histoire de la langue française des origines à nos jours*: Bd. I, 1966, *De l'époque latine à la Renaissance*; Bd. V, 1966, *Le français en France et hors de France au XVIIe siècle*; Bd. VIII, 1967, *Le français hors de France au XVIIIe siècle*, Teil 1: Le français dans les divers pays d'Europe; Bd. XI, 1968, *Le français au-dehors sous la Révolution, le Consulat et l'Empire*, Teil 1: Le français au-dehors sous la Révolution; Teil 2: Le français au-dehors sous le Consulat et l'Empire

Călinescu, G., 1985, *Istoria literaturii române de la origini pîna în prezent*, Bukarest

Carrère d'Encausse, H., 1978, *L'Empire éclaté*, Paris (dt.: *Risse im Roten Imperium: Das Nationalitätenproblem in der Sowjetunion*. Aus dem Franz. von Karin Linhuber und Johannes Eidlitz, Wien/München/Zürich/Innsbruck 1979)

Castro, A., 1954, *La realidad histórica de España*, Mexico

Cerquiglini, B., 1991, *La naissance du français*, Paris

Chevillet, F., 1991, *Les variétés de l'anglais*, Paris

Condeescu, N. N., 1973, *Traité d'histoire de la langue française*, bearb. von E. Cleynen-Serghiev, Bukarest

Courthiade, M., 1989, »La langue romani (tsigane): évolution, standardisation, unification, réforme«, in: Fodor/Hagège, Bd. IV, S. 87–110

Décsy, G., 1973, *Die linguistische Struktur Europas*, Wiesbaden

Dingley, J., 1989, »The Byelorussian language – creation and reform«, in: Fodor/Hagège, Bd. IV, S. 141–161

Drettas, G., 1989, »L'albanais national: du choix politique au choix linguistique«, in: Fodor/Hagège, Bd. IV, S. 163–188

Dumont, P., 1990, *Le français langue africaine*, Paris

Duroselle, J.-B., 1989, »Histoire de l'idée européenne«, in: *Encyclopaedia Universalis*, 3. Aufl., Paris, S. 36–43

Duval-Valentin, M., 1983, »La situation linguistique en Suisse«, in: Fodor/Hagège, Bd. I, S. 463–544

Feitsma, A., 1989, »The history of the Frisian linguistic norm«, in: Fodor/Hagège, Bd. IV, S 247–272

Feuillet, J., 1983, *Linguistique diachronique de l'allemand*, Bern

Fleuriot, L., 1983, »Les réformes du breton«, in: Fodor/Hagège, Bd. II, S. 27–47

Fodor, I., ,1983, »Hungarian: evolution – stagnation – reform – further development«, in: Fodor/Hagège, Bd. II, S. 49–84

Fodor, I. und Hagège, C. (Hg.), *Language Reform. History and Future/La réforme des langues. Histoire et Avenir/Sprachreform. Geschichte und Zunkunft*, 5 Bde., Hamburg, Bd. I–II, 1983; Bd. III, 1983–1984; Bd. IV, 1989; Bd. V, 1990; Bd. VI, 1994

François, A., 1959, *Histoire de la langue française cultivée*, 2 Bde., Genf

Garde, P., 1992, *Vie et mort de la Yougoslavie*, Paris

George, K. J., 1989, »The reforms of Cornish – Revival of a Celtic language«, in: Fodor/Hagège, Bd. IV, S 355–376

Glunk, R., 1971, »Erfolg und Mißerfolg der Nationalsozialistischen Sprachlenkung«, in: *Zeitschrift für deutsche Sprache*, Bd. 27, Heft 1/2, Berlin/New York, S. 85–97 und 178–185

Griolet, P., 1990, *Les Japonais face à leur écriture*, Diss., Paris

Haarmann, H., 1975, *Soziologie und Politik der Sprachen Europas*, München

Hagège, C., 1975, *Le problème linguistique des prépositions et la solution chinoise*, Löwen/Paris

–, 1982, *La structure des langues*, Paris (Nachdruck 1986)

–, 1983, »Voies et destins de l'action humaine sur les langues«, in: Fodor/Hagège, Bd. I, S. 11–68

–, 1985, *L'homme de paroles*, Paris (dt.: *Der dialogische Mensch. Sprache – Weltbild – Gesellschaft*. Aus dem Franz. von Monika Hübner, Hamburg 1987)

–, 1987, *Le français et les siècles*, Paris
–, 1988, Leçon inaugurale de la Chaire de Théorie Linguistique, Paris, Collège de France
–, 1992, *The Language Builder, An Essay on the Human Signature in Linguistic Morphogenesis*, Amsterdam/Philadelphia
Haugen, E., 1966, *Language conflict and language planning*, Cambridge, Mass.

Imart, G., 1983, »Développement et planification des vernaculaires: l'expérience soviètique et le Tiers Monde«, in: Fodor/Hagège, Bd. II, S 211–240

Janton, P., 1973, *L'espéranto*, Paris

Karker, A., 1983, »Language reforming efforts in Denmark and Sweden«, in: Fodor/Hagège, Bd. II, S. 285–299

Labrie, N., 1992, »La place du français dans l'Europe de 1992«, in: *Présence francophone* 40, Québec, S. 55–78
Lafont, R., 1983, »Problèmes de normalisation dans l'espace occitan«, in: Fodor/Hagège, Bd. II, S. 357–370
Loewe, H., 1911, *Die Sprachen der Juden*, Köln
Lorentz, F., 1903, *Slovinizische Grammatik*, St. Petersburg
Louder, D.R. und Waddell, E. (Hg.), 1971, *Du continent perdu à l'archipel retrouvé. Le Québec et l'Amérique française*, Québec

Marcel, J., 1973, *Le Joual de Troie*, Montréal
Maurais, J., 1991, »Les lois linguistiques soviétiques de 1989 et 1990«, in: *Revista de llengua i dret*, Barcelona, 15. Juni 1991, S. 75–90
Meillet, A., 1928, *Le langues dans l'Europe nouvelle*, mit einem statistischen Anhang zu den Sprachen Europas von L. Tesnière, 2. Aufl., Paris
Millet, Y., 1983, »Continuité et discontinuité: cas du tchèque«, in: Fodor/Hagège, Bd. II, S. 479–504
Montaut, A., 1989, »Le rêve du philologue au XIXe siècle: flexions et origines«, in: *Corps écrit* 34, S. 45–55

Neske, F. und I., 1972, *Wörterbuch englischer und amerikanischer Ausdrücke in der deutschen Sprache*, München

Ó Baoill, D. und Ó Riagáin, P., 1990, »Reform of the orthography, grammar and vocabulary of Irish«, in: Fodor/Hagège, Bd. V, S. 173–195
Olender, M., 1989, *Les langues du Paradis. Aryens et Sémites: un couple providentiel*, Paris (dt.: *Die Sprachen des Paradieses. Religion, Philologie und Rassentheorie im 19. Jahrhundert*. Aus dem Franz. von Peter D. Krumme, Frankfurt/New York 1995)

Pérez, J., 1988, *Isabelle et Ferdinand. Rois Catholiques d'Espagne*, Paris (dt.: *Ferdinand und Isabella. Spaniens Katholische Könige*. Aus dem Franz. von Antoinette Gittinger, München 1995)

Picoche, J. und Marchello-Nizia, C., 1991, *Histoire de la langue française*, Paris

Poliakov, L., *Histoire de l'antisemitisme*, Bd. I, 1955: *Du Christ aux Juifs de cour*; Bd. II, 1961, *De Mahomet aux Marranes*, Paris (dt.: *Geschichte des Antisemitismus*, 8 Bde. Aus dem Franz. von Rudolf Pfisterer, Frankfurt/M., Bd. 1: *Von der Antike bis zu den Kreuzzügen*, 1979; Bd. 2: *Das Zeitalter der Verteufelung und des Ghettos. Mit einem Anhang zur Anthropologie der Juden*, 1989)

Rebuschi, G., 1983–1984, »Réforme et planification en basque: une expérience en cours«, in: Fodor/Hagège, Bd. III, S. 119–138

Rinholm, H. D., 1990, »Continuity and change in the Lithuanian standard language«, in: Fodor/Hagège, Bd. V, S. 269–300

Roth, A., 1975, *Le verbe dans le parler arabe de Kormatiki (Chypre)*, in: *Lefkosia* VII, S. 21–117

Ruke-Dravina, V., 1990, »Entstehung und Normierung der Lettischen Nationalsprache«, in: Fodor/Hagège, Bd. V, S. 301–327

Sauvageot, A., 1973, *L'élaboration de la langue finnoise*, Paris

Schlosser, H. D., 1989, »Die Sprachentwicklung in der DDR im Vergleich zur Bundesrepublik Deutschland, in: *Nationalsprachen und die Europäische Gemeinschaft*, hg. von M. Hättich und P. D. Pfitzner, München, S. 36–52

Séphiha, V., 1973, *Le ladino, judéo-espagnol-calque*, Paris

–, 1977, »Le judéo-espagnol«, in: *Ethno-psychologie* 2/3, S. 239–249

–, 1991 (1. Aufl. 1977), *L'agonie des Judéo-Espagnols*, Paris

Tauli, V., 1983–1984, »The Estonian language reform«, in: Fodor/Hagège, Bd. III, S. 309–330

Vie française, Sondernummer 1984, Québec, Conseil de la vie française en Amérique

Vinokur, G., 1947, *La langue russe*, Paris

West, J., 1983–1984, »A historical survey or the language planning movement in Wales«, in: Fodor/Hagège, Bd. III, S. 383–398

Sprachenregister

Karten

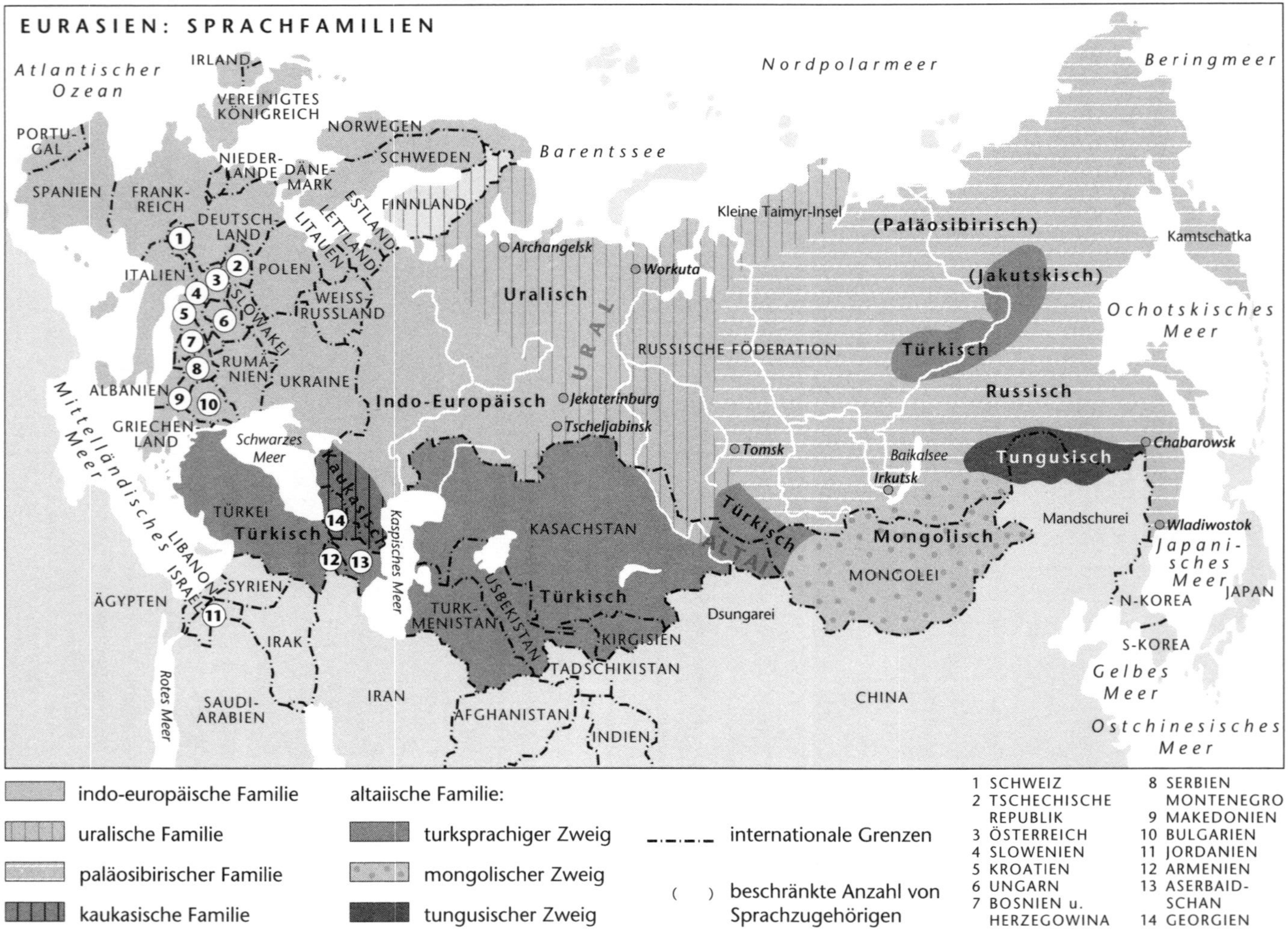
EURASIEN: SPRACHFAMILIEN
Atlantischer Ozean
Nordpolarmeer
Beringmeer
Barentssee
Ochotskisches Meer
Japanisches Meer
Gelbes Meer
Ostchinesisches Meer
Mittelländisches Meer
Schwarzes Meer
Kaspisches Meer
Rotes Meer
IRLAND
VEREINIGTES KÖNIGREICH
NORWEGEN
SCHWEDEN
FINNLAND
PORTUGAL
SPANIEN
FRANKREICH
NIEDERLANDE
DÄNEMARK
DEUTSCHLAND
ESTLAND
LETTLAND
LITAUEN
POLEN
WEISSRUSSLAND
SLOWAKEI
ITALIEN
RUMÄNIEN
UKRAINE
ALBANIEN
GRIECHENLAND
TÜRKEI
LIBANON
ISRAEL
SYRIEN
ÄGYPTEN
IRAK
SAUDI-ARABIEN
IRAN
TURKMENISTAN
USBEKISTAN
KASACHSTAN
KIRGISIEN
TADSCHIKISTAN
AFGHANISTAN
INDIEN
CHINA
Dsungarei
MONGOLEI
Mandschurei
N-KOREA
S-KOREA
JAPAN
RUSSISCHE FÖDERATION
Kleine Taimyr-Insel
Kamtschatka
URAL
ALTAI
Archangelsk
Workuta
Jekaterinburg
Tscheljabinsk
Tomsk
Irkutsk
Baikalsee
Chabarowsk
Wladiwostok
Uralisch
Indo-Europäisch
(Paläosibirisch)
(Jakutskisch)
Türkisch
Russisch
Tungusisch
Mongolisch
Kaukasisch
indo-europäische Familie
uralische Familie
paläosibirischer Familie
kaukasische Familie
altaiische Familie:
turksprachiger Zweig
mongolischer Zweig
tungusischer Zweig
internationale Grenzen
( ) beschränkte Anzahl von Sprachzugehörigen
1 SCHWEIZ
2 TSCHECHISCHE REPUBLIK
3 ÖSTERREICH
4 SLOWENIEN
5 KROATIEN
6 UNGARN
7 BOSNIEN u. HERZEGOWINA
8 SERBIEN MONTENEGRO
9 MAKEDONIEN
10 BULGARIEN
11 JORDANIEN
12 ARMENIEN
13 ASERBAIDSCHAN
14 GEORGIEN

offizielle Landessprache

Minderheitensprache

Alem. = Alemannisch
Flm. = Flämisch
Franz. = Französisch
Ital. = Italienisch
S.k. = Serbokroatisch

[ ] beschränkte Anzahl von Sprachzugehörigen

-.-.-.- internationale Grenzen

0 200 400 km

OSTEUROPÄISCHE SPRACHEN
Nordpolarmeer
Barentssee
Samojedisch
Syrjänisch
URAL
Archangelsk
Russisch
Karelisch
Wotjakisch
Perm
Wepsisch
Ladogasee
Wepsisch
RUSSLAND
Baschkirisch
Ostsee
St. Petersburg
Tscheremissisch
Ufa
Peipasee
Tcheboksary
Tatarisch
Tschuwaschisch
Kasan
Karelisch
Nischni Nowgorod
Ural
Moskau
Orenburg
[Karaimisch]
Mordwinisch
Kuibyschew (Samara)
[Karaimisch]
Minsk
Wolga
Russisch
Weißrussisch
Kiew
Wolgograd
Tatarisch
Russisch
Ukrainisch
Kalmükisch
Astrachan
Rumänisch
Ung.
Ukrainisch
[Karaimisch]
Rus.
Ukr.
Dnjepr
Stawropol
Batoisch
Tschetschenisch
Darginisch
Chinalugisch
Lakkisch
Rutulisch
Tabassaranisch
Moldawisch
KARPATEN
Ungarisch
Gag.
Tscherkessisch
Adygeisch
[Tatarisch]
Ossetisch
Awarisch
Deutsch
Abchasisch
Rumänisch
Georgisch
Aserbaidschanisch
Schwarzes Meer
Kaspisches Meer
Armenisch
[Türkisch]
Bulgarisch
Aserbaidschanisch
Armenisch
[Türkisch]
Osmanisch/(Türkei-) Türkisch
IRAN
SYRIEN
IRAK
Türkisch
Mittelländisches Meer
Griechisch
offizielle Landessprache
Minderheitensprache
Gag. = Gagausisch
Rus. = Russisch
Ukr. = Ukrainisch
Ung. = Ungarisch
[ ] beschränkte Anzahl von Sprachzugehörigen
internationale Grenzen
0 200 400 km

SPRACHEN-STREUUNG
IM EUROPÄISCHEN RAUM
Städte und Regionen mit Einzelschicksalen
Nordpolarmeer
Barentssee
Europäisches Nordmeer
Atlantischer Ozean
Nordsee
Ostsee
Mittelländisches Meer
Onegasee
Ladogasee
Wyborg
Turku
St. Petersburg
Tallinn
Nowgorod
LIVLAND
Wolga
Moskau
Jiddisch
Bordeaux
JÜTLAND
KURLAND
Riga
Vilnius
SCHLESWIG-HOLSTEIN
Königsberg
POMMERN
Minsk
Hamburg
Bremen
MASUREN
Grodno
Amsterdam
London
Antwerpen
Brügge
Dortmund
BRANDENBURG
Köln
Dresden
Leipzig
Bialystok
Polesien
Brüssel
Koblenz
SCHLESIEN
Chemnitz
Breslau
Wolhynien
Kiew
Mainz
Krakau
LOTHRINGEN
Galizien
Lemberg (Lwów)
PODOLIEN
Straßburg
ELSASS
SCHWARZ-WALD
Preßburg
BESSARABIEN
La Rochelle
Bordeaux
Bayonne
Montpellier
Marseille
Armenisch
Romani
Toledo
Barcelona
Genua
Venedig
Ferrrara
Udine
Triest
Livorno
Jüdisch-Spanisch
Cluj
Sighisoara
Sibiu
Odessa
Asowsches Meer
WOJWODINA
WALACHEI
Jüdisch-Spanisch
Sarajevo
SERBIEN
KOSOVO
Dubrovnik
Rom
Neapel
Edirne
Jüdisch-Spanisch
Armenisch
Istanbul
ÖSTL. THRAKIEN
Saloniki
Jüdisch-Spanisch
Korfu
Jüdisch-Spanisch
Ägäisches Meer
Izmir
Jüdisch-Spanisch
Rhodos
Jüdisch-Spanisch
Schwarzes Meer
Kaspisches Meer
NAGORNYJ-KARABACH
ASIEN
URAL
ASIEN
Fes
Oran
Tlemcen
Algier
Tunis
Marrakesch
RUSSLAND
Birobidschan
Amur
AUTON. JÜD. REPUBLIK
Chabarowsk
CHINA
SICHOTE-ALIN
Wladiwostok
Japanisches Meer
Romani
Armenisch
Jiddisch (im Gebrauch vor dem Zweiten Weltkrieg)
Jüdisch-Spanisch (im Gebrauch vor dem Zweiten Weltkrieg)
internat. Grenzen
0 200 400 km

Aus unserem Programm

Harald Haarmann

Die Sprachenwelt Europas

Geschichte und Zukunft der Sprachnationen zwischen Atlantik und Ural

1993. 374 Seiten, gebunden
mit 12 Abbildungen und Karten
ISBN 3-593-34825-X

Sprache ist nicht nur ein neutrales Kommunikationsmedium, sie ist auch ein Kristallisationspunkt kultureller Werte und nationaler Identität. Die Ereignisse der letzten Jahre lehren uns, daß sich der Nationalismus nicht überlebt hat und Sprache bis heute ein brisantes Politikum ist.
Die Sprachenlandschaft Europas ist gekennzeichnet von einer faszinierenden Vielfalt. Ungefähr 140 Sprachen werden zwischen Atlantik und Ural gesprochen. Die politische Entwicklung, im Westen auf Einigung zustrebend, im Osten vom Wiederaufkommen kleiner nationaler und ethnischer Einheiten gezeichnet, macht die trennende und verbindende Funktion von Sprache deutlich.
Haarmann beleuchtet die ganze historische Tiefe des Sprachnationalismus und der Fixierung der Europäer auf ihre Muttersprache und leitet aus dem vielschichtigen Spektrum historischer Entwicklungszüge sinnvolle Perspektiven für eine europäische Identität ab.

Campus Verlag · Frankfurt/New York